suhrkamp taschenbuch 1294

Ruth Andreas-Friedrich wurde 1901 in Berlin geboren. Nach der Ausbildung zur Wohlfahrtspflegerin und einer Buchhändlerlehre arbeitete sie als freie Journalistin und schrieb u. a. Serien in Frauenzeitschriften und Bücher über »Angewandte Psychologie«. Nach dem Krieg war sie Mitherausgeberin der ersten Wochenzeitung *sie*. Ruth Andreas-Friedrich starb 1977 in München.

Lag in dem Tagebuch von 1938 bis April 1945 *Der Schattenmann* (st 1267) der Schwerpunkt bei den Aufzeichnungen einer kleinen Widerstandsgruppe von Menschen in Berlin, so dokumentieren die Aufzeichnungen der folgenden drei Jahre das Leben in der zerstörten Reichshauptstadt Berlin von der Befreiung der Stadt durch die Russen bis zum Blockade-Winter 1948/49. Mit großen Hoffnungen stürzt man sich in den Überlebenskampf, organisiert und räumt auf, richtet Kabaretts ein und gibt erste Konzerte, aber immer deutlicher stellt sich heraus, daß aus vielen Gründen die Chance für einen wirklichen Neubeginn vertan wird. Berlin wird zur Viersektoren-Stadt und dann, nachdem im Ostteil die Zwangsvereinigung der SPD und KPD zur SED vollzogen wurde, immer mehr zu einer zweigeteilten Stadt. Mit geradezu prophetischem Blick notiert die Autorin: »Möglich, daß wir ab morgen zwei Stadtregierungen und eine chinesische Mauer mit Wehrgang und Wachttürmen längs der Sektorengrenze haben.«

Der erste Band der Aufzeichnungen von Ruth Andreas-Friedrich *Der Schattenmann. Tagebuchaufzeichnungen 1938–1945* (st 1267) enthält ein Nachwort von Jörg Drews, in dem erstmals ein kurzer Rechenschaftsbericht über die Hilfs- und Widerstandsarbeit der »Gruppe Emil« veröffentlicht wird, ein Dokument, das sich im Münchner Institut für Zeitgeschichte fand.

Ruth Andreas-Friedrich
Schauplatz Berlin

Tagebuchaufzeichnungen
1945–1948

Suhrkamp

3. Auflage 2016

Erste Auflage 1986
suhrkamp taschenbuch 1294
© Suhrkamp Verlag Frankfurt am Main 1984
Suhrkamp Taschenbuch Verlag
Alle Rechte vorbehalten, insbesondere das der Übersetzung,
des öffentlichen Vortrags sowie der Übertragung
durch Rundfunk und Fernsehen, auch einzelner Teile.
Kein Teil des Werkes darf in irgendeiner Form
(durch Fotografie, Mikrofilm oder andere Verfahren)
ohne schriftliche Genehmigung des Verlages
reproduziert oder unter Verwendung elektronischer Systeme
verarbeitet, vervielfältigt oder verbreitet werden.
Printed in Germany
Umschlag: hißmann, heilmann, hamburg
ISBN 978-3-518-37794-9

*Heike und Frank
gewidmet*

Berlin. Sonntag, 29. April 1945
»Sie schießen immer noch«, sagt Frank in die Dunkelheit hinein. Ich höre, wie er nach den Streichhölzern tastet. Ein Flämmchen glimmt auf, zuckt und erlischt wieder. Durch den Keller zieht der Dunst von Petroleum. »Ist irgendwas los?« »Sie schießen«, wiederholt Frank. »Wer?« Ich versuche, mich zurechtzufinden. Krieg? – Nein. Als wir uns schlafen legten, war der Krieg vorbei. Gestern war Endkampf um Berlin. Front vor der Haustür. – Wir hockten im Keller. Jo Thäler, Frank, Andrik und Fabian. Heike Burghoff, Dagmar und ich. Zwei Illegale, zwei Halblegale, drei Fastlegale. Die ganze »Clique«. Tiefflieger, Flammenwerfer, Granatbeschuß. Dazwischen die Werwölfe. Wie Hundegebell kläfften ihre Gewehrschüsse gegen die anstürmenden Russen. Dann dröhnt es. Dann brüllt es. »Sie kommen«, schreit jemand. Fremde Gestalten drängen sich durch den Gang. Andrik läuft ihnen entgegen. »Drusja«, hören wir ihn rufen. »Drusja, Towarisch! ... Freunde!« Dann sind wir erobert. Essen russische Kascha mit russischen Soldaten. Und oben im Haus quartiert sich der russische Befehlsstab ein ...
»Frank«, flüstere ich. »Wer schießt denn?« – »Weck die andern«, sagt er statt einer Antwort. Ich rutsche von meiner Luftschutzmatratze. Neben mir liegt Jo Thäler, die Decke über den Kopf gezogen. Zwei Schritte vor ihm Dagmar. Sie atmet wie ein Kind im Schlaf. »Aufstehen!« Ich stolpere auf den Gang. »Heike! Fabian!« Vor meinen Füßen rollen zwei Schatten vom Ziehharmonikabett. »Wo steckt denn Andrik?« Sein Platz quer vor der Kellertür ist leer. Die Kissen sind kalt. »Andrik!« rufe ich. Keine Antwort.
Inzwischen hat Frank die Luftschutzlampe entzündet. Notlicht im Marmeladenglas. Der Docht aus Stopfwolle schnuppt rötliche Rußegel gegen die Decke. Zu sechst stehen wir um den weißen Kindertisch, der drei Jahre lang unsere Luft-

schutzutensilien hütete, starren – schlaftrunken – auf Gasmasken, Brandbinden, Knäckebrot, Wasserflasche und ein verstaubtes Gewirr von Schutzbrillen. »Also, was ist los?« – »Na, hört ihr nichts?« fragt Frank. »Werwölfe!« Heikes Kindergesicht ist starr vor Schrecken. Frank nickt. »Ich glaube, wir müssen das Kriegsbeil wieder ausgraben. Was sagen denn die da oben?« Über unseren Köpfen stampft der Gleichschritt eines Postens. Jetzt hören wir irgend jemand schreien. »Rassypatoja« oder so. Es klingt wie ein Kommando. Wieder kracht ein Schuß. »Verdammte Scheiße!« flucht Frank. Plötzlich ist Andrik da. »Man hat mich zum Dolmetschen geholt«, berichtet er. »Man war recht nett zu mir, aber ...« Tack, tack ... tack, tack, tack, pfeift es gegen die Mauer. »Und das nennt sich Frieden«, stöhnt Fabian und dreht ein paar Kippen in Seidenpapier. »Wie spät ist es eigentlich?« »Sechs«, sagt Jo Thäler. Dagmar stöbert in den Vorräten. »Ich bin trotzdem für Frühstück!« Sie schiebt Brandbinden und Schutzbrillen beiseite und legt einen angeschnittenen Brotlaib auf den Tisch. Aus Flaschen, Tassen und Töpfen gießen wir die letzten Wasserreste zusammen. Heike schmiert Marmeladenbrote. »Pro Brot ein Schluck Wasser«, ordnet sie an. Wir kauen schweigend. Der Wasserbecher wandert im Kreise.
Es wird sieben. Es wird acht. Über uns poltern Soldatenstiefel. Dann fliegt die Kellertür auf. »He!« brüllt eine Stimme. Andrik springt vor. »Was gibt's?« fragt er auf russisch. »Befehl zum Räumen.« Der mongolische Posten, der gestern noch so freundlich schien, fuchtelt mit seiner Maschinenpistole. »Zwanzig Minuten ... dwatzet minutij«, drängt er. »Warum denn, großer Gott?« Der Soldat deutet hinaus. Wieder bellt draußen eine Maschinenpistole. »Skoro ... skoro ...«, treibt er zur Eile. Wir stehen wie gelähmt. »Ich geh mal fragen«, sagt Andrik und läuft schon nach oben. Niedergeschlagen kehrt er zurück. »Es ist wegen der Werwölfe. Sie wollen die Siedlung auskämmen. Zehn Mann Verlust in einer Nacht. Man kann es ihnen nicht übelnehmen.« »Skoro ...

skoro«, mahnt der Posten. Im Keller hebt ein Chaos an. Packen... Räumen... Koffer auf... Koffer zu. Jeder steht jedem im Wege. »Meine Manuskripte... Himmel«, jammert Fabian. »Eben lagen sie noch hier.« Kopflos wirft er durcheinander, was ihm in die Hände fällt. In einer Ecke schmiert Heike Marmeladenbrote, stopft Päckchen um Päckchen in ihr gehäkeltes Einkaufsnetz. Noch vier Minuten, zwei Minuten. Noch eines Atemzugs Länge, um den Sprung aus gewohntem Leben zu tun. »Die Schreibmaschine! Vergiß die Schreibmaschine nicht«, ruft Frank. Ich lasse den Koffer mit Sommerkleidern fahren und angle zwischen Kisten, Kasten und herausgezerrten Schrankinhalten die Schreibmaschine hervor. Bombenverluste enthoben einen wenigstens der Verpflichtung, selbst darüber zu entscheiden, auf was man in Zukunft verzichten zu können glaubt. – »Seid ihr fertig?« Schwankend unter unseren Lasten steigen wir einer nach dem anderen die Kellertreppe hinauf. »Eij Uchnjem«... ziehet fest an..., pfeift Fabian. Wir schauen nicht zurück. Im Gänsemarsch trotten wir durch die Gärtnerei, die die Siedlung am Wasserturm vom Bergfriedhof trennt. Neben mir geht Andrik. In der Rechten zwei Koffer, in der Linken zwei Koffer; der Schweiß rinnt ihm von der Stirn. »Wohin?« frage ich. »Irgendwohin, wir werden schon sehen.« Er lächelt ermutigend. »Hand in Hand«, zitiert er halblaut das Motto unserer Liebe.
Der Morgen ist schön und klar. Wenigstens diesen Frühling kann uns keiner nehmen. »Über den Friedhof«, ruft Frank, unser Pfadfinder aus Naturbegabung. »Die Bismarckstraße ist abgeriegelt.« Wir schwenken in den Friedhof ein. Auf dem Weg liegt ein toter Soldat. Die Arme weit ausgebreitet, das Antlitz dem Himmel zugekehrt. Er ist nicht der einzige. Rechts liegen sie und links. Zwischen die Gräber gedrängt wie Garben nach dem Schnitt. Über ihnen leuchtet der Frühling. »Sei getreu bis in den Tod ...«, lese ich auf einem umgestürzten Sockel. Wem eigentlich getreu? Den Nazis? Dem Vaterland? Dem Fahneneid? Die stummen Toten geben stumme

Antwort. »Dir selber ... nur dir selber ...« »Hör mal die Amsel!« Heike stößt mich an. Für einen Augenblick lasse ich die Koffer fahren. »Wahrhaftig ... Daß es noch Amseln gibt!« Ein Schatten huscht über die Sonne. »Achtung, Tiefflieger«, schreit Jo. Blitzschnell liegen wir alle auf dem Bauch. Das Gesicht gegen die Hügel gedrückt, nachbarlich zwischen Gestorbenen und Gefallenen. Zwei Maschinengewehrsalven pfeifen über uns, so niedrig, daß sie uns fast berühren. Wir kriechen in die Erde hinein – wir werden so flach wie Briefmarken. – Still! – Vorsichtig hebt Frank den Kopf. »Wir können weiter.« Er richtet sich auf und klopft den Sand von den Knien. »Eij Uchnjem«, pfeift Fabian.

Hinter der Bergstraße hält uns eine Postensperre an. Andrik verhandelt; versucht beharrlich, ihnen etwas klarzumachen. Unsere Augen hängen an seinem Gesicht. Jetzt ist er fertig. »Stadteinwärts.« Er greift ergeben wieder nach seinen Koffern. Immer langsamer schleppen wir uns durch die Straßen. Nirgends ein Mensch. Nur ab und zu geht ein fremder Soldat an uns vorüber, mustert uns mißtrauisch und tastet nach seiner Maschinenpistole. Aus der Ferne tönen Schüsse. »Halt«, sagt Frank plötzlich. Wir stehen vor einem zerborstenen Haus. Bomben haben sein Dach abgedeckt und die obersten Stockwerke zusammengedrückt. Neben der ausgerissenen Tür liegt ein Berg von Trümmern. Motorengesurr ... »Rein«, schreit Frank. Mit Koffern und Bündeln hasten wir über den Schutthaufen, eine Treppe hinunter, eine Treppe hinauf, finden uns wieder in einem ausgeräumten Kohlenkeller. Über uns krachen Einschläge. »Gemütlich, unsere neue Heimstätte.« Heike wirft ihren Rucksack auf den Boden und blickt prüfend in die Runde. »Hm ...«

Nach fünfzehn Minuten ist der Angriff vorüber. »Was nun?« Ich grüble im stillen, wie wir es fertigbringen, aus neunundzwanzig Gepäckstücken sieben einigermaßen brauchbare Nachtlager herzustellen. »Man muß sich eben umsehen«, sagt Frank. »Kein Haus besteht nur aus Kohlenkellern.« Nach einer Stunde brechen wir zum zweitenmal zur Portierwoh-

nung im Souterrain auf. Ein Zimmer mit Küche. Sogar möbliert, soweit die Bomben es übrigließen. »Wenn es so weitergeht, sind wir am Abend in der Beletage.« Wir ziehen unsere Gepäckstücke die Kellertreppe herauf. Vor der Tür gibt es eine Verzögerung. Fünf Russen flankieren den Eingang. »Uhri ... Uhri?« fragen sie. Frank schiebt hurtig den Rockärmel zurück. »Acht Minuten nach elf.« – Es war nicht so gemeint. Im Handumdrehen verschwindet seine Armbanduhr in der Tasche des Fragers. »Uhri? Uhri?« Der Ton ist freundlich, beinahe herzlich. Fünf Uhren wechseln ihre Besitzer. Uhrlos und zeitlos beziehen wir die teilzerbombte Souterrainwohnung des geflüchteten Hauswarts Erwin Machulke.
Vier Männer, drei Mädchen. Die Reste der Widerstandsgruppe »Onkel Emil«. »Wir sollten ein bißchen saubermachen«, sagt Heike und schaut auf die Mörtelbrocken auf Möbeln und Fußboden. »Wenn wir hier länger bleiben ...« Staub wirbelt uns in die Nase. Wie aufgescheuchte Hühner flüchten die Männer in die hinterste Ecke. Nach anderthalb Stunden sieht Herrn Machulkes teilzerbombte Souterrainwohnung beinahe behaglich aus. Dagmar inspiziert den Küchenschrank. »Ratzekahl«, stellt sie fest. »Wie ausgefegt. Und das bei meinem Hunger!« – Hunger? Auch wir spüren plötzlich, daß wir seit morgens nichts gegessen haben. Von Luft kann man nicht leben. Auch nicht von Manuskripten im Evakuierungskoffer. »Man muß sich eben umsehen«, wiederholt Frank seine Devise vom Morgen. Er wendet sich an Jo. »Hältst du mit?« Jo Thäler nickt. Gemeinsam machen sie einen Vorstoß in die oberen Etagen. »Fallt bloß nicht runter«, ruft Heike ihnen nach. Halsbrecherisch genug sehen ihre Klimmzüge über die zerbrochene Treppe aus. »Auffangen«, tönt es kurz darauf von oben. Zwei Matratzen fliegen herab. Kopfkissen, drei Pferdedecken, eine Bratpfanne, ein Morgenrock. Mit gefüllten Taschen kehren die beiden zurück. »Es lohnt kaum die Mühe«, sagt Frank und wirft ein paar Grütze- und Nudelsäckchen, zwei Bund Zwiebeln und ein Päckchen Mischkaffee

auf den Tisch. »Im Höchstfall ein Abendbrot. Wir müssen weitersuchen.«
Der Anblick der unscheinbaren Tütchen beunruhigt uns. Wenn nun die Eigentümer ... Unser Gewissen zwickt unangenehm. Jeder hat mal das siebente Gebot gelernt: Du sollst nicht ... du sollst nicht ... Stumm stehen wir um den Tisch. Huuiiii! macht es draußen. Der Fußboden zittert. Krrrach! explodiert eine Bombe in der Nähe. Die Tütchen rutschen durcheinander. Ein Hagel von Stuckkrümeln prasselt von der Decke, und wie durch Zauberschlag verschwindet das siebente Gebot aus unserem Gedächtnis. Wo werden wir sein, wenn die nächste Bombe fällt? Wo jene Tütchen? Wo deren Eigentümer? Weit fort von hier steht die Siedlung am Wasserturm. Mit allem, was wir besaßen, mit allem, was uns lieb war. Die Ordnung der Dinge hat aufgehört. Plötzlich überkommt es uns wie ein Rausch. Wir reden laut und durcheinander. »Los, Kinder!« ruft Fabian. Wir stürmen hinaus. Nur Andrik bleibt zurück und blickt uns grübelnd nach.
Die Straßen liegen ausgestorben. Es sind keine Straßen. Nur aufgerissene, schuttüberschüttete Furchen zwischen zwei Reihen von Häuserruinen. Was für Menschen lebten in ihnen? Der Krieg hat sie fortgeweht. Uns verschlug er in die Souterrainwohnung des Portiers Erwin Machulke. Die Ordnung der Dinge hat aufgehört. Wer leben will, muß essen. Wir leben! Fühlen, daß wir leben, wie niemals zuvor. – »Das ist der Sprung in den Abgrund«, denke ich noch, dann stürzen wir uns wie Habichte rechts und links in die Ruinen. Wir klettern über Trümmerberge, wühlen zwischen Schutt und Scherben, kriechen durch fremde Keller, zerren an fremden Kisten und Koffern. Granaten sausen über uns. Wir achten nicht darauf, nehmen uns kaum die Mühe, in Deckung zu gehen. Ein Fieber hat uns gepackt. »Mensch, Suppenwürfel! Ganze Kisten voll Suppenwürfel!« ruft Fabian aus einem Kellerloch. »Und Gummibonbons! Und Brausepulver! Einen Laden können wir mit Brausepulver aufmachen!« Erregt steigt sein staubverschmiertes Gesicht hinter einem Mörtel-

berg hervor. Brausepulver! Warum eigentlich Brausepulver? Keiner von uns hat sich je für Brausepulver interessiert. Jetzt schleppen wir im Schweiße unseres Angesichts fünf Schachteln voll Himbeerbrause durch das zertrümmerte Berlin. Jubeln, als hätten wir einen Schatz gefunden. Frank weist triumphierend drei Barchenthemden vor. Eine Schlossermontur, ein Paar Wasserstiefel und zwei verblichene Strickwesten. »Willst du das anziehen?« fragt Andrik. Betroffen fahren wir zusammen – wie Nachtwandler, die man geweckt hat. Dann schiebt Jo Thäler wortlos sein Bündel mit Frauenunterzeug hinter den Schrank.

Montag, 30. April 1945

Zu vieren liegen wir im Machulkeschen Ehebett. Auf den Matratzen vom Oberstock. Zugedeckt mit Pferdedecken unbekannter Provenienz. »Eigner Herd ist Goldes wert« steht in bunter Seidenstickerei über dem Bett. Der Tag scheint ins Zimmer. Niemand ahnt, wieviel Uhr es ist. In der Küche kocht Heike Würfelsuppe. Frühstück? Mittagessen? Abendbrot? »Is' doch wurscht. Man ißt eben, wenn man was hat und wenn man hungrig ist.« Wir sind hungrig. Wir haben etwas. Also essen wir. »Ein Happen Brot wär' auch nicht übel«, murmelt Fabian in die Mahlzeit hinein. Dagmar schimpft: »Gourmand. Sei froh, daß du ...« Sie stockt. Im Hausflur tönen Schritte. Ein Gesicht schiebt sich durch die Tür. Unser mongolischer Posten von der Siedlung am Wasserturm. »Strastje«, grüßt er und grinst. Wir springen in die Höhe. Andrik dolmetscht. »Er will uns nur besuchen«, erklärt er. »Ist stolz, daß er uns gefunden hat.« »Besuchen?« Die Clique atmet auf. Heike läuft nach einem Stuhl und füllt für den Gast einen Teller mit Würfelsuppe. Der schnuppert mißtrauisch und rümpft die Nase. »Nix gut«, meint er kopfschüttelnd. »Auf Schweine gut.« Beleidigt trägt Heike das Produkt ihrer Kochkunst beiseite. Man fühlt sich nicht gern als Mensch zweiter Ordnung. Zum ersten Mal spüren wir, daß wir besiegt worden sind.

Unser Gast hat es sich inzwischen bequem gemacht. Mit breitem Lächeln greift er in die Tasche und wirft eine Handvoll Bonbons auf den Tisch. »Für die Mädchen«, übersetzt Andrik. Drei Stunden sitzt der Mongole und plaudert. Die Maschinenpistole über den Knien, zwei Handgranaten am Gürtel, gräbt er aus den Tiefen seines Rockes erstaunliche Gegenstände: Armbanduhren, Feuerzeuge, goldene Ringe, silberne Halsketten. Wie ein Kind klimpert er mit seinen Preziosen, dreht sie um die Finger, hält sie verspielt gegen das Licht. »Woher hast du das alles?« erkundigt sich Andrik. »Trophäen«, antwortet er schlicht. – Also Trophäen nennt man so etwas. Die Brausepulver und die Suppenwürfel. Die Barchenthemden und die Strickwesten. Nicht Diebstahl – Trophäen! Über Trophäen findet sich nichts im siebenten Gebot.

Zu guter Letzt wird der Mongole vertraulich. »Frau komm«, sagt er zu Dagmar und versucht, sie auf den Schoß zu ziehen. Dagmar will nicht. Sie wehrt und windet sich. Wütend springt der Mongole auf. »Tschort!« flucht er, greift nach seiner Maschinenpistole und sieht aus wie ein gereiztes Raubtier. Mit Mühe beschwichtigt ihn Andrik. »Maja dotschka ... meine Tochter.« – »Aha, Dotschka! Familje!« nickt der Soldat und beruhigt sich allmählich. Aber die Freundschaft hat einen Riß, und als er sich kurz danach verabschiedet, sind wir alle erleichtert.

»Gehen wir trophäieren«, schlägt Frank am Abend vor. Es ist kurz nach Sonnenuntergang. Wieder liegen die Straßen verlassen. »Wo stecken bloß die Berliner«, wundert sich Heike. »Im Bunker, wo denn sonst. Nicht jeder hat Lust, sich als ...«, huiitt fegt eine Tieffliegersalve gegen die nächste Wand..., »wandelnder Kugelfang zu betätigen«, beendet Jo Thäler seinen Satz, als wir uns aus dem Straßenstaub erheben. Aufstehen, hinwerfen, hinwerfen, aufstehen. Vorsichtig pirschen wir uns weiter. Plötzlich schreit Heike auf. Vor uns um die Ecke trottet ein weißer Ochse. Sanftäugig, mit schweren Hörnern. Wer weiß, woher er kommt. Das Pflaster Berlins hat

über den Kopf ziehe und mich vor allen nagenden Problemen in einen bleiernen Schlaf flüchte.
In der Nacht wache ich auf. Der Strahl einer Taschenlampe gleitet über mein Gesicht! »Frau komm!« höre ich eine Stimme. Fuseldunst schlägt mir entgegen. »Andrik!« rufe ich. »Frank!« Eine Hand legt sich auf meinen Mund. »Gute Frau... komm«, wiederholt die Stimme. Ein schwerer Körper sinkt drückend auf mich nieder. »Nein, nein«, gurgle ich halberstickt und rutsche tiefer in die Kissen. Fuseldunst. Dicht über meinem Ohr keucht heißer Atem. O Gott!... großer Gott!... Da wird die Tür aufgerissen. Andrik stürzt herein, eine Kerze in der Hand, fahl mit verzerrten Lippen. Hinter ihm tönt Lärm. Der fremde Soldat läßt von mir ab und richtet sich auf. Verlegen antwortet er auf Andriks herrische Fragen. »Was treibst du nur?« fährt er mich an. »Was ich treibe?« Erst jetzt komme ich richtig zu mir. »Ich glaube... nichts!« »Na also«, murmelt Andrik. Seine Stimme klingt zersprungen. Er blickt auf den Russen, macht eine Gebärde zur Tür und wendet sich zum Gehen. Der Spuk verschwindet. Wieder liege ich allein und im Dunkeln.
Erst gegen Morgen kommen die anderen. Verstört, erschöpft. Russische Gäste die ganze Nacht. Ungute Gäste. Maifeiertrunkene, die nach Liebe jagten. »Wie gestochene Ferkel quiekten ihre Opfer in den Kellern«, sagt Fabian schaudernd. Andrik sinkt ins Bett. Fuseldunst schlägt mir entgegen. »Hast du getrunken?« »Gett-t-runken«, lallt er. »Imm-m-mmer gett-t-trunken. Damm-m-mit sie die Mädch...«, den Rest erstickt der Schlaf. O Andrik, lieber Wächter!

Dienstag, 1. Mai 1945

Wortkarg versammeln wir uns um das Suppenwürfelfrühstück. Alle hängen ihren Gedanken nach. Die Gedanken sind nicht fröhlich. Schließlich bricht Jo das Schweigen. »Es hat eben jeder mal seinen Zusammenbruch.« Frank nickt. Die Schlossermontur liegt ihm im Magen. »Auch die anderen sind keine Engel«, versucht sich Heike zu rechtfertigen. »Nur daß

uns das nichts angeht«, sagt Andrik trocken. Dann verstummen wir wieder. Über den Rausch von gestern hat sich ein bleischwerer Kater gelegt. Er weicht auch nicht, als gegen Mittag der Mongole erscheint und uns verkündet, daß wir in die Siedlung zurückkehren dürften. »Partisankij kaputt«, lacht er und klopft auf seine Maschinenpistole. Träge, fast gleichgültig rüsten wir zum Aufbruch. Packen, Räumen, Kramen. Adieu, Herr Machulke. Adieu, Heimstätte von drei Tagen. Mit neunundzwanzig Gepäckstücken, mit Suppenwürfeln und Brausepulver, mit Gummibonbons und drei Eimern voll frischgeschlachtetem Ochsenfleisch machen wir uns auf den Heimweg.
Der Granatbeschuß hat aufgehört. Auch die Flieger sind stiller geworden. Nur ab und zu zieht ein Jäger über uns seine zierlichen Schleifen. Zum zweitenmal scheint der Krieg vorbei. Aus Bunkern und Kellern wagt es sich zögernd ans Licht. Menschen kommen uns entgegen. Zu zweien oder in Grüppchen. Sie tragen weiße Binden um den Arm, die Frauen rote Kopftücher. Fabian tippt mich auf den Rücken. »Apartes Mimikry, Naziflaggen als Sowjetsymbol.« Ich blicke nach dem Objekt seines Spottes. Tatsächlich. Kreisrund leuchtet aus jedem Kopftuch das unverblichene Mittelteil, verräterischer Untergrund für ein gewesenes Hakenkreuz. Was mag in den Gehirnen vorgehen, die unter diesen Tüchern stecken? Gestern braun. Heute rot. Morgen vielleicht das Sternenbanner und übermorgen der Union Jack. Kann man seine Weltanschauung durch ein paar Trennfäden ändern? Wer Tücher und Armbinden, Knopflochverzierungen und Abzeichen braucht, braucht sie für sich selber. Weil er sich selber nicht traut. – Konnten *wir uns* denn trauen? Die Gummibonbons fallen mir ein. Die Strickwesten und der geschlachtete Ochse. Vielleicht ist alles nur ein Gradunterschied. Und niemand hat Grund, sich über den Nächsten zu entrüsten.
Je weiter wir nach Süden vordringen, desto schrecklicher starrt der Krieg uns an. Wir klettern über Bombentrichter. Zwängen uns durch Stacheldrahtgewirr und kopflos zusam-

mengehäufte Möbelbarrikaden. Durch Sofas glaubte unsere Heeresleitung den russischen Vormarsch aufzuhalten! Durch Wachstuchsofas, Ohrensessel und zerbrochene Kleiderschränke. Man möchte lachen, wenn es nicht zum Weinen wäre. Zerlöcherte Panzer sperren den Weg. Kläglich recken sie ihre Rohre hinauf in den Himmel. Ein fataler Geruch steigt aus ihnen. Süß, schwer und beklemmend. »Es riecht, wie wenn man stirbt«, geht es mir durch den Sinn. Ich mache, daß ich weiterkomme. Die Postensperre ist verschwunden. Nur ein paar verstreute Patronenhülsen kennzeichnen die verlassene Stelle. Ausgebrannte Häuser rechts und links. Gott sei uns gnädig, wenn das so weitergeht! Stumm wandern wir unseres Weges. Die Last der Gepäckstücke drückt uns zu Boden. »Eij Uchnjem«, pfeift Fabian. Hinter einem Mauervorsprung sitzt ein alter Mann. Die Pfeife in der Rechten, in der Linken sein Feuerzeug. Er sitzt in der Sonne und rührt sich nicht. Warum sitzt er so still? Warum rührt er sich nicht? Eine Fliege krabbelt ihm übers Gesicht. Grün, fett und schillernd. Nun kriecht sie ihm in die Augen. Die Augen ... Barmherziger Himmel! Trübschleimig tropft es auf seine Wangen. Ein Toter sitzt dort, und er starb nicht erst gestern ...
Endlich taucht in der Ferne der Wasserturm auf. Wir sind am Friedhof. Das Tor zur Leichenhalle steht breit geöffnet. Wieder riecht es süß und beklemmend. »O sieh nur«, stammelt Fabian. Scheu streife ich den dämmerigen Raum. Tote, lauter Tote. Man hat sie auf den Fußboden gelegt. Reihe um Reihe, Leiche an Leiche. Kinder sind darunter, Erwachsene und Greise. Von irgendwoher zusammengetragen. Das ist der Schlußstrich unter fünf Jahre Krieg. Daß Kinder die Leichenhallen füllen und Greise hinter Mauern verwesen ...
»Hat man hier Himbeergelee gesät?« fragt Dagmar in meine Gedanken hinein. Ich blicke empor. Vor mir im Gras stehen zwei Töpfe mit Eingemachtem. Daneben noch mehr. Als hätte man über die grünen Rabatten den Inhalt einer Speisekammer gestreut. Angestochene Konservendosen, halbgeleerte Mar-

ihn nicht geboren. Frank und Jo sehen sich an. Trophäe? ... Du sollst nicht stehlen ... Tiefflieger, Granaten, Ruinen ... Darf man denn ... Kann man denn? Behutsam stolpert der Ochse um ein aufgerissenes Trichterloch. Jawohl, Trophäe! entscheidet der Trichter. Im nächsten Augenblick haben wir das Tier umstellt. Jo packt es bei den Hörnern. Vereint ziehen wir es in den Hof unserer Fluchtwohnung. Andrik wiegt den Kopf. »Man muß die Russen fragen.« Wir fragen die Russen. »Nehmt, ehe ihn andere nehmen«, antworten sie und geben uns einen Schützen mit, um dem Ochsen den Gnadenschuß zu verabfolgen. Fünf Minuten später ist das Geschäft erledigt. Fünf Minuten später gebärden sich alle wie Besessene. Küchenmesser schwingend, mit aufgekrempelten Ärmeln kauern Frank und Jo über dem toten Tier. Blut tropft von ihren Händen, Blut rinnt über ihre Arme, sickert in dünnen Bächen über den zertretenen Rasen. Und plötzlich, als hätte die Unterwelt sie ausgespien, sammelt sich um den toten Ochsen eine lärmende Menge. Aus hundert Kellerlöchern kriechen sie hervor. Weiber, Männer, Kinder. Hat sie der Blutgeruch hergelockt? Mit Eimern kommen sie gelaufen. Mit Bütten und Wannen. Sie schreien und gestikulieren, reißen sich die Fleischfetzen aus der Hand. »Mir die Leber!« keift einer. – »Mir die Zunge! ... die Zunge ... die Zunge!« Fünf blutbeschmierte Fäuste zerren wütend die Ochsenzunge aus dem Schlund. Heike beginnt zu weinen. »Wie scheußlich!« »Ah«, kreischt eine Frau, fliegt wie ein Ball aus der Menge, dreht sich zweimal um sich selbst und rennt von dannen. Über ihrem Kopf schwenkt sie den Ochsenschweif. Ich schleiche mich beiseite. Noch nie ist mir so elend gewesen. So also sieht die Stunde der Befreiung aus. Der Augenblick, auf den wir zwölf Jahre gewartet haben? Daß wir uns um eine Ochsenleber balgen. Raffen, was wir nicht brauchen, einheimsen, was wir nie besitzen wollten? Nein, das ist ... ich weiß nicht, was es ist. Auf jeden Fall etwas Grauenvolles. So ausweglos, daß ich ins Machulkesche Ehebett krieche, die trophäierte Pferdedecke

meladengläser, Flaschen, Krüge, Tüten und Büchsen. Dazwischen ein rotgestreiftes Federbett. Verdreckt, halb ausgequollen. »Feldlager!« Frank läßt seine Koffer fahren und fischt einen Gegenstand aus dem Gras. »Erbsen mittelfein«, buchstabiert er vom aufgeweichten Etikett. Bis wir den Friedhof verlassen, haben wir ein vollzähliges Abendbrot eingesammelt. Etwas sandig im Geschmack, mit einem leisen Geruch von Mülleimer, aber immerhin ein Abendbrot. Nachlese aus den Überbleibseln einer russischen Siegesfeier.
Dann stehen wir vor der Siedlung. Dann steht die Siedlung vor uns. Man hat sie nicht in Brand gesteckt. Man war humaner als die Rächer von Lidice. »Braves Häuschen«, sagt Heike und klopft anerkennend auf das verrußte Gemäuer. »Ist übriggeblieben! Hat allen Stürmen standgehalten!« Wir eilen nach oben. Ein unerträglicher Gestank schlägt uns entgegen. Aufgerissene Schubladen, umgestoßene Schränke, zerbrochene Stühle, besudelte Tische. Wir waten durch Kleider und Küchengerät. Grammophonplatten knacken unter unseren Füßen, Pillenröhrchen und zerbrochene Flaschen. Ich rutsche auf etwas Glitschigem aus. »Ganz nüchtern sind die auch nicht gewesen.« Angewidert halte ich mir die Nase zu. Vor der Badezimmertür steht Andrik. Fassungslos starrt er auf den Ausgangspunkt des Gestanks. »Hier müssen Büffel am Werk gewesen sein«, stammelt er überwältigt und bemüht sich, die Wasserspülung in Gang zu setzen. Es gibt kein Wasser. Es gibt auch kein Gas, kein Licht und kein Telefon. Nur Chaos gibt es. Unübersehbares, undurchdringliches Chaos. Aus dem Keller kommt Dagmar. »Dort ist es noch schlimmer«, berichtet sie und fährt sich verstört durch die Haare. »Die Sintflut, sage ich euch, die reine Sintflut!«

Mittwoch, 2. Mai 1945
Fabian hat einen Herd gebaut. Aus Ziegelsteinen auf dem Küchenfußboden. Er qualmt fürchterlich. Aber er brennt. Es gibt genug zerbrochene Gegenstände, um das Feuer nicht ausgehen zu lassen. Ich hocke vor dem niedrigen Rost. Alles

rußt, alles schmiert. Jeder Wassertropfen ist kostbar. Nach zwanzig Minuten sehe ich aus, als hätte ich in einem Kohlenhaufen gelegen. Um mich herum wird geräumt und sortiert, werden Türen gerichtet und Fenster vernagelt. Jetzt erst entdeckt man, was alles fehlt, bejubelt jedes Stück, das sich wiederfindet.
Am Nachmittag organisiert Frank eine Wasserexpedition. Die nächste Pumpe ist drei Straßen weit entfernt. Menschenschlangen stehen davor. Einer reicht dem anderen den Schwengel. Wir reihen uns hinten an. Es dauert gute zwei Stunden, bis wir uns zum Brunnen vorgeschoben haben. »Wir holen sonst aus dem Löschteich«, sagt vor mir eine Frau. »Aber seit da 'ne Leiche drin schwimmt.« »Gewiß«, nicke ich, »Wasser mit Leichen kann man nicht trinken.« »Es ist allerdings ein Zivilist«, wendet sie zögernd ein. Ich verstumme. Von dieser Seite hatte ich das Problem der Wasserhygiene noch nie betrachtet. Frank ist mit dem Besitzer eines Akkumulatorapparats ins Gespräch gekommen. Er quetscht ihn aus, wie eine lebende Zeitung. »Nachrichten gibt es!« strahlt er, als wir unsere acht Wassereimer im »Pendelverkehr« nach Hause bugsieren. »Ich sage euch, zum Umfallen!« Daheim packt er aus mit seinen Sensationen: Hitler liegt tot in der Reichskanzlei. Goebbels hat sich mit Frau und Kindern vergiftet. Himmler kämpft noch in Breslau und Epp soll in München einen Staatsstreich gemacht haben. »Woher stammt deine Weisheit?« fragt Jo. Frank antwortet nicht. Erwartungsvoll blickt er von einem zum anderen. »Na und ...?« – »Hm ...«, brummt Andrik. Die übrigen schweigen. »Ich wußte gar nicht, daß Hitler in Berlin ist«, sagt Dagmar. Plötzlich wird uns das Groteske dieses Augenblicks bewußt. Hitler ist tot! Und wir tun, als ginge uns das nichts an. Die Ereignisse sind über ihn weggestürmt. Wie ein Spuk ist das Dritte Reich zerstoben. Mit den Hakenkreuzen seiner Nazifahnen ist auch Herr Hitler auf den Abfallhaufen geflogen. Fahr zur Hölle, Führer und Reichskanzler! Tempi passati! Du interessierst uns nicht mehr.

Freitag, 4. Mai 1945

Immer noch kein Wasser, kein Licht und kein Gas. Keine Verkehrsmittel und kein Telefon. Die Schlepperei vom Brunnen nimmt täglich Stunden in Anspruch. Wir arbeiten wie Kulis. Feuer machen, Holz sammeln, Holz hacken, Schutt fegen. Und aufräumen, unentwegt aufräumen. Ab und zu erscheint Russenbesuch. Sie gehen von Zimmer zu Zimmer, schauen sich um und stecken ein, was ihnen gefällt. Sie sind nicht unfreundlich, aber sie sind auch nicht freundlich. Sie sehen durch uns hindurch, als wären wir nicht vorhanden. »Uhri, Uhri«, sagen sie manchmal. »Schnaps« und »Veloziped«. Unsere Räder verschwinden. Hinter dem Friedhof ist eine Asphaltstraße. Dort lernen die Sieger radfahren. Wie Kinder lernen sie es. Mit Ausdauer und Beflissenheit, unbekümmert darum, was dabei zu Bruch geht. Nach drei Tagen ist die Straße übersät mit Radtrümmern. »Strandgut«, entscheidet Frank. »Ich bin für Einholen. Ohne Verkehrsmittel können wir nicht auskommen.« In der Dämmerung ziehen wir los, holen uns stückweise zurück, was wir als Ganzes besaßen. Sättel und Lenkstangen, verbogene Rahmen und zerschlissene Schläuche. »Nette Bastlerarbeit.« Fabian blickt resigniert auf den Berg von Klamotten.

Sonntag, 6. Mai 1945

Frank und ich wagen den ersten Vorstoß in die umliegenden Vororte. Immer noch beherrschen rote Kopftücher und weiße Armbinden die Straße. Doch die sie tragen, schleppen heute keine Koffer. Rastlos, mit verbissenem Eifer schippen sie die Fahrwege frei. »Warum eilen Sie so?« fragt Frank eine Frau, die gehetzt ihre Schaufel schwingt. »Weil sie...«, sie schluckt, »die Häuser anzünden, wenn wir bis abends nicht fertig sind.« Ihre Augen haben den Ausdruck eines geprügelten Hundes. »Es wird so gefährlich nicht sein«, trösten wir. Aber die Frau hat sich schon abgewandt und ihr hastiges Geschäft wieder aufgenommen. »Arme Sklaven«, sagt Frank. »Wenn es aber wahr wäre«, frage ich beunruhigt, »ich meine das mit

dem Häuseranzünden?« Franz zuckt die Achseln. »Vielleicht ist es wahr. Doch ihre Angst macht es schlimmer. Die Russen lieben keine Angsthasen.«
Nein, sie lieben keine Angsthasen. Wie Kinder und freie Tiere lieben sie den ruhigen Blick, die freundliche Sicherheit. Wer sie anschaut, als wären sie gefährlich, dem werden sie gefährlich. Sie sind vielen gefährlich geworden in diesen Tagen. Panik herrscht in der Stadt. Bestürzung und Entsetzen. Wohin wir kommen, Raub, Plünderung, Gewalt. In hemmungsloser Liebesgier hat sich das Heer unserer Sieger auf die Berliner Frauen gestürzt. Wir besuchen Hannelore Thiele, Heikes Freundin und Klassengefährtin. Zusammengekauert hockt sie auf ihrer Couch. Kaum daß sie aufschaut, als wir das Zimmer betreten. »Man sollte sich umbringen«, jammert sie vor sich hin. »Man kann doch so nicht leben.« Sie schlägt die Hände vors Gesicht und beginnt zu weinen. Furchtbar ist es, in ihre gedunsenen Augen zu sehen, furchtbar, ihre entstellten Züge zu betrachten. »War es wirklich so arg«, frage ich. Kläglich blickt sie mich an. »Sieben«, sagt sie und schüttelt sich. »Sieben hintereinander. Wie Tiere.«
In Klein-Machnow wohnt Inge Zaun. Sie ist achtzehn Jahre alt und wußte nichts von Liebe. Jetzt weiß sie alles. In sechzigfacher Wiederholung. »Wie soll man sich denn wehren?« meint sie gleichgültig, fast stumpf, »wenn sie an die Türe donnern und sinnlos um sich rumschießen. Jede Nacht neue, jede Nacht andre. Als sie mich das erstemal vornahmen und Vater zwangen, ihnen zuzuschauen, dachte ich, daß ich stürbe. Später...«, sie macht eine matte Handbewegung. »Seit ihr Kapitän ein Verhältnis mit mir hat, ist es zum Glück nur noch einer. Er hört auch auf mich und hilft, daß sie die Mädchen in Ruhe lassen.« Mich schaudert. Vier Jahre lang hat uns Goebbels erzählt, daß uns die Russen vergewaltigen würden. Daß sie schänden und plündern, morden und brandschatzen. Greuelpropaganda! empörten wir uns und hofften auf die alliierten Befreier. Wir wollen jetzt nicht enttäuscht sein. Wir könnten es nicht ertragen, wenn Goeb-

bels recht behielte. Zwölf Jahre waren wir dagegen. Einmal muß man auch »dafür« sein dürfen. Wenn uns das jetzt nicht gelingt ...

»Sie schänden unsere Töchter, sie vergewaltigen unsere Frauen«, klagen die Männer. »Nicht einmal, nein sechsmal, nein zehnmal und zwanzigmal.« Es gibt kein anderes Gespräch in der Stadt. Und es gibt keinen anderen Gedanken. Selbstmordstimmung liegt in der Luft. Man versteckt die Mädchen hinter Dachbalken, gräbt sie in Kohlenhaufen ein und vermummt sie wie alte Weiber. Fast keine schläft dort, wo sie hingehört. »Ehre verloren, alles verloren«, sagt ein verstörter Vater und drückt seiner zwölfmal geschändeten Tochter einen Strick in die Hand. Gehorsam geht sie und erhängt sich am nächsten Fensterkreuz. »Wenn man euch schändet, bleibt euch nichts als der Tod«, erklärt zwei Tage vor dem Zusammenbruch die Lehrerin einer Mädchenklasse. Mehr als die Hälfte der Schülerinnen zieht die geforderte Konsequenz und ertränkt ihre Schande im nächstliegenden Wasser. Ehre verloren, alles verloren. Gift oder Kugel, Strang oder Messer. Zu Hunderten bringen sie sich um. – »Frank«, frage ich, »verstehst du das alles?« Er schüttelt den Kopf. »Wir müssen es aber verstehen. Wenn wir es nicht verstehen, hört die Zukunft für uns auf, noch ehe sie angefangen hat.« Ich nicke. »Ziemlich traurig dieses Fazit, für zwölf Jahre Wartezeit.« Wortkarg wandern wir durch die Straßen. Je weiter die Stunden vorrücken, desto hastiger rühren sich überall die Schaufeln. Wie abwesend gleitet Franks Blick über die roten Kopftücher und weißen Armbinden. »Vielleicht gibt es doch einen Weg«, beginnt er grübelnd, »... ich meine einen Weg, es zu verstehen.« Ich sehe ihn an. »Siehst du«, fährt er fort, »als wir sie drüben mit Krieg überfielen, ihre Männer erschlugen, ihre Habe davonschleppten, da dachte der Muschik: Sie werden ärmer sein als wir. Sie werden Hunger leiden und Mangel haben. Das hätte er verstanden, weil es einfach ist und natürlich. Es war aber nicht einfach. Und es war nicht natürlich. Denn als sie nach Deutschland kamen, da sahen sie, daß wir Wohnungen hatten und sogar eine Badewanne, einen Spiegel und ein Vertiko. Begreifst du jetzt, warum sie böse wurden? Plündern und fortschleppen, kaputtschlagen und in Brand stecken? Der Spiegel hat sie böse gemacht, die Badewanne und das Vertiko. Man führt keinen Angriffskrieg, wenn man viel reicher ist als sein Opfer. »Tut man auch nicht«, bestätige ich und bin Frank dankbar, daß er mir den Rückweg zum Glauben erleichtert. »Aber die Vergewaltigungen«, fällt mir plötzlich ein. »Schließlich notzüchtigt man ja nicht, nur weil man kein Vertiko hat. Und tut man es schon, dann doch nicht regimentweise.« »Gerade regimentweise«, unterbricht mich Frank. »Das ist es ja eben. Von der Gattung her mußt du es verstehen. Der Gattung des Naturmenschen.« – »Um ein Naturmensch zu sein, braucht man nicht gleich zu vergewaltigen«, wende ich ein. »Törichte Logik! Natürlich nicht. Aber wer triebhaft ist, will auch triebhaft besitzen. Fleisch oder Erde – Erde oder Fleisch. Dem Primitiven gilt es dasselbe. Sieg ist ein physischer Vorgang. Physisch wird er empfunden, physisch auch abreagiert. Es ist nicht schön, aber es ist verständlich.« – »Nicht schön, aber ... verständlich«, gebe ich widerstrebend zu. »Mit anderen Worten: Der russische Siegesrausch manifestiert sich im Fleische.« Frank nickt. »Im Fleisch unserer Frauen. Leibhaftig nehmen sie Stück für Stück der deutschen Erde in Besitz; leibhaftig zeugen sie Nacht für Nacht in sie hinein.«

Es wird Abend. Wie besessen regen sich die Schaufeln. Man fällt fast auf, wenn man nicht zu den Schippern gehört. Ein Mann blickt uns giftig nach. »Kommissare«, hören wir ihn zischen. »Verdammte Spitzel!« Der Schimpf trifft uns nicht.

Daheim haben sich inzwischen Gäste eingefunden. Jeden drängt es, den anderen zu erreichen, festzustellen, wer noch am Leben ist. Stichworthaft tauscht man die letzten Nachrichten: Seit gestern Waffenruhe, Kämpfe nur noch in Prag. Hitler einer Gehirnblutung erlegen. Immer noch leben wir vom Gerücht. Beziehen unsere Weisheiten auf Umwegen aus irgendeinem Akkumulatorapparat.

»Und wie war es bei euch mit den Vergewaltigungen?« fragt man uns. »Sie haben nicht stattgefunden«, erwidert Andrik. »Das heißt, du hast sie verhindert«, verbessere ich ihn. »Wohl euch, daß er die Sprache kann«, seufzen die Gäste. »Wenn man die Sprache versteht, geht es alles viel leichter.« Es ist wahr. Die Unfähigkeit, sich miteinander zu verständigen, raubt jeder Begegnung zwischen Siegern und Besiegten den Grundton des Menschlichen. Jetzt rächt es sich bitter, daß uns der Schulunterricht unsere östlichen Nachbarn geflissentlich vorenthalten hat. Andrik bemüht sich, die Scharte auszuwetzen. Zehn-Minuten-Kurs in russischer Geschichte. Zehn-Minuten-Kurs in russischer Sprache. Als unsere Gäste uns verlassen, trägt jeder von ihnen einen Zettel mit nach Hause, auf dem in deutlichen Buchstaben aufgezeichnet steht, daß »Ja ljublju Rossju« ich liebe Rußland heißt. »Ja twoj drug« ich bin dein Freund und »Ja otschen bolen« ich bin sehr krank – mögliche Rettung und Ausrede bei unerwünschtem Liebeswerben.

Kaum haben wir uns schlafen gelegt, schreckt uns ein Lärm aus dem Bett. »Russen im Haus«, schreit es im Treppenflur. Wir springen in die Kleider. Andrik läuft hinaus. Nach fünf Minuten ist er wieder da. »Sie wollten plündern«, lächelt er vergnügt. »Ich habe sie angepfiffen. Geht lieber los und holt uns Räder, habe ich ihnen gesagt. Wie sollen wir zur Arbeit fahren, wenn eure Kameraden uns die Räder wegnahmen. ›Pashalstje‹, sagten sie. ›Bitte schön.‹ Machten kehrt und zogen ab.« Wer sie anschaut, als wären sie gefährlich, dem werden sie gefährlich, denke ich. Andrik schaut sie richtig an. Andrik macht es immer richtig.

Dienstag, 8. Mai 1945

Von Tag zu Tag wird unsere Stimmung umwölkter. Wir gehen umher, als hätten wir etwas verloren. Andrik hat sich ins Bett verkrochen. Frank packt den ganzen Tag seine Koffer um. Heike und Fabian haben ihren ersten Liebesstreit, und Dagmar ist überhaupt nicht zu sehen. Was geht nur mit uns

vor? Der Start ist frei. Warum starten wir nicht? »Ich glaube, uns fehlt das Ziel«, sagt Jo. »Aufräumen allein ist noch keine Mission.« Er trifft den Nagel auf den Kopf. Wir wissen alle nicht, wie es weitergehen soll. Der Kampf gegen die Nazis ist aus. Niemand bedarf mehr unserer Betreuung. Die Aufgabe haben wir verloren und eine neue noch nicht gefunden. Es fällt auch schwer, an neue Aufgaben zu denken, wenn Strom und Wasser mangeln und jede Verbindung mit der Außenwelt durch mühsame Fußmärsche erkauft werden muß.
Jo und Frank haben aus trophäierten Radteilen zwei Fahrräder gebaut. »Radeln wir zur Kommandantur«, schlägt Andrik vor. »Mal sehen, was dort los ist.« Wir radeln nicht lange. An der nächsten Ecke winken drei russische Soldaten. Springen uns quer über den Weg, als wir Miene machen, vorüberzufahren. »Maschina ... Maschina«, sagen sie und lockern ihre Pistolen. Andrik versucht es mit Güte. Unmöglich. Die drei sind nicht umzustimmen. »Maschina ... Maschina!« Ein kurzes Hin und Her, dann wandern wir zu Fuß weiter. »Die sind wir los«, sagt Andrik. »Wen? Die Russen oder die Räder?« »Beide«, erwidert er trübe. Auf der Kommandantur herrscht Ferienstimmung. Nur ein schläfriger Posten räkelt sich vor der Tür. »Kommandante?« Er schüttelt den Kopf. Heute sei Feiertag, bedeutet er uns. Seit zwölf Uhr mittags. Wegen Waffenstillstand. – Waffenstillstand! Die Nachricht ist uns den Radverlust wert. Plötzlich überkommt uns der ganze Jubel des Befreitseins. Frei von Bomben! Frei von Verdunklung! Frei von Gestapo und frei von den Nazis! Wie auf Flügeln eilen wir nach Hause. Am Abend feiern wir. Feiern mit allem, was wir besitzen. Pax nobiscum!

Mittwoch, 9. Mai 1945

Die Welt tobt im Siegestaumel. Die Berliner grübeln, wo sie etwas zu essen finden. Geschäfte gibt es noch nicht. Sie sind entweder geschlossen oder ausgeplündert. Nicht wir allein haben während der Kampftage das siebente Gebot vergessen. Was in den Läden fehlt, geht zumeist auf Konto der Deut-

schen. Nur die Bäcker arbeiten schon. Vor ihren Türen drängen sich die Menschen. Das Brot ist schwarz und naß. Wie Blei liegt es im Magen. Immerhin, es ist Brot. Heike beschließt, sich für Anstehen zu opfern.
Am Nachmittag wird Andrik herausgerufen. Zwei Russen seien da und wollten ihn sprechen. Es sind unsere »Plünderer« vom Sonntag. »Pashaluista«, sagen sie. Bitte schön! – und schieben zwei Fahrräder durch die Tür. Beinahe neu, mit blitzenden Nickelteilen. Sie lachen übers ganze Gesicht. »Pashaluista«, sagen sie und verschwinden wieder. »Sonderbares Volk«, meint Frank kopfschüttelnd. »Liebenswertes Volk«, lächelt Andrik gerührt. – So sind sie nun! Was sie mit der einen Hand nehmen, geben sie mit der anderen zurück. Von wo sie es holen? Von wem? Wir wollen uns nicht den Kopf darüber zerbrechen, wer jetzt, statt unserer, zu Fuß durch die Straßen geht. Verwechsel, verwechsel das Bäumchen! Für diesmal sind wir die Gewinner.
Heike hat das Abendbrot aufgetragen. Würfelsuppe und nasses Schwarzbrot. Es füllt zwar den Magen, doch es spricht ihn nicht an. Ebenso könnten wir einen Schlammhaufen verspeisen. – »Und sie erhoben die Hände zum lecker bereiteten Mahle«, deklamiert Fabian, während er seine Brotration zu kunstvoller Plastik verknetet. Plötzlich hebt Jo den Kopf. »Seid mal still, hört ihr nichts?« »Es schießt«, antwortet Andrik. Im gleichen Moment beginnt ein Geknatter, daß man sein eigenes Wort nicht versteht. Frank läuft zum Fenster. Leuchtspuren überziehen den Himmel. Feuerbälle zerplatzen in der Luft. – »Sie schießen Salut«, sagt er feierlich. »Salut für den Frieden!« Andächtig schauen wir hinaus. Auf der Straße rennen Menschen. Flüchten erschreckt in die nächsten Ruinen. »Die denken, der Krieg geht wieder los«, brummt Fabian. »Schießen aus Freude sind sie nicht gewohnt.« – Auch wir sind es nicht gewohnt. Überwältigt stehen wir vor dem unerhörten Schauspiel. Großkaliber, Kleinkaliber. Panzer, Flak, Maschinengewehr und Pistole. Aus allen Rohren dröhnt es in der Luft. Jeder tut mit.

Soldaten und Offiziere. Die letzte Kugel – Achtung, gebt Feuer! – die letzte Kugel beendet den Krieg.
»Verstehst du es nun?« flüstert mir Frank ins Ohr. »Auch hier wurde ihnen das Symbol zum Fleische.«

Donnerstag, 10. Mai 1945

Radioapparate beschlagnahmt – Telefone beschlagnahmt – Schreibmaschinen beschlagnahmt. An allen öffentlichen Gebäuden kleben Zettel, die zur Abgabe bestimmter Wertgegenstände auffordern. »Wer nicht abgibt, wird erschossen«, zittern die Ängstlichen, schneiden ihre Telefone von der Leitung, packen ihre Radios auf und schleppen sie eigenhändig zur nächsten Sammelstelle. Die Sammelstelle ist ein ehemaliger Schulhof. Regen tropft auf die Mahagonifurnierung der Blaupunkt und Telefunken, der Philips und der Siemens Super. Man packt sie übereinander, man stapelt sie in den Ecken. Man zeigt sich nicht sonderlich achtsam im Umgang mit den kostbaren Toninstrumenten. Kaum ein Viertel von ihnen wird nach dieser Abgabe noch gebrauchsfähig sein. »Was soll wohl das Ganze?« erkundige ich mich bei einem Mann, der schwitzend ein riesiges Fünfröhrengerät buckelt. Er blickt auf seinen Kasten. »Geht nach Rußland, sagt man.« – Die werden nicht viel Freude daran haben, denke ich und mustere den Berg von ineinanderverschachtelten Radioinvaliden. »Uns war das Ding zu schwer«, sagt ein Dahlemer Villenbesitzer. »Wir haben es auf die Straße gestellt. Soll es dort abholen, wer Lust hat.« – Zehn Minuten später ist die ›Abholung‹ vollzogen. Der glückliche Finder lacht sich ins Fäustchen. Einen großen Philips findet man nicht jeden Tag auf der Straße.
Telefone beschlagnahmt – Radioapparate beschlagnahmt – Schreibmaschinen beschlagnahmt. Die Zettel, die zur Abgabe auffordern, sind nicht größer als ein halbes Schreibmaschinenblatt. Wie weiße Punkte kleben sie neben den Eingängen der Dienstgebäude. »Und wie gedenkst du dich zu verhalten?« frage ich Andrik. »Ich habe nichts gelesen. Es ist auch

nicht meine Absicht, mir die Augen zu verderben. Im übrigen ... wenn du es unternehmen willst, im Chaos des Kellergerümpels nach unserem Blaupunkt zu suchen ...« Ich verstehe. Eine Viertelstunde später sind auch unsere beiden Schreibmaschinen und der Telefonapparat im »Chaos des Kellergerümpels« verschwunden. Wer zu Hause bleibt, kann keine Verordnungen lesen. Warten wir's erst mal ab ...

Freitag, 11. Mai 1945

Das Abwarten hat sich gelohnt. »Die Verordnung ist dementiert worden«, geht es heute von Mund zu Mund. Man kann seine abgelieferten Maschinen und Apparate von den Sammelstellen zurückholen. In Scharen stürzen die Menschen. Sie kommen enttäuscht nach Hause. Das meiste wurde über Nacht gestohlen. Es gibt eine Menge Liebhaber für Schreibmaschinen, Radios und Telefonapparate. Wenn man sie sich auch nur auf Vorrat legt, bis Fernsprechamt und Stromversorgung wieder in Tätigkeit sind. Verwechsel, verwechsel das Bäumchen! In diesem Fall haben sich die Spielteilnehmer wohl vorwiegend aus Deutschen zusammengesetzt.

Samstag, 12. Mai 1945

»Ich meine, wir sollten mit der Arbeit beginnen«, sagt Andrik beim Frühstück. »Es wird Zeit, daß wir uns nützlicheren Dingen zuwenden als Fenstervernageln und Toilettensäubern. Ich jedenfalls gebe in Kürze mein erstes Konzert.« Wir reißen Mund und Nase auf. »Konzert? Wo denn? Mit wem denn?« – »Das wird sich finden.« – Die Nachricht entzündet uns, als hätten wir Pervitin geschluckt. Plötzlich erinnern sich alle, daß es für jeden von uns ein bürgerliches Leben gibt, zurückgelassen hinter Bomben und Krieg, an das man jetzt irgendwie wieder Anschluß finden muß. Der Ausnahmezustand hat aufgehört. Wir sind nicht mehr im Hauptberuf Schicksalsgenossen der »Clique«, Mitglieder der Widerstandsgruppe »Onkel Emil«, sondern Dirigent und Schriftsteller, Arzt und Schauspielerin, Privatsekretärin und Redak-

teur. Zur Zeit Stellungslose und Stellungsuchende auf ganz unterschiedlichen Fachgebieten. Zum erstenmal seit vielen Wochen tauschen die Mädchen Kopftuch und Trainingshose gegen ein bürgerliches Gewand, binden sich Frank, Andrik und Jo für ihren Ausgang eine Krawatte um. »Also dann bis zum Abend«, verabschieden wir uns, ehe wir in die verschiedenen Richtungen auseinanderstreben. Frank faßt mich am Arm. »Ich glaube, wir haben denselben Weg.« Sein altes Krankenhaus und mein ehemaliger Verlag liegen im gleichen Stadtviertel. Gemeinsam wandern wir stadteinwärts. Es ist ein heißer Tag. Ruinen und Staub. Staub und Ruinen. Die letzten sechs Kampftage haben Berlin schlimmer zugerichtet als zehn schwere Bombenangriffe. Nur vereinzelt trifft man auf ein heiles Haus. Hauptstraße, Koesterufer, Hafenplatz. Mit müden Gesichtern stochern die Menschen zwischen den Trümmern, zerren hier eine zerbeulte »Trophäe« ans Licht, dort einen verkohlten Balken. Berlin holzt die Ruinen ab, um seine spärlichen Mittagessen zu kochen. Zwischen Linkstraße und Margaretenstraße dehnt sich ein riesiges Wasserbecken. Bomben haben die unterirdischen Rohre zerrissen und das Häuserviertel in einen Weiher verwandelt. Benzinkanister schwimmen in ihm herum. Kriegsdreck und schmutzige Papiere. Dazwischen zwei Mädchen. In grasgrünen Badeanzügen. Ausgelassen plätschern sie durch das schmutzige Wasser. Lachen und planschen, als wären sie im Freibad Wannsee. Die Ruinen der Linkstraße blicken auf den fragwürdigen Teich, spiegeln sich schwankend in seiner schillernden Fläche. Die Mädchen lachen. Wie Vogelzwitschern klingt ihr Lachen durch die staubige Luft. Frank mißt sie mit liebevollem Blick. »Wer so sein kann«, sagt er andächtig.
Dort ist die Philharmonie. Oh, vielmehr nein! Da war sie. Wo ehedem Bruno Walter musizierte, liegt zwischen Schutt und Gemäuer ein toter Schimmel. Aufgedunsen der Leib, mit schwarzen, versteinerten Augen. Als grausiges Stilleben breitet er sich unter den zerbrochenen Arkaden, und seine steifen Beine starren anklagend in die Luft. Die Bernburgerstraße ist

ein einziger Steinhaufen. »Nicht dort herum«, warnen uns zwei Männer. »Dort holt man euch zum Trümmerschippen.« – »Verbindlichsten Dank!« Im Handumdrehen machen wir kehrt. Sollen die den Dreck wegräumen, die ihn verursacht haben. – Es gibt noch mehr solcher »Arbeitsfallen« in der Stadt. Wo man im Trümmergewirr der Geschäftsviertel nicht auf Hausbewohner zurückgreifen kann, zwingt man Passanten zur verkehrsnotwendigen Entrümpelung. Drei Stunden, fünf Stunden, zehn Stunden. Daheim sitzen die Angehörigen und ängstigen sich, daß ihre Lieben nicht wiederkehren. Aber die Methode ist erfolgreich. Keine freiwillige Werbung würde die Straßen in so kurzer Frist bahnfrei machen.

Auf Umwegen kommen wir zum Tiergarten. Oder zu dem, was von ihm übrigblieb. Bestürzt blicke ich auf die zerfetzten Bäume. Geknickt, zerborsten, bis zur Unkenntlichkeit verstümmelt. Arme Bäume! Was konntet ihr denn dafür? Mir würgt es in der Kehle. »Du«, sage ich zu Frank. »Das ist noch schlimmer als Ruinen. Das ist ... Autsch!« Ich stolpere über einen harten Gegenstand. Aus dem Gewirr der Äste, die kreuz und quer den Boden bedecken, bohrt sich etwas Schwärzliches. Ich bücke mich, die Zweige beiseite zu schieben. Vor mir liegt der Kopf eines erzenen Reiters. Halb in die Erde gewühlt, mit Dreispitz und Fridericus-Zopf. Eine Granate riß ihn vom Rumpf, hat ihn aus luftiger Denkmalhöhe hierher geschleudert. Zehn Meter weiter finden wir seinen zerlöcherten Rest. Ein schweifloses Pferd, einen kopflosen Mann. Gespenstisch reckt seine Rechte ein erzenes Jagdhorn. »Hali-Halo«, scheint es durch die Bäume zu wehen. – Dicht neben dem Denkmal liegt ein kleiner Hügel. Hastig aufgeworfen, noch hastiger vollendet. Zwei Latten auf ihm. Mit Bindfaden zum Kreuz verschnürt.

     Hier ruhen
    ein   Hauptmann
    ein   Leutnant
    zwei Unteroffiziere und
    sechs Grenadiere

steht mit Blaustift auf dem Querbalken. Regen hat die Schrift verwischt. Wie blaue Tränen rinnt es von den Buchstaben. Da ein Grab, dort wieder eines. Wo sie starben, scharrte man sie ein. Möge die Erde euch leicht sein, namenlose Tote! –
Auf der Charlottenburger Chaussee stinkt es nach Kadavern. Doch als wir näher hinschauen, sind es nur Pferdegerippe. Fleischfetzen um Fleischfetzen schnitten die Umwohner den toten Tieren von den Knochen, steckten sie in die Kochtöpfe und verschlangen sie gierig. Nur die Gedärme hängen noch faulend zwischen nackten Rippen.
Immer heißer glüht die Sonne. Immer mühsamer setzen wir einen Fuß vor den andern. Jetzt passieren wir das Brandenburger Tor. Auf dem Pariser Platz wimmelt es von Leuten. Sie tragen aus dem Hotel Adlon die Möbel heraus. Vergoldete Spiegel, Plüschsessel und Matratzen. »Trophäisten«, lacht Frank verständnisvoll. »Die nehmen, was sie kriegen können.« Kein Zweifel, sie nehmen es. Auf Karren und Leiterwagen, in Bündeln und Säcken schleppen sie davon, was die Bomben übrigließen. Wir biegen in die Wilhelmstraße ein. Ruinen und Staub. Staub und Ruinen. Wo irgendwo ein Keller stehenblieb, tummeln sich die Trophäisten, zappeln treppauf und treppab, gleich Maden auf einem Käse. Vor dem Auswärtigen Amt liegt im Schmutz ein Pastellbild. »Starnberger See« steht in Handschrift links unter dem Rand. Wo mag es gehangen haben? Wer warf es hierher? Ich hebe es auf. »Zur freundlichen Erinnerung an unsere nationalsozialistische Außenpolitik«, sage ich zu Frank und stopfe es in meine Aktentasche.
Da steht die Reichskanzlei. Ein zerschundener Steinkoloß. Öde starren seine Fensterhöhlen auf den trümmerübersäten Wilhelmsplatz. Nichts regt sich hinter den Mauern, die die Überreste Adolf Hitlers bergen. Vor der Auffahrt wacht ein russischer Soldat. Sein Gewehr über den Knien, sitzt er, behaglich zurückgelehnt, in einem grünseidenen Polstersessel. Mitten im sogenannten Ehrenhof, ein Urbild des Friedens. Der Anblick macht uns lächeln. So hatten sich die Nazis den

Wachtposten ihres Führers und Reichskanzlers gewiß nicht vorgestellt. – Wenn es nur nicht so drückend wäre. Seit mehr als sechs Stunden pilgern wir durch die sengende Sonne. Das verbrannte Gemäuer spendet keinen Schatten. Fast glühender noch wirft es die Hitze zurück. Gottlob, eine Pumpe! Erleichtert greife ich nach dem eisernen Schwengel. »Nicht trinken«, ruft ein Vorübergehender. Ich blicke ihn an. »Verseucht«, sagt er. »Von den Leichen im S-Bahn-Schacht.« »Im S-Bahn-Schacht?« Er nickt. »Die Nazis haben den Nord-Süd-Tunnel gesprengt. Er ist versoffen, mit allen, die drin waren.« – Es ist nicht nur der S-Bahn-Schacht. Fast jede Berliner Brücke liegt zertrümmert im Wasser. Fast jeder Bahnübergang, jede halbwegs wichtige Unterführung wurde von den Sprengkommandos in letzter Minute in die Luft gejagt. Posthume Propaganda für nazistisches Organisationstalent. Wie soll, kalkulierte man listig, dem Sieger die Berliner Versorgung gelingen, wenn sämtliche Brücken im Wasser liegen. Den Vergleich wollte man heraufbeschwören. Den Versorgungsvergleich zu seinen Gunsten. Ja, was die Nazis doch konnten! – Man möchte ausspucken über soviel Nichtachtung von Menschenleben.
Am Spätnachmittag erreichen wir unsere ehemaligen Arbeitsstätten. Franks Krankenhaus steht noch. Mein Verlag ist »stark durchgepustet«. Während draußen der eine dem anderen die Daumen drückt, knüpft drinnen jeder von uns seine ersten bürgerlichen Fäden. Als wir die Hauptstraße zurückwandern, sprechen wir nicht mehr von Trümmern und Nazis, sondern von ärztlichen Aufgaben und der Möglichkeit einer neuen Jugendzeitschrift.
Um zehn Uhr abends landen wir zu Hause. Ein Fußmarsch von dreißig Kilometern liegt hinter uns. Andrik und die übrigen sind bereits heimgekehrt. Die winzige Küche, in deren Mitte der Ziegelherd brennt, hallt wider von leidenschaftlichen Berichten. Organisation des Musiklebens. Ärztemangel und Ärzteeinsatz. Presse, Theater und neuer Kulturbeginn. Wir löffeln unsere Würfelsuppe und kauen nasses Schwarz-

brot. Im Herd verglüht das letzte Holzscheit. »Gehen wir schlafen«, schlägt Heike vor und blickt besorgt auf die leere Petroleumlampe. »Bis wir zu Bett sind, wird uns die Glut wohl noch leuchten.« Ein jeder tastet nach seiner Lagerstatt. »Und was ich noch sagen wollte«, tönt es aus Heikes Schlummerwinkel, »ab heute ist die Verdunklung aufgehoben.« »Auch die Verdunklung der Geister?« fragt eine Stimme zurück. Aber niemand antwortet. Vielleicht weiß auch niemand eine Antwort.

Dienstag, 15. Mai 1945

Kommen die Amerikaner oder kommen sie nicht? Teilt man Berlin oder überläßt man es den Russen? So viele Fragen, so viele Meinungen. Immer leidenschaftlicher drängt es uns nach Klärung im Sumpf der Gerüchte. Überall herrscht politischer Hochbetrieb. Als müsse man im Eiltempo nachholen, was man zwölf Jahre lang versäumt hat. Wie Pilze schießen die »antifaschistischen« Gruppen aus der Erde. Spruchbänder und Plakate. Anschriften und Aufschriften. An jeder zweiten Straßenecke hat sich ein politisches Unternehmen aufgetan. »Kampfverband freies Deutschland« ... »Seydlitzgruppe« ... »Antifa« ... »Bund der Hitlergegner«. Nicht alle Kampfgruppen gegen Herrn Hitler blicken auf eine lange Lebenszeit zurück. Bei manchen hob der Widerstand erst an, als Adolf Hitlers Widerstand aufhörte. Es stinkt ein bißchen um diese rückdatierten Märtyrer. Vor den fahnengeschmückten Eingängen halten Autos. Türhüter springen, Ordonnanzen flitzen heraus und herein. Staunend betrachten wir den geschäftigen Aufwand. »Als müßten sie noch heute die Demokratie aus der Taufe heben«, sagt Frank mißbilligend. Fabian lacht. »Die Antifa – die Antina. An ihren Namen sollt ihr sie erkennen. Es gab keine Antifaschisten während des Naziregimes. Es gab nur Nazigegner oder Antinazis.« Er hat recht, erst die Besatzungsmacht führte den neuen Ausdruck bei uns ein. Nun tummeln sich die Faschistenbekämpfer in Dutzenden von Verbänden. »Wenn bloß nicht die Falschen ans

Ruder kommen. Wer jetzt zu sehr ›anti‹ tut, ist bestimmt nicht der Beste.« – Falsch oder richtig? Im Chaos des Augenblicks läßt sich das kaum unterscheiden. Aber es geht ein Gerücht, daß alle politischen Organisationen von den Siegern verboten würden.

»Wer regiert uns eigentlich?« frage ich Andrik. Der hebt die Achseln. »Wer gerade dran ist. Im übrigen – die Russen.« Vorläufig sieht es so aus, als ob in jeder Woche ein anderer »dran« wäre. In den Bürgermeistereien wird abgesetzt und berufen, berufen und abgesetzt. Jeder regiert nach seiner Fasson. Doch nicht jede Fasson ist ein Glück für die Regierten. Auf den Straßen sieht man zahlreiche Jünglinge. Langhaarig, mit offenen Kragen. Jene saloppen Typen, denen man einst im Romanischen Café begegnete. Niemand kennt sie. Keiner hat sie gerufen. Wie aus der Versenkung sind sie plötzlich aufgestiegen. Wer glaubt, etwas zu sagen zu haben, trägt eine schwarze Baskenmütze. Noch nie gab es so viele »Bérets« in der Stadt. Sie sind die phrygischen Mützen der ersten Berliner Nachkriegswochen. Ab und zu taucht ein Judenstern unter ihnen auf. Gleich einem Orden schmückt er die Brust seines Besitzers. »Mein Alibi«, sagt dessen stolzer Blick. »Mein redlich erworbener Anspruch auf Mitleid und Entschädigung.« – Wird man den Anspruch anerkennen, die wahren Gläubiger ausfindig machen? Man erzählt, daß Judensterne mit fünfhundert Mark gehandelt würden. »Ja jawrej!« – Ich bin Jude – lernten unsere jüdischen Freunde kurz vor der Eroberung. »Na und?« quittierte der Sieger die wohlpräparierte Schutzformel. Auch jüdische Frauen sind vergewaltigt worden. Auch vor jüdischen Wohnungen hat das Plündern nicht ausgesetzt. Noch strudelt alles durcheinander. Lebensangst und Lebenswille. Profitgier, Postenjagd und ehrliches Streben nach neuer Ordnung. Berlin liegt in Geburtswehen. Wir sorgen uns um Berlin.

Donnerstag, 17. Mai 1945

Die ersten Lebensmittelkarten sind ausgegeben. Richtige Karten mit richtigen Abschnitten. Brot steht auf ihnen, Fleisch, Fett und Tee. Salz, Nährmittel, Kartoffeln und Bohnenkaffee. Wir kommen uns vor wie Beschenkte. »Ob man darauf auch was kaufen kann?« fragt Heike ungläubig. »Probier's«, empfiehlt Frank. Die Kleine greift nach ihrem Einkaufsnetz.

Kaum ist sie verschwunden, so klopft es an die Tür. Unser ehemaliger Luftschutzwart. »Ich wollte...«, er stottert, »... ich dachte, ob Sie mir vielleicht...«, wieder stottert er und sieht mich flehend an, »... bescheinigen, daß Sie kein Nazi waren«, helfe ich ihm ein. Er nickt verlegen. »Ich habe Unterlagen ... es läßt sich beweisen ...« Beflissen kramt er in seinen Taschen. Mir liegt nicht viel an diesen Beweisen. Tagtäglich erleben wir das gleiche. Zu Dutzenden kommen sie, um sich ihr Nazitum fortattestieren zu lassen. Jeder benutzt einen anderen Vorwand. Jeder hat plötzlich einen Juden, dem er irgendwann einmal, irgendwo einmal mindestens zwei Kilo Brot oder zehn Pfund Kartoffeln gegeben haben will. Jeder hat den ausländischen Sender gehört. Jeder hat Verfolgten geholfen. »Unter Lebensgefahr«, pflegt die Mehrzahl dieser posthumen Wohltäter stolz-bescheiden hinzuzufügen. Die ganze NSDAP scheint aus Frondeuren zu bestehen. Erstaunliche Heldentaten kommen ans Licht ... Daß jemand auf offener Straße mit einem Mischling gesprochen hätte, obgleich der Blockwalter daneben stand ... Herrn Y nicht denunziert habe, wenngleich er von ihm wußte ... immer dagegengewesen sei und schon längst nicht mehr glaubte ... je größer die Angst, desto dümmer die Ausrede. Aber auch die Harmlosen verlangen nach einem Schein, der ihre Harmlosigkeit legitimiert: »Herr X ist mir seit Jahren persönlich bekannt ...« und so weiter, und so weiter. Das Leumundszeugnis regiert die Stunde. Wer als Parteigenosse kein Leumundszeugnis vorweisen kann, wird zur Zwangsarbeit geholt. Schippkommando der Kulis von Berlin. In

Scharen treten sie jeden Morgen an. Punkt sieben Uhr früh. Sie sitzen vor den ehemaligen Arbeitsämtern und warten auf Abruf: Fünfzehn Pg.s zum Schuttwegräumen. Acht Pg.s zum Leichenausgraben. Dreißig Pg.s zum Straßenkehren, zum Kloakensäubern, zum Steineklopfen. Sie klopfen Steine. Sie graben Leichen. Sie säubern Kloaken. Es ist kein leichtes Brot, das man sie essen läßt.
Wir schreiben Bescheinigungen und fertigen Leumundszeugnisse aus. Wo man es verantworten kann, soll man nicht rachsüchtig sein. Zwölf Jahre hatten wir Zeit zu wägen und zu werten. Nur zu genau wissen wir nun, wen wir zu leicht befanden.
Um acht Uhr kehrt Heike zurück. Sie weist triumphierend drei Pfund Grütze und ein halbes Kilo Steinsalz vor. »Der Rest kommt später«, berichtet sie und streicht die zerdrückten Kleider glatt. »Transportschwierigkeiten! Es ist wegen der Brücken.« – Frank sieht mich an. »Da hast du's! Wegen der Brücken! Es wird nicht mehr lange dauern bis zum Versorgungsausgleich zu Nazis Gunsten.« Wütend zerknüllt er das Leumundszeugnis, das er soeben ausgeschrieben hat, und wirft es in den Papierkorb. »Verfluchte Schurken!« höre ich ihn brummen.

Freitag, 18. Mai 1945

In Friedenau gibt es Licht. Wir radeln hin, um das Wunder zu bestaunen. Zum erstenmal seit dem 24. April hören wir wieder den englischen Sender. Er spricht eine scharfe Sprache gegen uns. So scharf, wie wir sie niemals erwartet hatten. Will man uns wirklich in Bausch und Bogen verantwortlich machen für das, was unsere Regierung sich zuschulden kommen ließ. Warum bestraft man nicht Streicher und Ley? Herrn Ribbentrop und Herrn Himmler? Hitler ist tot. Herr Goebbels hat sich umgebracht. Wie Aale schlüpfen sie den Rächern aus dem Netz. Sollen zu guter Letzt nur die kleinen Fische darin zappeln, um vor dem Welttribunal seziert zu werden?

Montag, 21. Mai 1945
Der Reinhardt-Direktor Herzberg hat die Kammer der Kunstschaffenden gegründet. In Hinkels, des Kulturkammerchefs ehemaligen Diensträumen. Ein »zwölfjähriges Jahrtausend« blickt auf die Künstler herab, die sich hier registrieren lassen. Für »geistig verantwortliche Arbeiter« bewilligen die Kommandanturen die höchste Ernährungsstufe. In Scharen strömen Dichter und Musiker, Sänger und Schauspieler zur Eintragung, präsentieren Leumundszeugnisse, füllen Formulare aus und versichern das Blaue vom Himmel an Eides Statt. Weh dem, der diese Schwüre einmal nachprüfen muß! – Und doch, wer schwört sie nicht, im verzweifelten Kampf um Arbeitszulassung oder Arbeitsverbot, um Durchkommen oder Verrecken. Pg.s dürfen sich künstlerisch nicht betätigen. Sie dürfen nur Leichen ausgraben und Kloaken säubern. Dem »unbescholtenen Kulturschaffenden« winkt Lebensmittelkarte I. Das bedeutet bei den fünf geltenden Ernährungsstufen eine Brotration von sechshundert Gramm täglich, von dreißig Gramm Fett und hundert Gramm Fleisch – sofern die Transportschwierigkeiten es zulassen. Parteigenossen, Berufslose und Hausfrauen erhalten Karte V. Das heißt: dreihundert Gramm Brot täglich, sieben Gramm Fett und zwanzig Gramm Fleisch. »Hungerkarte« hat sie das Volk getauft.

Dienstag, 22. Mai 1945
Immer mehr feste Punkte zeichnen sich aus dem Chaos ab. Vom Kleinsten weitet es sich langsam zum Größeren. Zwar wurden die politischen Organisationen verboten, doch auf den Bezirksbürgermeistereien zeigt man sich allmählich beständig. Schon haben wir es bis zum Stadtmagistrat gebracht. Die Regierung steht. Und sehnsüchtig warten die Berliner darauf, regiert zu werden.

Donnerstag, 24. Mai 1945
»Morgen um zehn Uhr ist meine erste Probe«, verkündet Andrik uns gestern beim Abendbrot. Wir blickten ihn an wie

ein Wunder. Vor kaum drei Wochen fiel in Berlin der letzte Schuß. Vor kaum vier Wochen schlachteten wir im Hof der Machulkeschen Wohnung den weißen Ochsen. In jener warmen Mainacht, die seither vergangen ist, schrien Hunderte von Frauen unter der Umarmung ihrer Vergewaltiger, wechselten Tausende von deutschen Sachgütern ihre recht- oder unrechtmäßigen Besitzer. Die ›Manifestierung im Fleische‹ geht weiter. Andrik aber probt. Nachdem er zwölf Tage lang mit seinem klapperigen Fahrrad kreuz und quer durch Berlin gefahren ist, Genehmigungen erhandelt, Instrumente beschafft, Musiker zusammengetrommelt und einen Saal aus den Trümmern gestöbert hat, steht er jetzt, als wäre nichts geschehen, vor dem Philharmonischen Orchester und probiert in seliger Entrücktheit die Vierte Tschaikowsky. Sein Gesicht ist mager von Strapazen und Schlafmangel. Um ihn herum klopfen Handwerker. Flicken notdürftig die ärgsten Trümmerschäden. Es gibt keine Säle in Berlin. Es gibt auch keine Verkehrsmittel, keine Plakate und Annoncen. Man sagt, daß am Montag die erste Zeitung erschienen sei. Vielleicht wird man auch bis übermorgen das Dach repariert haben. Vielleicht!
Andrik stört das alles nicht. Seine Augen sind nach innen gerichtet. Sie blicken in eine andere Welt. Eine sanfte Welt. – Als die Probe vorüber ist, setzt er sich auf sein Verkehrsmittel und fährt zur Kommandantur. »Man muß den Musikern Zusatzernährung beschaffen«, sagt er. »Mit knurrendem Magen kann keiner Trompete blasen.« Der Kommandant zeigt Verständnis. Wenn es um Künstlerbelange geht, findet man bei Russen stets ein offenes Ohr. Sie lieben die Kunst. Und lieben sie ehrlich.
»Wir werden uns anstrengen müssen, mit dir Schritt zu halten«, meint Frank, während wir am Abend um den Ziegelherd sitzen. Heike kocht Würfelsuppe und versucht sich in russischer Grütze. Andrik lächelt ein bißchen erschöpft. »Man muß nur einfach anfangen.« – »Ich habe schon angefangen«, bemerkt Jo Thäler still. »Im Krankenhaus

Schöneberg. Ab heute.« »Na so was!« staunt Heike. »Sagt nichts, zeigt nichts und legt plötzlich los.« Sie umarmt unseren ›Stillen‹, bis Fabian dazwischentritt. – Er sieht es nicht gern, wenn man seine ›Grundrechte‹ schmälert.

Freitag, 25. Mai 1945

Auch Frank ist der Absprung ins Bürgerliche gelungen. Halb stolz, halb verlegen zeigt er uns seine Ernennung zum Amtsarzt. Nicht ganz einfach die Umstellung, nach zehn Monaten Tauchzeit. Wieder gibt es um den Ziegelherd eine Fülle von Fachgesprächen. Daß Heike und Fabian ein Kabarett gründen wollen, morgen das erste Konzert der Philharmoniker stattfindet, man im Schöneberger Krankenhaus eine Seuchenstation eröffnet und daß mein Verlag sich um Zulassung bemüht. Nur Dagmar ist noch nicht eingeordnet. Mischlingen ersten Grades hat der nationalsozialistische Staat keine höhere Ausbildung zugebilligt. Sie durften nur Straßen kehren und Omnibusse säubern. Schulen und Studienanstalten sind geschlossen. Nun grübeln wir angestrengt, wo wir sie unterbringen könnten. Zum erstenmal in ihrem zweiundzwanzigjährigen Dasein steht die Berufswahl ihr offen. »Großartige Zeit«, schwärmt sie. »Ich begreife nicht, daß alle so enttäuscht von ihr sind.« »Alle?« Frank blickt verwundert. »Nur die, die nicht nachgedacht haben.« »Die glaubten, daß es Kuchen und Schlagsahne regnen würde, sobald Herr Hitler zur Hölle gefahren sei. Wo soll es denn herkommen, ich bitte dich! Aus den niedergebrannten Silos, den ausgeräumten Schlachthäusern, den bis zum letzten Krümel aufgezehrten Nazireserven? Da habt ihr ihn schon, den verfluchten ›Versorgungsausgleich‹. Ätsch! grinst Herr Goebbels noch im Grabe. Merkt ihr es nun, wieviel besser es bei uns war?« Zornig stochert er in der verglimmenden Herdglut. »Laß sie klönen«, besänftigt Andrik. »Wer es nicht der Mühe wert findet, bessere Zeiten herbeiführen zu helfen, der ist auch nicht gut genug für bessere Zeiten.« Er sieht in die sinkende Dämmerung hinaus und wirft einen Blick auf die fast leeren Wassereimer. »Wir sollten noch mal zum Brunnen gehn.« Zu sieben machen wir uns an die tägliche Abendschlepperei. Am Brunnen erzählen sie, daß sich Himmler vergiftet hätte. Also wieder einer weniger! Stück für Stück schleichen sich die hohen Herren des Dritten Reiches aus der Welt. Après vous le déluge! Mögen die Alliierten aufpassen, daß wenigstens der schäbige Rest für das Weltgericht übrigbleibt.

Samstag, 26. Mai 1945
Heike und Fabian haben ein Volkssturmlokal entdeckt. Ein wahrer Misthaufen. Es starrt vor Dreck und Gerümpel. Aber es besitzt ein Dach, vier Wände und einen Fußboden. »Nach einer Woche werdet ihr es nicht wiedererkennen«, versichert Fabian.
Um sechs Uhr abends beginnt Andriks Konzert. Punkt fünf Uhr zwanzig satteln wir unsere Transportmittel. Andrik eröffnet den Zug. Um ihn zu feiern, lassen wir ihn sein Fahrrad allein benutzen. Ihm folgen Fabian mit Heike auf der Querstange, dann Frank mit mir, zuletzt Jo mit Dagmar. Ob sich Furtwängler wohl auch mal auf solche Weise zur Philharmonie begibt? Vorerst sitzt er irgendwo in der Schweiz und wartet auf bessere Zeiten. Und Andrik holt inzwischen seine Kastanien aus dem Feuer. Das Eingangsportal des Titania-Palasts ist schwarz von Menschen. »Leb wohl«, sage ich zu Andrik, »und toi, toi, toi!« Er nickt mir zu, streift seine Radklammern von den Hosen und verschwindet im Künstlerzimmer. Ich blicke ihm nach. »Dein Werk!« denke ich gerührt. »Deine tapfere Leistung.«
Im Saal wird es dunkel. Fast tausend Menschen sitzen in stummer Erwartung. Sie kamen zu Fuß und zu Rad. Aus ihren Trümmerwohnungen, aus den Sorgen ihrer Tage, der Angst ihrer Nächte. Wie schön das eigentlich ist. Wie schön und wie tröstend. Beglückt presse ich Franks Arm. »Sie sind doch nicht so schlimm«, flüstere ich ihm zu. Dann ist Andrik da. Er hebt den Taktstock. Die Geigen beginnen zu singen. Sie singen süß und zärtlich. Das Spiel vom Sommernachtstraum. Der

Reichspropagandaminister hat dieser Musik die Existenzberechtigung abgesprochen, sie als »Jüdisches Machwerk« auf die Verbotsliste gesetzt. Sei gesegnet, »Jüdisches Machwerk«! Hunderten von Betrübten bist du heute Erquickung. Die Geigen singen. Sie singen in federndem Pizzicati: die Vierte Symphonie von Tschaikowsky. »Daß so was noch möglich ist«, stammelt neben mir ein Mann. Wir sehen keinen Kinosaal. Wir sehen keine Ruinen. Wir haben vergessen, daß es Nazis gibt, einen verlorenen Krieg und Besatzungstruppen. Plötzlich ist alles unwichtig geworden. Wichtig ist nur, was die Geigen singen: Tschaikowsky, Mozart und Mendelssohn.
Spät abends stehe ich mit Andrik auf dem Balkon. Gedankenvoll blickt er hinauf in die Sterne. »... daß wir leben dürfen«, sagt er leise, »... daß wir übrigblie...« Ein Windzug fährt über uns hin. Er schauert zusammen und vergißt, den Satz zu beenden.

Dienstag, 29. Mai 1945

»Schöner Morgen, heute abend«, lacht Heike und blinzelt vergnügt in die hochstehende Sonne. Ich weiß, worauf sie anspielt. Seit gestern rechnen wir nach Moskauer Zeit. Jeder, der noch eine Uhr besitzt, stellt sie um zwei Stunden vor. Es gibt nicht mehr viele Uhren in Berlin. Zum mindesten nicht bei den Deutschen. Die Normaluhren sind stehengeblieben. In Schreck erstarrt, als die Bomben das Stromnetz zerrissen. Seitdem kann man überall von ihrem Zifferblatt ablesen, wann es bei uns »eingeschlagen« hat. Und die Taschenuhren? – »Uhri... Uhri!« sagen unsere Befreier. – Nun ja...! Schließlich gewöhnt man sich an die Zeitlosigkeit. Ohnehin schreibt die immer noch fehlende Abendbeleuchtung uns den Rhythmus unseres Tagesablaufs vor.
Moskauer Stundenrechnung! Nicht nur die Uhr, sondern auch der Geist beginnt sich allmählich zu veröstlichen. »Das Licht kommt vom Osten«, hat Spengler behauptet. »Der Untergang des Abendlandes ist die Geburtsstunde einer neuen Kultur.« Jenseits der Weichsel wohnen die jungen Völker. Mit

ihren ungeheuren Produktivkräften, ihrer unverbrauchten Begabungsfülle. Löcken wir nicht wider den Stachel, wenn wir uns dieser Wahrheit verschließen? Osten oder Westen – vielleicht heißt das Entscheidung zwischen Zukunft oder Vergangenheit. Eines Tages *müssen* wir uns entscheiden. Wie immer sich die Dinge entwickeln, nie läßt sich Deutschland nach Afrika verpflanzen. Oder nach Bolivien. Oder nach Mexiko. Stets bleiben unsere Grenzen mit den russischen verschwistert. Darf man sich hassen, wenn man vom Schicksal aufeinander angewiesen ist? – Wir wollen auch gar nicht hassen. Gleich Tobias mit dem Engel ringen wir darum, jetzt endlich ja sagen zu dürfen. »Wenn nur nicht soviel Nötigung dabei wäre«, sage ich zu Andrik. »Soviel Gewissenszwang und ausgerichtete Weltanschauung.« »Vielleicht gibt sich das mal. Auch ihnen muß man eine Anlauf- und Atempause zubilligen.« – »Ich mag aber nicht jubeln, wenn es mir befohlen wird«, bockt Heike. »Ich mag nur jubeln, wenn ich jubeln will. Ich hasse das alles.« – Auch ich hasse es. Die Aufmärsche und die Fahnenumzüge, die Sprechchöre und die Parteidisziplin. Das Solidarische in der Meinung, die bestraft wird, wenn sie anders meint als befohlen. Rußland ist groß. Rußland ist jung, kraftvoll und schöpferisch. Fast alle von uns waren für Rußland, während der letzten Nazimonate. Wir warteten auf das Licht vom Osten. Aber es hat zu viele verbrannt. Zu viel ist geschehen, was man nicht begreifen kann. Immer noch schrillen aus dem Dunkel der Straßen Nacht für Nacht die Schreie bedrängter Frauen. Immer noch haben Plündern und Schießen, Unsicherheit und Gewalttat nicht aufgehört. Heute unterstützt man großzügig jede Bemühung um Ankurbelung der Wirtschaft, morgen montiert man in Dutzenden von Fabriken die Maschinen ab, räumt Bibliotheken aus, reißt die Gleise von den Schwellen, beschlagnahmt die S-Bahn-Züge. Und hinter allen Maßnahmen steht drohend der Schatten der GPU. Daß man sie NKWD getauft hat, macht die Furcht nicht geringer. »Freiheit ist Leben ohne Angst«, behauptet irgend jemand. Wir haben aber Angst.

Erst kürzlich ist ein Mann aus der Nachbarschaft abgeholt worden. Um fünf Uhr morgens. Er war ein harmloser Zeitgenosse. Warum verhaftet man ihn? Warum verhaftet man überhaupt? Ich grüble und grüble. Ich liebe die Russen, doch ihr Regime ist mir unheimlich.
Die anderen ringen mit dem gleichen Problem. Sie möchten lieben und können es nicht. Der Durchschnittsmensch macht seine Einzelerfahrung zur Regel. Ein Großteil der Berliner Frauen erlebte unsere Eroberer als Vergewaltiger. Sie haben kein Vertrauen mehr. Sie hassen und sie fürchten sich. Darf man sie deshalb verurteilen? Darf man die Russen verurteilen, weil die Natur sie schuf, wie sie sind? – Wir müssen uns verstehen lernen. Ehe wir nicht einander verstehen, werden wir auch nicht anfangen, einander zu lieben.

Donnerstag, 31. Mai 1945

»O Himmel, strahlender Azur«, tönt es mit Ziehharmonikauntermalung aus den glaslosen Fenstern des Volkssturmlokals Ahornstraße 35. Seit vier Tagen macht Heike das Rathaus rebellisch. Jeder Nagel kostet eine Genehmigung. Jeder Pinselstrich einen Antrag. Maler und Maurer, Tischler und Installateure – unerreichbare Wunschträume im zertrümmerten Berlin –, Heike schafft sie herbei. Heike stampft sie aus dem Nichts. »Hast du an die Biergläser gedacht? An die Kassenzettel für die Bar? Sind die Reklameschilder bestellt? Der Saxophonist und die Tänzerin?«
Täglich um sieben Uhr früh erscheinen zwanzig Pg.s. Schrubben und fegen, tragen Müll heraus, schleppen Bretter hinein. Zwischen Farbtöpfen und Gerüsten steht Fabian. Die Ärmel aufgekrempelt, in verschmierten Tennishosen. Eine dicke Haarsträhne fällt ihm ins Gesicht. »Achtung, Probe!« schreit er und klatscht in die Hände. Zwischen Farbtöpfen und Gerüsten deklamiert man und steppt, geigt, klimpert und singt Bert Brechtsche Balladen. »O Himmel, strahlender Azur, enormer Wind, die Segel bläh!« – »Wir schaffen es schon«, strahlt Fabian und schüttelt die Haarsträhne aus der Stirn.

Freitag, 1. Juni 1945

Befehl zum Fahnennähen. Jedes Haus muß in den Farben der vier Siegerstaaten flaggen. Wir blättern im Lexikon. Wie viele Sterne hat doch gleich das amerikanische Banner? Sitzen Hammer und Sichel mehr in der Mitte oder am Rand? Wir waren niemals große Fahnenhisser. Wir sind es auch heute nicht. »Für was flaggen wir überhaupt?« fragt Dagmar und betrachtet teilnahmslos die zahlreichen Stoffetzen, die Heike für das internationale Nähgeschäft zusammengeschnorrt hat. »Keine Ahnung, es heißt, sie erwarteten Eisenhower. Und Schukow und Montgomery. Vielleicht ist es auch wegen der Siegesparade.« »Was es auch sein mag«, lacht Frank, »uns laden sie gewiß nicht ein.« Dagmar kraust die Stirn. »Ich fürchte, es ist schöner, zu den Unbesiegten zu gehören.« – »Aber nicht interessanter«, tröstet Frank.

Samstag, 2. Juni 1945

Achtung! Achtung!
KUTTEL DADDELDU
Die satirische Groschenbühne
lädt Sie ergebenst zu der am Samstag, den 2. Juni, abends acht Uhr im Steglitzer Ahornschlößchen stattfindenden Premiere ein.

Wieder mal geht es um das Problem, sieben Menschen auf vier Fahrrädern zu befördern. Diesmal wird Fabian durch Alleinbenutzung geehrt. Zuschauer, Plakate. Geruch von Holz und Schminke, von Kleister und frischer Farbe. Das Volkssturmlokal hat seine Metamorphose vollzogen. Hinter der winzigen Bretterbühne quirlt es durcheinander. Fabian zappelt wie ein Rennpferd vor dem Start. Heike ist überall und nirgends. »O Himmel, strahlender Azur, enormer Wind, die Segel bläh ...«, klingt es mit Ziehharmonikauntermalung von der Bühne. Bert Brecht erfüllt den Raum, Ringelnatz, Werfel und Mehring. Man klatscht und lacht, man jubelt und freut sich. In der Pause schlürft man aus Bierseideln irgend etwas Rotes. »Himbeerbrause«, informiert mich Heike. »Unsere Trophäe aus den Ochsentagen.« Mit dem Stolz einer Schankwirtin mustert sie die bonbonrote Delikatesse. »O Himmel, strahlender Azur ...« Wir summen ihn mit, den geliebten Refrain. Doch wir sind nicht ganz froh dabei. Etwas ist nicht richtig. Etwas Grundsätzliches. – Als hätte man beim Umsteigen den falschen Zug bestiegen. Man fährt. Gewiß. Jedoch in verkehrter Richtung. Zwölf Jahre lang haben wir die Sänger des Zwischenreichs wie Propheten verehrt. Haben sie geliebt und gehütet, verteidigt und verborgen. Jetzt liegen die zwölf Jahre hinter uns. Etwas Neues beginnt. Man kann nicht bei 1932 anknüpfen, wenn man 1945 meint. »Ihr hättet selbst etwas dichten sollen«, sagt Andrik, während wir heimfahren. Fabian verzieht das Gesicht. »Bin ich ein Werfel? Bin ich ein Ringelnatz? Auch Songs lassen sich nicht aus der Erde stampfen.« Er trifft den Kern des Problems. Noch haben wir keinen Werfel. Noch ringen wir unschlüssig um den Ausdruck des »Heute«. – Und mancher ist versucht, das Vorgestern mit morgen zu verwechseln.

Mittwoch, 6. Juni 1945

Seit einer Stunde brennt auch bei uns das Licht. Keiner, der nie von ihm abgeschnitten war, vermag zu ermessen, was das bedeutet. Erleuchtete Abende. Abkehr vom Ziegelherd. Und Anschluß – Wiederanschluß an die Welt. Beendet ist die Zeit der Gerüchte. Zum erstenmal seit sechs Jahren sitzen wir um unser Radio, ohne Rundfunkverbrecher zu sein. Hier ist England ... hier ist England ... »Schön«, lacht Andrik und fingert selig durch alle Stationen. Bis in den späten Abend steht der Lautsprecher nicht still.

Freitag, 8. Juni 1945

Es ist heiß in Berlin. Mit jedem Tag wird es heißer. Junihitze glüht über der Stadt, brütet auf ihren zahlreichen, frisch aufgeworfenen Gräbern. Unter der dünnen Staubdecke regen sich die Toten. Wie eine Giftwolke hängt der Geruch ihres

Sterbens in der Luft. Vom Landwehrkanal steigt ein so unerträglicher Dunst, daß jeder, der vorübergeht, sein Taschentuch gegen die Nase drückt. »Wenn es nur keine Seuchen gibt«, sorgt sich Frank. Schon faselt man von Leichenpest. Schon sind die wenigen noch verbliebenen Spitäler mit Ruhr- und Typhuskranken überfüllt. Jo Thäler kommt Tag und Nacht nicht aus den Kleidern. Er arbeitet auf der Infektionsstation. Wer ihn besuchen will, muß sich in drei Metern Abstand von ihm halten. Scheu mustern wir das rote Seuchenkreuz auf seinem Arztkittel. »Wie aus dem Totentanz«, flüstert Fabian und macht verängstigte Augen. Von den zuständigen Stellen ist der Befehl ergangen, alle provisorisch beerdigten Leichen auszugraben und ordnungsgemäß auf Friedhöfen zu bestatten. Tausende von Leichen sind provisorisch beerdigt worden. Am Straßenrand oder in Vorgärten, auf Plätzen und Wegen, zwischen Ruinen und Torbogen. »Memento mori«, rufen die namenlosen Hügel den Vorübergehenden zu. Wir brauchen an den Tod nicht erinnert zu werden. In jeder Minute drängt er sich uns auf, verpestet unsere Lungen mit dem süßlichen Hauch der Verwesung. Die »Kulis von Berlin« arbeiten mit Überstunden. Wenn sie ihre traurige Fracht durch die Straßen fahren, blickt man beklommen beiseite. Der Mensch mag nicht zuschauen, wenn sein Mitmensch verfault. Auf Handkarren und Leiterwagen ziehen sie die Toten zu Grabe. Nur spärlich verhüllt, so wie sie sie ausgeschaufelt haben. Es gibt keine Särge in Berlin. Es gibt keine Tragbahren, keine Leichenwagen, kein Beerdigungspersonal. Und vor allem keinen Platz auf dem Friedhof. Wer heute bestattet wird, dem stiftet man als letzte Ruhestätte im Höchstfall einen Pappkasten. Mit schwarzem Verdunklungspapier beklebt und einem Kreuz aus Stanniolstreifen.
Ich gehe über den Bergfriedhof. Dort hat man, quer über ein ganzes Feld, zwei Meter breite Schächte ausgehoben. Anderthalb Meter tief – wie Schützengräben. Ein unsichtbarer Frauenchor singt in schleppendem Sopran: »Jesus lebt, mit ihm auch ich . . .« Respektvoll bleibe ich stehen. Neben mir

hält ein Mann. Er knüllt seine Mütze in den Händen und lächelt vergrämt. »Ich habe meinen Kleiderschrank geopfert«, sagt er. »Geflammte Birke.« Als ich ihn verständnislos anblicke, fügt er hinzu: »Ich meine für den Sarg... den Sarg meiner Frau.« »Natürlich«, würge ich hervor, »ganz richtig!« ... Wie dumm, was ich da sage, denke ich im selben Augenblick. Man muß es erst lernen, sich vor Massengräbern und Kleiderschranksärgen auf passende Kondolenzworte zu besinnen. Der Choral hinter den Büschen verstummt. An der linken Ecke des Schützengrabens taucht der Trauerzug auf. »Nicht mal 'ne Kiste haben sie ihm spendiert«, grollt der Witwer ohne Kleiderschrank. Betreten blicken wir auf den trostlosen Katafalk. Zwei Träger, zwei Stangen, eine feldgraue Zeltbahn. Auf der Zeltbahn der Tote. In eine Pferdedecke gewickelt. Ein Strick umschnürt seinen Hals. Ein zweiter seine Knöchel. Nackt, gelb und hölzern ragen die Füße aus dem verschnürten Paket. So trug man im Mittelalter die Pestleichen aus den Häusern. »Nicht mal 'ne Kiste!« entrüstet sich der ohne Kleiderschrank. Fünf Leidtragende folgen der Bahre. Einer hält einen Blumenstrauß in der Hand. Stumm klettern sie den Hügel aus Erdschollen hinauf, der wie ein Wall den Schützengraben begrenzt. Ihre Gesichter sind ohne Trauer und ohne Trost. Wie Fensterhöhlen in einem verbrannten Haus. Jetzt bleiben sie stehen. »Jesus, er mein Heiland lebt ...«, singen die Sopranstimmen. Ein Ruck ... ein Griff ... Als stülpe man einen Sandkarren um, kippen sie die Zeltbahn zur Seite. Das Bündel rollt in die Tiefe. Steif wie ein Holzstamm. »... sein, wo mein Erlöser schwebt, warum sollte mir denn grauen?« tönt es wie zum Hohn hinter den Büschen. – Mir graut trotzdem. Mir graut entsetzlich. Kleiderschrank oder Pferdedecke. Zeltbahn und Massengrab. Der Mann neben mir dreht sich ab. »Ich jedenfalls hätte ...«, höre ich ihn murmeln. Dann stapft er davon. Vier Kulis schippen die Grube zu. Um fünfzig Zentimeter wird der Schützengraben kürzer. Drei Hände voll Erde. Mit leeren Gesichtern, ohne Trauer, ohne Trost steigen die Angehörigen von dem Hügel und wenden sich zum Gehen. Fast hätte der eine seinen Blumenstrauß wieder mitgenommen. Auch die sopransingenden Damen zerstreuen sich. Es ist kein schlechtes Geschäft, dem sie sich verschrieben haben. – Wer auf Begräbnissen singt, wird als Sänger registriert. Sänger sind Kulturschaffende. Also Lebensmittelkarte Eins. Noch nie gab es soviel Anwärter für Beerdigungschöre in Berlin. Ich warte, bis sich die letzten entfernt haben. Der Schützengraben beunruhigt mich. Die handtuchschmale Breite dieser kärglichen Ruhestätte. Zögernd nähere ich mich den schaufelnden Kulis. »Wir haben ihn gleich an die Ecke gelegt«, höre ich den einen. »Dann stützt es besser ab und rutscht wenigstens nicht nach.« Auch das noch. Armer Gestorbener, der du bis zum Jüngsten Gericht als Abstützung dienst. Was läßt sich von Menschen erhoffen, die selbst dem Tod noch den Nutzen abhandeln. Vielleicht alles? – Vielleicht nichts?

Montag, 11. Juni 1945

Den ganzen Vormittag habe ich angestanden, um Fleisch auf unsere Marken zu kaufen. Fast einen Monat mußten wir auf die Zuteilung warten. »Es ist wegen der Transportschwierigkeiten«, entschuldigt sich der Metzger, während er mir mit hölzernem Schöpflöffel fünf Kilo von irgend etwas Nassem in die Schüssel wiegt. Mißtrauisch betrachte ich den schmutziggrauen Brei. »Wurst«, informiert mich der Verkäufer. »Leberwurst! Ich rate dringend, sie schnell zu verbrauchen.« »Ja«, antworte ich und zerbreche mir den Kopf, wie wir fünf Kilo fadschmeckende Leberwurstmasse kurzfristig bewältigen. Bedrückt schleppe ich den Segen nach Hause.

Daheim sitzt Frank, der Nichtraucher, und qualmt an einer Zigarette. Um seine Augen liegen tiefe Schatten. »Ist dir nicht wohl?« erkundige ich mich. »So wohl, wie es einem sein kann, wenn man sechs Stunden lang verweste Naziopfer ausgegraben hat. Und das bei dreißig Grad im Schatten.« »Aber du bist doch kein Pg.?« »Nein, nur Amtsarzt.« Mit wütendem Schwung fliegt die Zigarette in den Aschenbecher. »Also

Schweine sind das«, schimpft er los. »Ich sage dir, Schweine!« »Wer?« – »Na, die Nazis. Der Herr Kreisleiter, Blockwalter oder wer sich sonst bemüßigt fühlte, fünf Stunden vor Torschluß dreizehn Unschuldige ins Jenseits zu befördern. Per Genickschuß. Auf dem Hofe der Markusschule.« »Woher weißt du?« »Umwohner haben es gesehen, schauten zu, wie sie eingescharrt wurden. Dreizehn Unschuldige!« Er schüttelt sich. »Im Bretterverschlag des Schüleraborts wurden sie ›fertiggemacht‹. Weil sie zwei Tage vor dem Zusammenbruch am Endsieg zweifelten. Sechsundneunzig Stunden ehe sich ihr Führer und Oberster Kriegsherr die Pistole an die Gurgel setzte.« Wieder schüttelt er sich. »Pfui Teufel.« – »Heute haben wir sie ausgegraben«, fährt er fort. »Absperrung, gerichtsärztliche Kommission, Protokolle und so weiter. Die Pg.s, die sie rausholen sollten, standen beiseite und erbrachen sich.« – »›Reinschaffen ist wohl leichter‹, hat die ›rote Benjamin‹ sie angeschnauzt. Da sackten sie zusammen, wie Gummischweinchen.« Auch mich würgt der Ekel: Pfui Teufel!

Spät abends kommt Andrik. Aus dem russischen Hauptquartier. Drei Stunden fährt man bis Lichtenberg. Drei Stunden hin, drei Stunden zurück. Als er sein Fahrrad die Treppe hinaufschleppt, keucht er wie ein Asthmatiker. – »Schließ es doch unten an«, rät Heike. Andrik mißt sie mit nachsichtigem Blick. Ebensogut könnte ich fünf Pfund Butter auf die Straße legen. Du glaubst doch nicht etwa ...« Er hat recht. Immer noch sind Fahrräder die begehrtesten Requirierungsartikel. Wenn die Russen sie nicht nehmen, klauen sie die Deutschen. Seitdem man das Tätigkeitswort stehlen mit ›trophäieren‹ übersetzte oder mit ›Zapp-zarapp‹, hat es nicht nur bei uns von seiner Ehrenrührigkeit eingebüßt. ›Zapp-zarapp-Machen‹, das heißt: sich nehmen, was man braucht, ganz gleich, woher es kommt. Es gibt noch viel ›Zapp-zarapp‹ im Nachkriegsberlin. Nur wenige haben bisher ins bürgerliche Recht zurückgefunden. Kein Zweifel, der Sprung aus dem Gesetz ist leichter als der Rückweg zu ihm. Auch wir ertappen uns, trotz

aller Bemühungen, immer wieder auf recht sorglosen Auslegungen der Frage von Mein oder Dein. Solange es nichts zu kaufen gibt, solange rings um Berlin Millionenwerte auf den Straßen verkommen, ist das Ringen um staatsbürgerliche Ehrlichkeit ein undankbares Geschäft. Gar zu verlockend bietet sich auf Schritt und Tritt die Versuchung an. Wem gehören die Reste des deutschen Heeresgutes? Die Hunderte von Soldatenstiefeln, von feldgrauen Socken, Mänteln und Jacken, die zerstreut im Gelände liegen. Zwischen Wannsee und Grunewald warf sich ein Teil der Berliner Verteidigungstruppen in das schon lange vorbereitete Zivil. Sie trugen seit Wochen das Bürgerjackett unter dem Waffenrock. Wie Friedensphönixe stiegen sie hier aus der militärischen Asche, mischten sich unter das Volk und entschlüpften der russischen Gefangenschaft. Wer sind die Erben ihrer achtlos fortgeworfenen Gasmaskenbüchsen, Feldflaschen, Motorradhandschuhe, Pelzwesten und Kochgeschirre. Der Autoreifen und Benzinkanister, der Telefonkabel und Fallschirmbehälter. Leer stehen die Baracken des Arbeitsdienstes, die Lager der Organisation Todt. Verlassen die Flakstände, die Fliegerhorste und Schlupfwinkel der SS. Wir zahlten das Inventar. Erzwungen und ratenweise, mit Tausenden von KdF-Groschen. Mit Steuern, Arbeitsfrontbeiträgen und Winterhilfsspenden. »Kanonen statt Butter« nannte Göring die Transaktion. »Butter statt Kanonen« heißt das rückläufige Geschäft.
Unsere Befreier tauften es Zapp-zarapp. Sie meinten nicht das Heeresgut, sondern den Inhalt unserer Luftschutzkoffer. Zu Hunderten liegen sie aufgeschlitzt neben Soldatenstiefeln und Waffenröcken. Wer waren die Besitzer ihres wahllos über den Grunewaldboden ausgestreuten Inhalts? Der moderndnen Küchenhandtücher, der seidenen Damenschlüpfer, der Heizkissen, Nagelnecessaires und Kochplatten? Zapp-zarapp machten die Eroberer und hatten selbstredend die Vorhand bei dem Inkasso. Zapp-zarapp betet Berlin die Vokabel nach, packt ein, tauscht aus, montiert ab, was nicht niet- und nagelfest ist. Je mehr die Russen liegenlassen, desto mehr

stecken die Deutschen ein. Baracken oder Autos. Luftschutzkoffer, Packwagen und Lagerschuppen. Es wird abgewrackt, es wird ausgeschlachtet. Wo hört das Notrecht auf? Wo fängt die Unehre an? Bei der Gasmaskenbüchse? Beim Brausepulver? Beim Fahrradklauen? Wer sich nicht selbst am Schopf aus dem Sumpf zieht, gerät in Gefahr, für immer zu versinken. Wir machen alle Anstrengungen, den Aufschwung in die Redlichkeit zu schaffen. Wir haben nicht im Sinn, Trophäisten zu bleiben. Und doch, es fällt uns schwer. Viel schwerer, als wir es jemals gedacht hätten.

Dienstag, 12. Juni 1945

Auf den Straßen werden Flugblätter verteilt. »Der Weg in die Demokratie ist frei. Seit heute hat Marschall Schukow auf dem Territorium der sowjetischen Besatzungszone die Bildung aller antifaschistischen Parteien zugelassen«, hieß es gestern in der Zeitung. Noch in der gleichen Nacht klapperten die Druckmaschinen. Aufruf der ersten deutschen Partei. »Schaffendes Volk in Stadt und Land!« lesen wir. »Männer und Frauen! Deutsche Jugend.« Gespannt überfliegen wir den enggedruckten Inhalt. »Klingt ausgezeichnet«, lobt Frank. »Keine Wiederholung der Fehler von 18 ... Schluß mit der Spaltung des schaffenden Volkes ... Keinerlei Nachsicht gegenüber Nazismus und Reaktion ... Nie wieder Hetze und Feindschaft gegenüber der Sowjetunion ... Vier Punkte, vier Bejahungsmöglichkeiten.« »Lies mal den Schluß vor«, wendet er sich an Heike. »Das Zentralkomitee der Kommunistischen Partei Deutschlands ist der Auffassung, daß das vorstehende Aktionsprogramm als Grundlage zur Schaffung eines Blocks der antifaschistischen demokratischen Parteien (der Kommunistischen Partei, der Sozialdemokratischen Partei, der Zentrumspartei und anderer) dienen kann ... Wir erklären:
Feste Einheit, entschlossener Kampf und beharrliche Arbeit bilden die Garantien des Erfolges unserer gerechten Sache.
Fester den Tritt gefaßt. Höher das Haupt erhoben. Mit aller Kraft ans Werk. Dann wird aus Not und Tod, Ruinen und

Schmach die Freiheit des Volkes und ein würdiges Leben entstehen.«
»Hm!« meint Frank. »Nicht schlecht! Nur der »feste Tritt« gefällt mir nicht, das riecht nach SA. Zum mindesten nach deren Schlagworten. Und was sagen die anderen Parteien?« »Nichts«, lacht Andrik. »Weil sie noch gar nicht vorhanden sind. Weder mit einem Flugblatt noch mit einem Zentralkomitee.« »Also abwarten«, entscheidet Frank. »Und wenn sie alle beisammen sind, seine Wahl treffen, reingehen und mitmachen.« – »Du willst tatsächlich Pg. werden?« Heike schaut ihm ungläubig ins Gesicht. »Du etwa nicht?« fragt Frank ebenso ungläubig zurück. »Meinst du, wir schaffen es, wenn wir draußen bleiben? Und mit pädagogisch erhobenem Zeigefinger abseits stehen?« Er springt in die Höhe. »Ich flehe euch an. Zwölf Jahre haben wir am gleichen Strang gezogen. Wenn wir jetzt nicht verantworten wollen ...« Heike schüttelt den Kopf. »Du wirst mir doch nicht einreden, daß Verantwortung an ein Parteibuch gebunden ist.« »Nicht immer, aber im Augenblick. Begreif es doch, Menschenskind. Das faule Erbe einer Staatskatastrophe anzutreten ist kein Anspruch, sondern eine Pflicht ... Vom Reden wird die Welt nicht besser. Mitmachen, teures Mädchen. Auf das Mitmachen kommt es an!« »Vielleicht hast du recht«, mischt sich Andrik ins Gespräch. »Nur daß es leichter ist, gegen etwas solidarisch zu sein als für etwas. Und wenn erst die Parteien alle da sind ...« »Parteien hin, Parteien her«, unterbricht ihn Fabian. »Streiten wir uns nicht um ungelegte Eier. Wenn die Küken ausgekrochen sind, ist es immer noch Zeit, sich zu entschließen. Vorläufig« – er hebt seinen Teetopf – »auf dein Wohl, Pg. Matthis. Es lebe der ›gleiche Strang‹.« Etwas bedrückt leeren wir unsere Tassen. Sollte es wirklich so schwer sein, sich auf ein Positives zu einigen? Dunkel beschleicht mich die Ahnung, daß auch unsere Gemeinschaft sich auflösen könnte. Noch ziehen wir am gleichen Strang. Doch das Ziel hat sich geändert. Und nicht nur ein Weg führt diesmal zum neuen Ziel.

Mittwoch, 13. Juni 1945

Frank trägt sich mit Reiseplänen. Per Fahrrad, denn der Bahnbetrieb ist noch nicht eröffnet. Es sieht auch kaum so aus, als ob man ihn in absehbarer Zeit eröffnen würde. Statt aufzubauen, baut man emsig ab. Die Russen die Schienen, die Deutschen das Inventar der Eisenbahnwaggons. Ob sie wohl Hosen nähen aus den braungrauen Plüschstücken der Zweiter-Klasse-Sitze? Ob sie Scheuerlappen daraus anfertigen oder Morgenschuhe? Die Aschenbecher und die Fensterriemen, Gepäcknetze, Polsterbezüge, Klapptische und Lampenfassungen, alles verschwindet, alles scheint brauchbar und einsteckenswert. Wenn man die leichengefledderten S-Bahn- und D-Zug-Wagen betrachtet, könnte man meinen, ganz Deutschland sei ein Schrotthaufen. – Aber was wissen wir schon von Deutschland! Die Post ist noch nicht im Gange. Trotz Radio und gelegentlicher mündlicher Botschaft ahnen wir von den Bewohnern der Nachbarprovinzen kaum mehr als von den Bewohnern des Mars. Höchste Zeit, daß wir uns endlich ins Bild setzen. Frank drängt schon seit langem. Das Schicksal eines Freundes liegt ihm am Herzen. Noch kurz vor Kriegsende schlug er sich zum Oderlandkreis durch. Ist er dort eingetroffen? Kann man sich länger als zwei Monate mit dem Gedanken plagen, ob ein Mensch, den man liebt, dem man zwölf Jahre verbunden war, überhaupt noch am Leben ist? »Ich fahre«, entscheidet Frank. »Du bist verrückt geworden«, warnen die Neunmalklugen. »Barfuß und fahrradlos wirst du zurückkommen.« Auch Andrik zeigt sich bedenklich. »Man soll das Schicksal nicht herausfordern. Und wo du kein Wort Russisch verstehst ...« Doch Frank läßt sich nicht umstimmen. Was er sich in den Kopf gesetzt hat, das bringt aus diesem Kopf auch niemand heraus. Seine Entschlossenheit steckt mich an. »Fahren wir zusammen«, schlage ich ihm vor. »Zu zweien reist es sich leichter.« Er nickt erfreut. – »Also, wann starten wir?« »Morgen nachmittag um fünf. Wenn wir Schwierigkeiten kriegen, nutzen wir die Nacht zum Fahren aus.« »Die Nacht?« wende ich ein. »Und die Sperrstunden?

Sie werden schießen, wenn sie uns nach Sperrzeit erwischen.«
– »Grund genug, uns nicht erwischen zu lassen«, versucht
Frank, meine Bedenken zu zerstreuen.
Den ganzen Tag haste ich umher, um die Reiseutensilien
zusammenzutragen. Was wir während vier Tagen und Nächten zum Essen, Trinken, Schlafen und Vorwärtsbewegen
brauchen, müssen wir auf den Gepäckständern unserer Räder
verstauen – einschließlich des Bestechungskoeffizienten. Mit
fünf von Andrik geopferten Zigarren und sechzig Tabletten
Pyrimal – dem begehrten Modemittel für böse Liebesfolgen –
setzt ihn Frank in die Reiserechnung ein.

Donnerstag, 14. Juni 1945

Das Wetter verheißt Beständigkeit. Beladen wie Wüstenkamele stehen unsere Räder um sechzehn Uhr fünfzig vor der Tür.
»Und eure Ausweise«, erkundigt sich Andrik. Stolz zieht
Frank zwei Papiere aus der Tasche. »Alles bereit!« Er reicht
sie ihm herüber. »Es wird hiermit bescheinigt, daß der Arzt
Dr. Frank Matthis, Berlin, Straße Nr. Y das Recht hat, ein
Fahrrad zu benutzen. Ich bitte, ihn ungehindert passieren zu
lassen«, steht in deutscher und russischer Sprache darauf.
Gezeichnet: Unleserlich und ein Stempel daneben. Auf dem
zweiten Zettel erscheine ich als Sozialfürsorgerin mit gleichen
Befugnissen und ähnlichen Begleitwünschen. »Wo hast du das
denn aufgetrieben?« staunt Andrik. Frank lacht verschmitzt.
»Mein Geheimnis. Aber der Stempel ist echt. Und was drin
steht, die reine Wahrheit. Wenn es keine zuständige Stelle
gibt, so muß man sie erfinden.« – »Daß wir auch im vierten
Reich noch unsere eigene Paßbehörde sind«, seufzt Andrik.
»Na, dann viel Glück, und vor allem – laßt euch nicht
fassen.« Er umarmt mich und küßt mich nach russischer Sitte
dreimal auf die Wangen. Seit wir unter sowjetischer Besatzung stehen, hat er viele seiner Moskauer Kindheitsgewohnheiten wieder angenommen.
Wir radeln gen Osten. Die Sonne ist noch weit vom Untergang. Rußlands Uhrzeit spart uns die Abendbeleuchtung. Wir

fahren und fahren. In endloser Trübsal dehnen sich die Straßen. Plötzlich gibt es einen Aufenthalt. Mitten auf dem Fahrdamm knien fünf Kulis. Kratzen eifrig an etwas herum, das graurot und zäh den Asphalt überkrustet. Wir springen ab. Was mögen sie dort ausgeschüttet haben? Neugierig treten wir näher. Um Gottes willen! Das war doch mal ein Mensch! Panzer sind über ihn hinweggerollt. Als blutiges Muster bügelten sie ihn in den Asphalt. Nun scheuert man ihn ab. Kratzt ihn Stück für Stück mit dem Messer vom Erdboden. Vielleicht weint auch um ihn eine Mutter, hofft noch nach Jahren ein Kind, daß er wiederkehrt. – Lange radeln wir schweigend. – Bis wir den letzten Vorort passiert haben, sind fast drei Stunden vergangen. Gute achtzig Kilometer mißt die Strecke zwischen Steglitz und dem Oderkreis. Wenn wir sie in anderthalb Tagen bewältigen wollen, müssen wir uns anstrengen.

Felder und Wiesen. Wälder und Landstraßen. Seltsam, daß man so wenig Leute trifft. Noch nie ist mir die Umgebung Berlins so menschenleer erschienen. Ab und zu überholt uns ein Lastwagen. Bepackt mit Hausrat rollt er der neuen Grenze zu. Frank blickt ihm nach. »Das sind die Spiegel und Vertikos, um die wir den Russen zu reich erschienen. Zu reich für einen Angriffskrieg. Vier Jahre sind ihre Klamotten von Osten nach Westen gerollt. Nun rollen unsere zurück. Ein sinniges Wechselspiel!« Wieder saust ein Lastwagen vorbei, überquellend von bürgerlichem Gepäck. Auf seiner höchsten Spitze schwankt ein altmodisches Umbausofa. Ein Soldat liegt darauf. Die Maschinenpistole unter dem Kopf, schläft er, als ruhe er in Abrahams Schoß, den Schlaf des Gerechten. Bei jedem Schlagloch hüpft sein rundlicher Körper wie ein Federball in die Höhe. Ich muß lachen. Weiß Gott, sie sind doch Kinder.

Als es dämmrig wird, schieben wir unsere Räder in eine Schonung. Vorsichtig sondiert Frank das Gelände. »Ich glaube, wir können abpacken.« Zwischen zwei Kiefern macht er das Zelt zurecht. Wir hocken uns davor und blinzeln

hinaus in den Abend. Kein Laut weit und breit. Nur hin und wieder rauscht ein Windstoß durch die Wipfel der Bäume. Immer schneller sinkt die Nacht. Immer schattenhafter werden die Kiefern. Langsam wandert mein Blick hinauf an den hohen Stämmen. »O sieh, der Polarstern«, flüstere ich. Frank rückt näher an mich heran. »Daß wir das genießen dürfen«, flüstert er zurück. Wir empfinden es beide. Noch nie ist uns die Natur so liebenswert erschienen. So schön, so neu und so feierlich.
Während ich einschlafe, ist mir, als hörte ich in der Ferne Hundegebell und das Johlen von Stimmen. »Da grölen doch Betrunkene«, will ich sagen, doch der Schlaf bezwingt meine Zunge.

Freitag, 15. Juni 1945

Ich wache auf. Etwas Ungemütliches liegt in der Luft. Tageslicht scheint durch die Ritzen des Zeltes. »Pst«, haucht Frank neben mir. Er hat sich aufgerichtet und schiebt lauschend den Kopf nach vorn. Draußen knackt ein Zweig. Stille. Wir horchen so angestrengt, daß wir unsere Herzen klopfen hören. Wieder knackt ein Zweig. Mit einem Griff reißt Frank den Zeltvorhang auseinander. Jesses, ein Russe! Wir starren in das Mündungsloch seiner Pistole. »Drusja«, stammelt Frank und bemüht sich, ihn so freundlich wie möglich anzulächeln. Er winkt uns, herauszukommen. Prüfend tastet er unsere Taschen ab. Als er sieht, daß wir waffenlos sind, wird seine Miene sanfter. Frank zieht unsere Ausweispapiere hervor. Der Soldat dreht sie in den Händen, zuckt die Achseln und sagt einen langen russischen Satz. Wir verstehen kein Wort. »Drusja – Freunde«, versuchen wir es wieder. Statt zu antworten, schreit der andere etwas Unverständliches in den Wald. Hinter den Bäumen taucht ein zweiter Russe auf. Dann ein dritter, ein vierter. Schöne Bescherung! Wir blicken so heiter drein, wie der fatale Moment es gestattet. »Wer sie ansieht, als wären sie gefährlich, dem werden sie gefährlich«, memoriere ich im stillen. Der erste macht uns ein Zeichen.

»Zusammenpacken und mitkommen«, übersetzen wir es in unser Fassungsvermögen. Während wir das Zelt abbrechen und die Räder rüsten, wenden die vier kein Auge von uns. Was mögen sie wollen? Auf die Räder scheinen sie es nicht abgesehen zu haben. Auch nach Vergewaltigung sehen ihre Gesichter nicht aus. Wenn bloß Andrik jetzt hier wäre!
Unter vierfacher Bedeckung setzen wir uns in Marsch. Kreuz und quer durch den Wald, in genau entgegengesetzter Richtung zu unserem Reiseziel. Endlich halten wir an einem Bahndamm. Man bedeutet uns, stehenzubleiben. Wir stehen lange. Wir stehen noch länger. Unsere Wächter haben es sich bequem gemacht. Platt auf dem Bauch liegend, spielen sie Messerwerfen. Wie Kinder amüsieren sie sich über jeden gelungenen Stich. Sie beobachten uns kaum. Sobald wir jedoch einen Fuß von der Stelle rühren, streifen sie uns mit mißtrauischem Blick und rücken ein Stückchen näher. Im Schneckentempo kriecht die Zeit. Schließlich – die Sonne zeigt schon weit über Mittag – erscheint eine Offizierspatrouille. Die Soldaten springen auf und rapportieren. »Dokumente«, herrscht uns ein Dolmetscher an. Wir deuten auf unsere Papiere. »Öffnen Sie Ihr Gepäck, Ihr Portefeuille, Ihren Rucksack.« Gehorsam folgen wir seinem Befehl. In fünf Minuten ist alles durcheinandergestülpt. »Warum schlafen Sie im Walde?« – »Weil wir ... weil wir ...« Frank und ich sehen uns ratlos an. Wie soll man ihnen das erklären? »Nun?« drängt der Dolmetscher scharf und blickt bedeutsam auf seine Pistole. Frank gibt sich einen Ruck. »Wir lieben den Wald«, sagt er schlicht. Und, mit einem liebenswürdigen Lächeln zum Offizier gewendet: »lju-blju ljess.« Der Offizier lächelt zurück. Er hat verstanden und – Verständnis. »Wratsch?« fragt er kurz, aber freundlich. »Arzt?« Frank nickt und weist auf die Pyrimalröhrchen. Im Nu sind sie verteilt. Viel zu gering ist der mitgenommene Vorrat.
Wenige Minuten später hat sich die Szene verwandelt. Über einen Rezeptblock gebückt, umringt von andächtig zuschau-

enden Patienten, schreibt Dr. Frank Matthis Sulfonamidrezepte aus. »Ihr Name?« – »Iwanow.« Pyrimal 1 O. P. »Ihr Name?« – »Stepanow.« Pyrimal 1 O. P. »Ihr Name?« – »Iwanow.« Frank stutzt. »Iwanow?« – »Iwanow«, bestätigt der Befragte und lächelt undurchsichtig. Keiner der Umstehenden verzieht eine Miene. Stepanow – Iwanow. Es gibt kaum zwei Namen, die in Rußland häufiger vorkommen. Müller oder Schulze. Schulze oder Müller. Was kümmern uns ihre Namen. Was kümmern ihre Namen sie selbst? Sie wechseln sie aus wie Hemden vor der Wäsche, verschwinden hinter ihnen wie der Geist unter der Tarnkappe. Befremdlicher Unterschied zwischen Ost und West. Was uns vor allem teuer ist, der unvertauschbare, individuelle Name, ihnen gilt er nichts. Heute Iwanow, morgen Stepanow. In Wirklichkeit, Gott weiß wie sonst. Ein unteilbares Ganzes ist die Sowjetunion und nicht die Summe unzähliger Einzelwesen. Es geschieht nicht zum erstenmal, daß wir diesem Hang zur Anonymität bei unseren Befreiern begegnen. Aber es ist sicher nicht das letzte Mal, daß er uns befremdet. Er belehrt uns eindringlicher über ihr Kollektivgefühl als ein kommunistisches Parteiprogramm.

Vier Iwanows und fünf Stepanows sind abgefertigt. Man schreibt sich unsere Adresse auf und verspricht, uns zu besuchen. »Miiit Schnaaaps«, versichert strahlend der Offizier. Wir sind entlassen. Sieben Stunden nachdem man uns festgenommen hat, besteigen wir wieder unsere Räder. »Gemütliche Reiseunterbrechung«, sagt Frank. »Wenn uns noch mehr solcher Aufenthalte beschieden sind, erreichen wir die Oder nicht vor zwei Wochen.« Etwa eine Stunde lang radeln wir inbrünstig. »Wie spät mag es ein?« Frank nestelt die Ersatzuhr aus seiner Geheimtasche. »Kurz nach halb vier. Wir sollten allmählich das Frühstück nachholen.« Vor uns zeigt sich ein Dorf. Wir biegen in seine Hauptstraße ein.

Ein Hauch von Verlassenheit weht uns an. Nirgends ein Mensch. Nirgends ein lebendes Wesen. Nur eine Katze rennt quer über den Weg und verschwindet eilig unter der nächsten

Gartenhecke. »Sind die schon schlafen gegangen?« wundert sich Frank. »Oder gestorben?« »Wirtshaus zum Löwen« lesen wir an einem Haus. Aus seinem Schornstein ringeln sich gastliche Wolken. Frank drückt die Klinke. Geschlossen. Er klopft. Er hämmert mit den Fäusten gegen die Tür. »Aufmachen! Gäste!« Keine Antwort. Alles bleibt stumm. Mir wird unheimlich zumute. »Gehen wir weiter«, dränge ich. »Wer weiß, was hier ...« passiert ist, will ich sagen, doch Frank unterbricht mich. »Wenn sie kochen, müssen sie auch dasein. Halt ... wart mal!« Irgendwo klirrte ein Fenster. »Durchs Hoftor«, flüstert eine Frauenstimme. Gehorsam biegen wir um die Ecke. Dort ist der Hof. Ein Schlüssel scheppert im Schloß. Wir blicken in ein verschrecktes Gesicht. Das Kopftuch tief in die Stirn gezogen, vermummt wie ein altes Weib, steht vor uns eine noch junge Bäuerin. »Sie wünschen?« fragt sie unsicher. Und dann, als leiere sie einen auswendig gelernten Spruch: »Wir haben nichts. Weder Essen noch Trinken. Weder Tasse noch Teller.« Mit einer hoffnungslosen Gebärde weist sie über den Hof. »Alles leer ... alles hin ... alles ausgeräumt.« Wir schauen uns um. Kahle Schuppen, verödete Ställe, Türen, die aufgerissen in verbogenen Angeln baumeln. Hier und da ein Armvoll verdrecktes Stroh. In den Winkeln verstreut ein Gewirr von undefinierbarem Gerümpel. »Russen oder Deutsche?« fragt Frank. Die Frau zuckt die Achseln. »Räuber«, sagt sie stumpf. Was schert sie die Nationalität. Sie hat nur noch Angst, Angst, daß man gegen ihre Läden poltert, daß man sie packt und schändet, daß man schreit und schießt, daß man raubt und plündert.

Wir rücken zwei Kisten neben den Brunnen und halten kurze Frühstücksrast. Gierig blickt die Frau auf unsere ausgepackten Brote. »Daß ihr schon Brot kaufen könnt!« Sie weiß nichts von Berlin. Seit acht Wochen hockt sie in ihrer zerstörten Behausung. Ratlos und hoffnungslos, wie eine Maus in der Falle. Es gibt keine Männer im Dorf. Was man nicht zum Volkssturm geholt hat, ist geflüchtet oder fortgeschleppt. Hitlers Verteidigungsbefehl bis zum letzten Mauer-

stein hat ganze Landstriche entvölkert und Millionen von Menschen um ihre Habe gebracht.
Angst bedrückt das Land, wohin wir auch kommen. Sie lauert hinter den verrammelten Türen. Sie starrt uns an aus verlassenen Häusern, verwilderten Gärten und brachliegenden Feldern. Zwei Mädchen laufen vor uns her. »Wo geht der Weg nach Frankfurt?« rufen wir sie an. Aufkreischend fahren sie zusammen. Angst schuf die häßlichen Verkleidungen, hinter denen die Frauen der östlichen Okkupationszone seit Wochen ihre Jugend verbergen.
Ein schwarzgelbes Schild weist uns zur Autobahn. Wir klettern über eine Böschung und bleiben wie versteinert stehen. Barmherziger Himmel. Sind wir in die Völkerwanderung geraten? In endlosem Elendszug wälzt es sich vor uns von Osten nach Westen. Frauen und Männer, Alte und Junge, wahllos durcheinandergewürfelt, wie das Schicksal sie zusammentrieb. Aus Posen die einen, die anderen aus Ostpreußen. Diese aus Schlesien, jene aus Pommern. Sie schleppen ihre Habe auf dem Rücken. Irgendwohin, wohin die Füße sie tragen. Ein Kind wankt vorüber. Ein jämmerliches Bürschchen. »Tutt mer so weh«, schluchzt es in sich hinein. Kläglich balanciert es auf nackten Hacken und reckt seine blutenden Fußsohlen spitzwinklig in die Luft. »Vom Brotteig weg, direkt vom Backofen«, lallt hinter ihm eine Frau. Sie hat es schon tausendmal gesagt, auf ihrem Weg durch die Fremde. Sie sagt es immer wieder. Im gleichen Tonfall, in gleicher Verzweiflung. »Vom Brotteig weg ... direkt vom Backofen ...« Auf ihrem Rücken schaukeln zwei Kochtöpfe. Wie Schellendeckel klappern sie im Rhythmus ihrer Schritte. Alte und Junge, Männer und Frauen. – Sie ziehen über die Landstraße, sie schlafen auf der Landstraße, sie verenden auf der Landstraße. Da stirbt doch jemand, denke ich und schaue bestürzt auf den wackeligen Leiterwagen, den ein Mann hinter sich herkarrt. Es ist ein Kinderleiterwagen, kurz, schmal und niedrig. Man hat zwei Kissen hineingestopft, ein Bündel Stroh und eine wattierte Decke. Auf der Decke liegt eine Greisin.

Weißhaarig, in dörflichem Sonntagsstaat. Die Hände über der Brust gefaltet, blickt sie feierlich hinauf in den Himmel. Um ihre Nase dämmern blaue Schatten. Der Wagen holpert. Kraftlos schlenkert ihr Kopf hin und her. Noch zehn, zwölf Atemzüge, dann wird der Mann eine Leiche ziehen. Er dreht sich nicht um. Schwerfällig trottet er seines Weges. Er merkt es wohl kaum, daß ein Mensch hinter ihm stirbt. Nur die Kinder bemerken es, die, von einer Schwester geführt, dem Leiterwagen folgen. Doch die Kinder verziehen keine Miene. Vielleicht sind sie auch zu müde. Zu müde, sich zu entsetzen. »Ihr kommt wohl weither?« erkundigt sich Frank mitleidig. Die Schwester sieht ihn an, als ob sie weinen wollte. »Wir waren dreißig, als wir von Kreuzberg aufbrachen. Jetzt sind wir zwölf. Die andern ...« Sie macht eine unbestimmte Bewegung und verstummt. Wir wagen nicht zu fragen, wo die andern geblieben sind. Wenn man nicht helfen kann, soll man nicht neugierig sein. – »Alle werden wir sterben«, seufzt ein Mädchen. »Warum auch nicht? Sterben ist nicht das Schlimmste.« Ausgemergelt von Hunger und Erschöpfung, wälzen Millionen den Fluch ihres Schicksals über das zerschundene Restdeutschland. »Wahnsinn wäre es, zehn Millionen aus ihrer Heimat zu verpflanzen«, sagte Churchill im Kriege. Man hat den Wahnsinn begangen. Man begeht ihn noch weiter. Zehn Millionen treibt man von Haus und Hof, jagt sie gnadenlos hinaus auf die Landstraße.

»Erbarm dich, Frank«, sage ich. »Was soll denn daraus werden? Wo schickt man sie denn hin, diese zehn Millionen?« »Wohin? Irgendwohin! Nach Möglichkeit ins Himmelreich. Es sei denn, daß sich ein Baumeister fände, der Deutschland um eine Etage aufstockte.« Er mustert die Vorüberziehenden. »Was da kaputtgeht ... wer das verantworten will!« – Keiner wird es verantworten wollen. Das Leid der Kreatur interessiert nur die, die es angeht. Im Höchstfall noch jene, denen es vor Augen kommt. Gewiß, man bedauert. Doch man bedauert in Grenzen. Was fragt die Weltpolitik danach, ob deutsche Flüchtlinge ohne Schuhe gehen, ohne Strümpfe, auf blutenden Füßen? Andere Dinge stehen auf dem Spiel. Größere ... entscheidendere. Und hat es uns denn etwas ausgemacht, als Hitler die Ukraine entvölkerte? Als in den Elendsbaracken der Ostarbeiter Tausende an Entkräftung zugrunde gingen. Zehntausende und Aberzehntausende in den Gaskammern ihr Leben ließen.« »Machen wir uns doch nichts vor«, sagt Frank. »Daß wir Mitleid empfinden und Tränen vergießen, bedeutet gar nichts. Würden wir etwa jubeln, wenn man in unsere überfüllte Trümmerwohnung eine pommersche Flüchtlingsfamilie einquartierte? Es ist verdammt leicht, von Nächstenliebe zu reden, solange man sie nicht üben muß. Doch übe sie erst mal. Mit acht Quadratmetern Wohnraum pro Person. Mit durchlöcherten Wänden und undichten Türen. Wo jeder jedem auf dem Hals sitzt und jeder jedem auf die Nerven fällt. Du brauchst dir's bloß vorzustellen, dieses Idyll in der Pökeltonne. Du willst ins Badezimmer – besetzt! Du gehst in die Küche – dort trocknet man Windeln. Du fliehst in dein Zimmer – da dreht der Nachbar das Radio auf. Man haßt sich schließlich, weil man sich nicht ertragen kann. Man wird böse wie ein Teufel und zänkisch wie eine Xanthippe. Du wirst es erleben. – Keiner drängt sich nach diesen Millionen. Du nicht und ich nicht und niemand in Deutschland. Nicht weil wir hartherzig sind, sondern weil es einfach nicht mehr geht. Weil man in ein Faß, das schon überläuft, keinen Tropfen mehr füllen kann. Geschweige denn einen reißenden Strom.«

Wir sind von der Autobahn abgebogen. Die Sonne geht unter. Grau und schattenhaft verschwindet der Zug der Flüchtlinge hinter uns in der Ferne. Wenn wir vor Ausbruch der Dunkelheit noch an Ort und Stelle sein wollen, müssen wir uns sputen. »Halt!« schreit es da plötzlich. Drei Fußgänger tauchen vor uns auf und gestikulieren heftig mit den Armen. »Räderfalle im nächsten Ort! Nicht weiterfahren!« Das fehlt noch. Eine knappe Stunde vor Sperrzeit. Wir drehen ab. Umweg von sechs Kilometern. Schweißtriefend arbeiten wir uns durch Ginster und Heidekraut. Wenn sie uns nur nicht schnappen! Wie Luchse lauschen wir in die Nacht, wie Eulen durchbohren wir mit unseren Augen die Finsternis. »Hölle und Teufel!« Mit aller Wucht schnellt mir ein armdicker Zweig gegen die Stirn. Ächzend reibe ich die schmerzende Stelle. »Laß gut sein«, tröstet Frank. »Immer noch besser als zu Fuß nach Berlin.«

Samstag, 16. Juni 1945

Um ein Uhr morgens erreichen wir unser Reiseziel. Es ist seltsam lebendig im Dorf. Männer patrouillieren durch die Gassen, spähen mißtrauisch nach allen Seiten. »Was bewacht ihr denn hier?« fragen wir den einen. »Unsere Frauen«, antwortet er und seine Augen werden schmal vor Haß. Wir halten am Gutshaus. »Burgomistr« lesen wir im Schein unserer Taschenlampe auf einem Zettel an der Tür. Darunter den Namen, den wir suchen. Sie leben also. Eine Last fällt uns vom Herzen. Klopfen, Hämmern, Rufen. Rütteln an verschlossenen Klinken. »Herrgott, seid ihr's?« ruft unser Freund Fritz Hallberg entgeistert und leuchtet uns mit einer Kerze ins Gesicht. Gestiefelt und gespornt tritt er aus der Tür. An seinem Arm schimmert eine rote Binde. Fritz von Hallberg ist Franks Schulfreund. Sein Studiengenosse und unser Kampfkamerad. Ein zarter Mann, dessen hohe, gewölbte Stirn mich immer an edles Porzellan erinnert. Mitte April verließ er Berlin, um sich hier mit seiner Familie zu treffen. »Man muß gemeinsam sterben«, erklärte er damals. – »Du bist also doch nicht gestorben«, begrüßt ihn Frank jetzt scherzend. »Du bist sogar ...« Er blickt auf die rote Binde. »Bur-go-mi-str«, buchstabiert er mit komischem Respekt. Hallberg nickt. »Man soll die Ämter nehmen, wie sie fallen, selbst wenn sie ...«, sein Gesicht beschattet sich, »so schwierig sind wie zur Zeit das meine.«

Wir haben inzwischen die Halle betreten. In einer Ecke am Tisch sitzt ein junger Mann und liest in einem Buch. »Sie können sich schlafen legen«, sagt Hallberg zu ihm. Der Bursche verschwindet. »Die reinste Alarmzentrale«, lächelt

Frank. »Habt ihr das wirklich nötig?« Hallberg runzelt die Stirn. »Nötig? – Solange dreihundert Dorfbewohner Nacht für Nacht damit rechnen müssen, daß mindestens zweihundert von ihnen vergewaltigt, ausgeplündert, beraubt oder bestohlen werden, brauchen wir uns über nötig oder unnötig kaum zu unterhalten.« »Hm! Und was meint die Besatzungsmacht?« – »Da wir uns kampflos ergeben haben, das Beste und Freundlichste. Sie hilft, wo sie kann, doch auch sie kann nicht alles. Zum mindesten nicht das Kunststück, ein Heer von siegestrunkenen Soldaten und eine Legion entlassener Fremdarbeiter über Nacht in Tugendapostel zu verwandeln.« Er stellt die Kerze auf den Tisch und rückt uns zwei Stühle heran. »Ob Stalin wohl weiß, was hier auf dem Spiel steht«, sagt Frank gedankenvoll. »Und selbst wenn er's wüßte, auch das würde nichts ändern. Bis der Frieden kommt, hat der Krieg so viel verdorben, daß jede Werbung ein Schlag ins Wasser ist. Nicht durch den Krieg, sondern durch den Frieden verliert der Eroberer das Spiel. Redet den Frauen vor, was ihr wollt. Daß Rußland ein Paradies sei und Bolschewismus der Himmel auf Erden. Sie werden an die vielen denken, die sie vergewaltigt haben, und euch antworten: Nein! Und keiner Macht der Welt wird es gelingen, sie umzustimmen.«

Bis zum Morgen sitzen wir und tauschen unsere Erlebnisse. Viermal im Laufe der Nacht wird Hallberg herausgerufen. Einmal, um einen Gallenkranken zu behandeln, zweimal, um an der Spitze seiner »Bürgerwehr« ein Dutzend randalierende Fremdarbeiter in Schach zu halten, das vierte Mal, um für die russische Kommandantur einen entlaufenen Hund einzufangen. »Du bist hier wohl Mädchen für alles«, frage ich mitleidig, als er nach der letzten Expedition etwas abgemattet in den Sessel sinkt. »Erraten!« nickt er. »Kriminalkommissar, Standesbeamter, Tierdoktor, Menschenarzt, Seelsorger, sowjetischer Vertrauensmann, Landwirt, Ortsvorsteher und Abdecker. In Personalunion, gewissermaßen. – Man sollte dem Tag vierundzwanzig Stunden anflicken«, setzt er hinzu und blickt auf die Uhr. »Zehn nach halb sechs. Noch zwanzig

Minuten bis Aufstehzeit.« Er gähnt und erhebt sich. Sein durchsichtiges Gesicht sieht im Grau des Morgens noch durchsichtiger aus. »Der bleibt sich immer gleich«, lobt Frank, als wir in unser Gastzimmer verschwinden. »Man denkt, er tut gar nichts, und plötzlich tut er alles. Das Gute, das Zweckmäßige und das einzig Notwendige.

Sonntag, 17. Juni 1945
Rückfahrt durch verwüstetes Land, auf welchem schwer und sengend der Sommer lastet. Zerfetzte Wälder, besät mit Kriegsmaterial, Kolonnen verlassener Fahrzeuge, zu Wracks geschossene Panzer, Stahlhelme auf Soldatengräbern, tote Pferde und Gestank nach Verwesung – das ist der Kessel von Halbe. Wie Hasen trieb man in ihm die deutschen Kampfverbände zusammen. Es ist nicht schön, über Schlachtfelder zu radeln. Und zehnfach schrecklich, wenn sie im Glanz des Sommers stehen. Ragt dort nicht ein Bein aus der Erde? Stumm streckt es sich gegen die lichtgrünen Buchenwipfel. Wir sehen weder nach rechts noch links. Wir möchten am liebsten die Augen schließen. Doch der Weg ist zu schlecht, um uns solchen Luxus zu gestatten. Schlaglöcher und Nägel, Glasscherben und scharfe Metallteile – ein Ruin für die Reifen. Dreimal müssen wir absteigen, um zu flicken, zweimal, um einer drohenden Fahrradjagd zu entkommen. »Die velozipedieren wohl ihre ganze Armee«, schilt Frank, als wir uns zum viertenmal auf wildfremden Umwegen befinden.
Am Abend liegt der Kessel von Halbe hinter uns. Vor uns breiten sich Wiesen und Felder in unberührtem Frieden. Immer von neuem erstaunt uns dieses Wunder. Daß der Krieg so sporadisch ist; daß er schont und vernichtet in übergangslosem Gegensatz. Chaos setzt er neben Idylle, Idylle neben Chaos. – Wo hört die Schonung auf? Wo hebt die Vernichtung an? Niemand weiß es, und keiner kann es voraussehen. »Schlesien ist sicher«, sagte man vor zwei Jahren. »Schafft eure Sachen nach Schlesien ...« Tausende folgten dem Rat. Sie verstopften die Züge, überfüllten die Güterwagen mit der

Last ihres Evakuierungsgepäcks. Es kam nach Schlesien und ging in Schlesien verloren. Wie weiß man, wo etwas verlorengeht? Wie ahnt man, wo etwas in Trümmer sinkt. Den Landstrich, der vor uns liegt, hat der Krieg vergessen. – »Hier ist gut sein, hier laßt uns Hütten bauen«, sagt Frank und springt von seinem Rade. Eine halbe Stunde später kriechen wir neben dem Ufergebüsch eines Flüßchens in unser Zelt.

Montag, 18. Juni 1945

Kühl dämmert der Morgen. Ein dünner Nebel löst sich von den Wiesen und schmilzt in der aufsteigenden Sonne rasch dahin. Die Gräser sind naß von Tau und riechen frisch, wie im Frühling. Man lacht vor Vergnügen aus reiner Lebensfreude. »Wir sollten baden gehen«, schlägt Frank vor. Er wirft die Kleider ab und taucht auch schon ins Wasser. »Komm«, ruft er prustend, »es ist wunderbar.« Gemeinsam schwimmen wir den Fluß hinunter. Die Sonne wirft breite Strahlenbündel über ihn. Sie tanzen auf den Wellen als funkelnde Goldkringel. Seerosen im Schilf. Sumpfdotter und schwankende Rohrkolben. Nun raschelt es zwischen den Halmen. Eine Ente schwirrt auf und fliegt schnatternd dem Ufer zu. Wie warm das Wasser ist. Wie klar und wie durchsichtig. Der Tümpel in der Linkstraße fällt mir ein. Mit den grasgrünen Bademädchen. Wenn man nicht wüßte, daß es Trümmer gäbe, könnte man denken, die Welt sei vollkommen. – Sie ist auch vollkommen. Jetzt eben – in diesem Augenblick. So wie sie den Mädchen vollkommen schien, als sie inmitten der Ruinen ihr Morgenbad nahmen. In uns liegt das Licht und nicht in den Dingen.

In der Ferne tönt Pferdegetrappel und das Bellen von Hunden. Wir steigen ans Ufer. Vorsichtig spähen wir durch sein dichtes Weidengebüsch. »O sieh nur«, rufe ich entzückt, »so viele Pferde.« Im hellen Licht des Morgens liegt vor uns eine Waldwiese. Hunderte von Pferden weiden auf ihr. Große und kleine. Weiße, schwarze und braune. Sie drängen sich durcheinander, jagen mit flatternden Mähnen über den grasigen

Waldboden. Schwerfällig trabt eine Stute auf uns zu. Sie mag kaum erst geboren haben. Mit dünnen, babysteifen Beinen hüpft ihr rotbraunes Füllen neben ihr her und drückt seine Flanke ängstlich gegen den mütterlichen Schenkel. Irgendwo wiehert ein Hengst. Schmetternd zerreißt der Schrei seiner Liebe die Luft. »Gott, ist das schön«, flüstert Frank. – So müssen die russischen Steppen aussehen oder die kirgisischen Weiden. Das ist Asien. Asien in ganzer Pracht. – Am Rand der Koppel stehen fünf Bauernfuhrwerke. Plump und planüberdeckt, mit ineinandergeschobenen Deichseln, grenzen sie den Lagerplatz ab, in dessen Mitte ein Feuer flackert. Drei Russen sitzen an ihm. Sie stützen die Arme auf die Erde und blinzeln gemächlich in den Tag. Neben dem einen liegt eine Ziehharmonika. Gleich wird er nach ihr greifen und ein paar schwermütige Töne klimpern: »Keinen roten Sarafan, näh mir, Mütterlein ...« Wie gut doch die Menschen sind, wenn man sie gut sein läßt.

Morgen werden sie die Pferde nach Osten treiben. Die deutschen Pferde mit ihren russischen Hirten. Über einer anderen Wiese wird das Lied vom Sarafan tönen und der Rauch des Lagerfeuers emporsteigen. Sind wir noch in Deutschland? Leben wir schon in Asien? Alles fließt. Dschingis-Khans Atem weht durch die brandenburgischen Wälder. »Njetschewo!« sagen die Russen. »Was macht es denn aus. Was tut es uns schon, ob wir hier oder dort sind.«

Nachdenklich schwimmen wir zurück zu unserem Uferplatz. Da liegt noch alles, wie wir es verlassen haben. Niemand hat unsere Räder gestohlen, keiner uns inzwischen die Kleider entwendet. Man ist direkt dankbar für so viel Glück.

Die Uhr zeigt halb neun. Es wird Zeit, daß wir uns auf den Heimweg besinnen. Noch vierzig Kilometer liegen vor uns, die redlich abgefahren sein wollen. Doch der Gott der Reisenden scheint uns gewogen. Keine Räderfallen, keine Umwege, keine bestürzenden Aufenthalte. Ohne Unterbrechung erreichen wir Berlin. Dort leuchten uns rote Fahnen entgegen. Sie wehen aus allen Häusern. Manche hat man auf

Halbmast gesetzt, andere tragen einen Trauerflor. »Ist etwas passiert?« Wir wenden uns an ein paar Vorübergehende. »Schukow soll tot sein«, sagt der eine. »Vielleicht ist auch Stalin gestorben«, meint der nächste. Am Potsdamer Platz treffen wir einen Zeitungshändler. Menschen umdrängen ihn, reißen ihm die Blätter aus der Hand. »Held der Sowjetunion Generaloberst Bersarin« steht schwarz umrandet auf der Titelseite. »Vorzeitiger Tod des Militärkommandanten der Stadt Berlin durch ein Kraftradunglück« lesen wir darunter. »Schade um den Mann«, sage ich. »Er war gewiß nicht der Schlechteste.« »Schade um Berlin«, verbessert mich Frank. »Er war gewiß einer der Besten.« – »Was für ein Unglück für mich«, empfängt uns Andrik. »Er förderte die Kunst wie kein zweiter.«

Daheim bestaunt man uns, als kämen wir geradewegs aus einer Räuberhöhle. »Daß sie euch nicht eingesteckt haben! Daß man euch die Räder nicht wegnahm!« – »Anstrengung genug hat es gekostet«, lacht Frank. »Sieben Stunden Aufenthalt, zweiunddreißig Kilometer Umweg, neun Rezepte und sechzig Tabletten Pyrimal.« Fabian betrachtet mich aufmerksam. »Aber sonst geht's dir gut«, fragt er anzüglich. »Keine Übelkeit, kein Erbrechen, kein Heißhunger auf saure Gurken?« Ich ahne, worauf er hinaus will. »Daß du auch gleich immer an Vergewaltigung denkst.« »Ich nicht – nur die Russen.« Jo räuspert sich. »Oder vielleicht auch die Deutschen?« »Na, na!« empört sich Heike. Jo verzieht das Gesicht. »Sie reden ein bißchen viel über das Thema, wie mir scheint. Ein bißchen zuviel und ein bißchen zu gern.« »Bist du irrsinnig geworden?« tobt Dagmar los. »Wo wir Abend für Abend ...« »Nicht alle natürlich«, lenkt Jo Thäler ein. »Aber immerhin manche. Auch Notzuchtgespräche können ›Ersatzhandlung‹ sein.«

Ob er recht hat mit seinen Worten? Kein Zweifel, die Not unserer Frauen zeugt manchmal verdächtigen Nebengewinn. Wie Fliegen um die Leimtüte summen die Gespräche gewisser Kreise um das tragische Thema. »Zwölfmal vergewaltigt ...

siebenundzwanzigmal vergewaltigt ... neunundfünfzigmal vergewaltigt.« Die Augen der Aufzählenden glitzern. Beängstigend ausführlich verweilen sie beim fatalen Detail ... Ja, gütiger Himmel, wer zählt sie denn mit, die Etappen des Grauens, und verrechnet sich nicht, bei so scheußlicher Registrierung? Noch nie haben bürgerliche Menschen so unverblümt über den Sexus gesprochen. Meinen sie wirklich die Opfer? Oder meinen sie den Luststachel der Sensation? Es gibt viel Verlangen nach Liebe in unserer männerarmen Stadt. Und manchen Ersatzweg, es unbewußt zu erfüllen.

Freitag, 22. Juni 1945

Vor zehn Tagen haben sich die siegreichen Heerführer in Frankfurt am Main getroffen. »Im Geiste herzlicher Freundschaft«, kommentieren die Zeitungen. Schukow überreicht Montgomery den höchsten russischen Orden, Montgomery Schukow den höchsten englischen. Man tauscht seine Photos, stößt auf die friedliche Zusammenarbeit der Völker an und betont die »außerordentliche Rolle, die Truman bei der Aufrechterhaltung der russisch-amerikanischen Freundschaft zukäme«. Mit jeder Gebärde unterstreicht man den Wunsch nach Verständigung. Verständigung heißt team-work. Team-work heißt Aufbau. Aufbau heißt Leistung, heißt Weg aus dem Chaos. Wenn die Könige bauen, haben die Kärrner zu tun. – »Es riecht nach Hoffnung«, sagt Fabian und schnuppert vergnügt in die Luft. – Es riecht nach Hoffnung, geht es aufatmend durch die ganze Stadt. Was jetzt seinen Anfang nimmt, prägt das Gesicht unserer Zukunft. Jeder Schritt wird zum Neubeginn. Jeder Handgriff trägt Wert und Gewicht eines Gründungsakts. »Anpacken und zugreifen« ist die Devise der Kärrner. Dem X.schen Bezirk fehlt dringend ein Bürgermeister. Anpacken und zugreifen, denkt der Staatstheaterschauspieler Ypsilon und springt beherzt in die ungewohnte Bresche. In der ehemaligen Volksoper sammelt sich das erste Opernkollektiv. Die Bühne – ein Schutthaufen, der Dachgiebel – ein Sieb, der Hofplatz – ein

Arsenal verrotteter Kampfreste. »Anpacken und zugreifen«, spricht der Intendant. Zwei Dutzend Sänger und Sängerinnen krempeln die Ärmel auf und beginnen, den Augiasstall auszumisten. Anpacken und zugreifen! Musiker werken als Zimmerleute, Fabrikdirektoren als Kartenstellenleiter. Anwälte werden Bauhandwerker, Sportflieger Bäckergesellen und Tänzerinnen Stenotypistinnen. Anpacken und zugreifen! Die Aufgaben quellen unter den Händen. Von zwölfhundert Kilometern Straßenbahnoberleitung hängen tausend zerfetzt auf die Straße. Im Zentrum der Stadt gibt es bis heute weder Wasser noch Gas. Die Stromzufuhr funktioniert so unregelmäßig, daß man praktisch kaum mit ihr rechnen kann. Anpacken und zugreifen! Werkstätten schießen aus der Erde. Schulklassen werden Nottheater, ehemalige Kinos Konzerthallen. In Lagerschuppen macht man Krankenhäuser auf, in Arbeitsdienstbaracken Flüchtlingsheime. Eilanfrage nach Äxten, nach Schaufeln, nach Nägeln und Schraubschlüsseln. Eilofferten in russischem Unterricht, russischen Dolmetscherkursen, russischen Sprachführern, russischen Übersetzungen. Ob Rohstoffe oder Fertigwaren, ob Fachkenntnisse oder Arbeitskräfte, ob Wohnraum, Büro, Fabrik oder Vergnügungsstätte, alles wird gesucht, alles muß improvisiert, getauscht, erhandelt, aus den Trümmern gepreßt werden. Banken und Sparkassen sind geschlossen. Was in den Tresoren lag, ist dem Sieger anheimgefallen. Doch man braucht gar kein Geld. Noch nie ist uns der Inhalt unserer Portemonnaies so unwichtig erschienen. Wo etwas verlangt wird, da tauscht man, requiriert oder sammelt es aus den Ruinen. Am Anfang steht das Chaos! Wir kommen uns vor, wie Gottvater am ersten Schöpfungstag. Wir strengen uns an, wir geben uns Mühe, wir laufen ab wie Uhrwerke, die man bis zur letzten Umdrehung aufgezogen hat. Wer sein Schöpfungsziel noch nicht kennt, setzt den allgemeinen Tätigkeitsrausch in private Motorik um. Er macht sich auf und besucht die Bekannten. In stundenlangen Fußmärschen, mit rastloser Beharrlichkeit. Selten sind so viele Berliner von so vielen anderen Berlinern besucht worden. Wenn man keine Taten zu tauschen hat, so tauscht man wenigstens Erlebnisse. Übervoll ist eines jeden Herz vom Erlebnis der Kampfzeit. Man möchte sich aussprechen und mitteilen, sich trösten und abreagieren. Geplündert – verhaftet – gefallen – nicht wiedergekehrt – vergewaltigt. Es sind keine erfreulichen Konfessionen, die man einander zu machen hat. Das Beste, was sich von der Vergangenheit sagen läßt, ist, daß sie einen übrigließ. Übrig für ein Kärrnerwerk, das seit zehn Tagen zum erstenmal »nach Hoffnung riecht«.

Samstag, 24. Juni 1945

Ein Uhr mittags. Andrik kommt verstört aus der Probe. »Sie haben den Direktor vom Titaniapalast verhaftet«, berichtet er gedrückt. Ungläubig blicke ich auf. »Wie denn? Den reizenden Menschen? Er stand sich doch so gut mit den Russen?« »Mit allen stand er sich gut«, erwidert Andrik. »Nur hat er uns leider zu sagen vergessen, daß er fünf Jahre lang Schulungsleiter einer Ordensburg war. Und noch zwei Tage vor Kampfschluß als Zivilist einen Russen erschlug.« »Ordensburg? ... Einen Russen erschlug?« wiederhole ich verwirrt. »Ja, aber wie konnten wir denn ...« »Konnten ... konnten«, unterbricht mich Andrik. »Das ist es ja gerade. Daß man keine Augen hat, um zu sehen. Keinen Instinkt, die Spreu vom Weizen zu scheiden.« Er schüttelt sich. »Warum sind Menschen bloß so jämmerlich. So gierig darauf erpicht, von allen Suppen den Rahm zu schöpfen.« »Weil sie leben wollen«, entgegnet Frank. »Keiner sägt gern den Ast ab, auf dem er sitzt. Oder meintest du etwa, zwischen dem 28. April und dem 10. Mai wären alle Nazis Bekenner geworden? Weil Hitler gestorben sei, habe sich die Moral der Erde verändert?« Er ist ans Fenster getreten und trommelt gereizt gegen die Drahtgeflechte des Wizellaglases. »Sie werden sich alle zu tarnen versuchen«, fährt er fort. »Die großen Schurken und die kleinen, die Anstifter und die Mitläufer. Weil sie nicht trainiert darauf sind, zu ihren Taten zu stehen. ›Letzte Verantwortung trägt der Führer‹, hat man ihnen gepredigt. Der Führer ist tot. Wer leben will, muß essen. Wer essen will – gut essen will –, darf kein Nazi sein. Also sind sie keine Nazis. Also waren sie keine und schwören Stein und Bein, es niemals gewesen zu sein.« – »Hoffnungsvoller Aufbau«, bemerkt Fabian. »Mit sieben Millionen verkappten Pg.s als demokratischem Einschußkapital. Wie sollen wir sie denn rausfinden, die Schafe zwischen den Böcken?« Andrik seufzt. »Man müßte sie alle auf einmal entsühnen. – Steck dein Abzeichen an, Parteigenosse! Steck es an, wie die Juden den gelben Stern, und geh an die Arbeit. Räum auf, was du kaputtgemacht hast. Räum ein Jahr auf, räum zwei Jahre auf. Mit dem Hakenkreuz im Knopfloch und der Reue im Herzen. Am Schuldobjekt muß man strafen, wenn die Strafe sich lohnen soll. Arbeit ist keine Schande. Und gewiß kein Anlaß, sich entwürdigt zu fühlen. Sieben Millionen Schuttbeseitiger, Brückenbauer und Dachreparateure. Was glaubt ihr, wie das schaffen würde. Nicht nur für den Aufbau, sondern auch für die Volkserziehung.« »Und wer soll den Erzieher dafür abgeben?« »Diejenigen, die den Anspruch erheben, besser zu sein als die Nazis. Normal trompeten ist zwecklos. Denunzieren und verdammen macht die Menschen nicht vollkommener. Helft ihnen aufstehen, wenn sie gefallen sind. Gebt ihnen Gelegenheit wiedergutzumachen, wo sie gefehlt haben. Dann aber schließt ab mit der Vergeltung. Endgültig und für immer.« – »Ob die Alliierten das fertig kriegen?« Andrik wiegt den Kopf. »Sie müssen es. Sonst kauen wir an dem Naziproblem noch zehn Jahre herum. Und keiner wird dann mehr wissen, wo Recht oder Unrecht liegt.«

Donnerstag, 28. Juni 1945
Wieder ein Erfolg für die Könige und eine Hoffnung für die Kärrner. Auf der Völkerkonferenz von San Francisco ist vorgestern durch Delegierte von einundfünfzig Staaten die »Charta der Vereinten Nationen« unterzeichnet worden. »Das große Instrument des Friedens, der Sicherheit und des

menschlichen Fortschritts in der Welt« nennt sie Truman und ruft den einundfünfzig Konferenzteilnehmern zu: »Zwischen dem Sieg in Europa und dem endgültigen Sieg in Japan haben Sie den Sieg gegen den Krieg selbst gewonnen.« – Einundfünfzig Nationen! Ein Weltsicherheitsrat, ein Weltwirtschaftsrat, ein Weltsozialrat und ein internationaler Gerichtshof. »Kein schwächlicher Völkerbund«, sagt die Iswestija, »der durch Widersprüche zerrissen und durch windige Diskussionen angenagt wurde. Nein, eine feste internationale Organisation, stark genug, jede künftige Aggression zu unterbinden.« – Ihr Wort in Gottes Ohr! Not genug täte es der Welt, sich für ein Weilchen von Aggressionen zu erholen. Deutschland, Österreich, Italien und Japan sind nicht mit dabei. Wie sollten sie auch! Die Aggressoren von gestern und der Kriegsgegner von heute. Vorerst sind wir froh, wenn man uns leben läßt. Uns und den Rest unseres zusammengebrochenen Landes. Nicht mehr plündert und abmontiert, sondern gründet und aufbaut. Nicht mehr Unrecht gegen Unrecht setzt und Rechtsbeugung gegen Rechtsbeugung, sondern Gerechtigkeit gegen Schuld und Ordnungssinn gegen Chaos. Und wenn erst die Willkür ein Ende haben wird ... Weltsicherheitsrat! Weltwirtschaftsrat! Vereinte Nationen! Verbrüderte Völker! Wahrhaftig, die Musik dieser Botschaft klingt uns lieblich in den Ohren.

Dienstag, 3. Juli 1945

Die Amerikaner sind da! Frank hat sie mit eigenen Augen gesehen. Zum mindesten einen von ihnen. In der Nähe der Schloßstraße. Es ist kaum anzunehmen, daß man es bei dem einen bewenden ließ. Also sind sie doch gekommen. Die Sieger aus dem Westen, auf die wir seit Anfang April gewartet hatten. Von Tag zu Tag mehr, von Nacht zu Nacht dringender. Schon lange ging das Gerücht in der Stadt. Seit sieben Tagen welken an den Laternen der westlichen Ausfallstraßen die Tannengirlanden und Begrüßungsarrangements. Bis wir aufhörten, es zu glauben, uns endgültig vornahmen, zum letztenmal auf dieses Märchen hereingefallen zu sein. Nun ist das Märchen Wirklichkeit. Über den Stadtplan gebückt grenzen wir Ortsteil um Ortsteil die Okkupationsbezirke ab. Russisch, französisch, englisch, amerikanisch. Vier Siegernationen – vier Besatzungsgrenzen. Merkwürdig, denke ich, daß die Weltversöhnung mit der Vierteilung von Berlin beginnt.

»Steglitz bleibt russisch«, behauptet Dagmar und weiß es angeblich aus sicherster Quelle. Frank schüttelt den Kopf. »Steglitz wird amerikanisch. Sie nehmen den Süden im ganzen. Der Westen wird englisch. Rußland behält den Osten; den Wedding und alles was nördlich liegt, bekommen die Franzosen.« Kreuz und quer fährt sein Blaustift durch die Berliner Straßenzüge. »Und die Linden? Wer kriegt die Linden?« erkundigt sich Dagmar. Wir schauen uns an. Vor unserem geistigen Auge tauchen die Ruinenreste der ehemaligen Prachtstraße auf. Schutthaufen neben Schutthaufen. Ein Sinnbild der Öde. Wahrhaftig, mit diesem Staatsgebiet ist kein Staat mehr zu machen. Frank greift zum Radiergummi. »Also meinetwegen russisch«, entscheidet er wohlwollend. Zwei Blaustiftstriche vom Schloß bis zum Reichstag – mit einer großzügigen Handbewegung sind die Linden russifiziert. – »Beten wir nur, daß sie einig bleiben«, sagt Heike im Kassandraton. »Wenn sich die vier in die Haare kriegen ...«
» ... kann der Berliner sein Testament machen«, ergänzt Frank. Doch warum den Teufel an die Wand malen. Vorerst gibt es eine »UNO«, gibt es Freundschaft in Frankfurt und herzliches Wohlwollen auf der ganzen Linie.

Ob man ein Visum braucht, wenn man von Steglitz nach Grunewald radelt? Einen Zonenausweis? Einen Passierschein? Ob sie Grenzbäume aufrichten? Ob man Zoll zahlen muß? Wir rätseln über hundert Fragen und wissen wieder mal nur eines – nämlich daß wir nichts wissen. »Zum mindesten wird man sich besser verständigen«, tröstet Fabian, dreht ein paar Kippen in Seidenpapier und wendet sich strahlend an Heike: »Hallo, old girl, how do you think about a Chester-

field?« – Wir lachen. Morgen, spätestens übermorgen werden wir amerikanisch sein.
Am Nachmittag radeln wir zum Funkhaus. In geschlossenem Zuge, denn noch immer sind Fahrräder Mangelware. Wer sich allein auf den Weg begibt, gerät in Gefahr, sein Verkehrsmittel einzubüßen. »Maschina ... Maschina ...« Erst gestern entrann Jo Thäler mit Mühe einem unfreiwilligen Eigentumswechsel. Im Funkhaus eröffnet man den »Kulturbund zur demokratischen Erneuerung Deutschlands«. Andrik mit den Philharmonikern bietet die musikalische Umrahmung zu dem Fest.
Der Saal ist gefüllt bis in die letzte Ecke. Man will sich demokratisch erneuern. Man hat den ehrlichen Willen zu Aufbau und verantwortlicher Leistung. Wenn man nur nicht immer soviel reden würde. Frank, der neben mir sitzt, schielt schon zum drittenmal verzweifelt auf die Uhr. Seit zweieinhalb Stunden folgt eine Festansprache der anderen. »Wir Männer der Kunst«, tönt es mir in den Ohren, »wir Männer der Wissenschaft ... wir Männer des neuen Deutschland.« Empört zupfe ich Frank am Ärmel: »Ob die vergessen haben, daß es bei uns auch Frauen gibt?« – Sie haben es offenbar vergessen. Ebenso wie die Tatsache, daß man eine demokratische Erneuerung nicht gut mit nazistischen Superlativen beginnt. Fast keiner der acht Prominenten, die hier mit der Vergangenheit abrechnen und sich um die Bereinigung unseres Kulturlebens bemühen, scheint zu bemerken, wie wenig ihm bisher die Bereinigung des eigenen Sprachstils gelungen ist. Noch immer geht es ihnen um Höchstes und Letztes, um Gewaltigstes und Erhabenstes. Von Schulung, Einsatz, Planung, Zielsetzung und Marschrichtung sprechen sie mit schöner Unbefangenheit. »Fester den Tritt gefaßt im Kampf für den Pazifismus«, rief kürzlich ein Politiker und ahnte wohl kaum, wie paradox sich sein gut gemeinter Eifer in solcher Formulierung ausnehmen mußte. Es mag nicht leicht sein, sich aus eigener Kraft aus Übersteigerungen zurückzuschrauben.

Als der letzte Redner sein Schlußwort gesprochen hat, steht Andrik auf, besteigt das Pult und dirigiert die Vierte Tschaikowsky. Gelassen, sicher und selbstverständlich. »Wenigstens eine Handlung, nach diesem Nachmittag der Reden«, flüstert Frank erleichtert. »Daß sich die Deutschen doch niemals kurz fassen können.« Ich muß ihm beistimmen. Zudem verdrießen mich die vergessenen Frauen. Ein wenig enttäuscht versammeln wir uns im Künstlerzimmer zur Heimfahrt. Irgendwie hatte sich jeder von uns den Start in die demokratische Erneuerung anders vorgestellt. Handgreiflicher gewissermaßen, aktiver und tatenvoller. »Man darf nicht alles auf einmal erwarten«, begütigt Andrik. »Gemeint war es jedenfalls großartig.« »Zum mindesten für euch Männer«, kann ich mir nicht verkneifen, etwas bissig einzuwerfen.

Als wir von der Kaiserallee in die Schloßstraße einbiegen, bietet sich uns ein idyllischer Anblick. In einen Rohrsessel gelehnt, eine blumengefüllte Vase zu ihren Füßen, sitzt mitten auf der Kreuzung ein rundliches Russenmädchen. Hochbusig, in Soldatenbluse und Mütze. Bei unserem Näherkommen erhebt sie sich gemächlich, nimmt militärische Haltung an und schwenkt energisch ein rotes Verkehrsfähnchen. Achtung, Durchfahrt, winkt uns das Fähnchen. Dann setzt sich die Kleine und zupft behutsam an ihrem Strauß von Ringelblumen. »Da hast du deine Frauen«, lacht Andrik belustigt. »Berufskultur auf der Straßenkreuzung. In medias res, wenn auch ohne Kulturbund.« Mit dankbarem Solidaritätsgefühl blicke ich auf die kulturbeflissene Verkehrspolizistin. Die »Ehre der Frauen« ist für diesmal gerettet.

Samstag, 7. Juli 1945

Die ganze Stadt lebt in einem Rausch der Erwartung. Man möchte sich zerreißen vor Arbeitseifer, möchte tausend Hände haben und tausend Gehirne. Die Amerikaner sind da. Die Engländer, die Russen. Auch die Franzosen sollen im Anzug sein. Vielleicht haben sie ihr Besatzungsgebiet sogar schon bezogen. Man weiß das alles nicht so genau. Gerüchte

schwirren, werden verteidigt und widerlegt. Es kommt ja gar nicht auf sie an. Nur darauf kommt es an, daß wir im Zentrum der Tätigkeit stehen. Daß sich vier Weltmächte in unseren Trümmern begegnen und wir den Vertretern dieser Weltmächte beweisen, wie ernst es uns ist mit unserem Eifer, wie grenzenlos ernst mit den Bemühungen um Wiedergutmachung und Aufstieg. Berlin läuft auf Hochtouren. Wenn man uns jetzt versteht und verzeiht, wird man alles von uns erreichen. Alles! Daß wir dem Nazismus abschwören, daß wir das Neue besser finden, daß wir arbeiten und grundsätzlich guten Willens sind. Noch nie waren wir so erlösungsreif. So müde des Terrors, der Furcht und des Unrechts. Wenn unsere Sieger nur halten, was sie uns versprochen haben ...
Wie wenig verstehen sich geschulte Politiker auf den einfachen Trick, daß man Völker nur dann gewinnt, wenn man ihnen Besseres bietet als bisher. Den Befreier bejubelt die Menge, den Erlöser vom Übel. Haben wir die Ukraine vom Übel erlöst? Die Holländer oder die Norweger? »Elsaß-Lothringer, kommt heim ins Reich«, sagte Hitler 1940. »Fünfundzwanzig Jahre habt ihr unter welschem Joch gelitten. Nun kehrt zurück an die deutsche Mutterbrust.« Und was fanden sie an der deutschen Mutterbrust? Ausplünderungen ihrer Reserven, Abwertung ihrer Währung, Verlust ihrer Sparkonten und Verhaftungen über Verhaftungen. Weil wir das Schlimmere brachten, mußten sie uns hassen. Weil sie auf ihre Not noch eine zusätzliche häuften, hassen heute die Bewohner der Ostzone die Russen. Trägt das Regime die Schuld an dem Fehlschlag? Sorgt vielleicht das Geschick auf solche Weise dafür, daß die diktatorischen Räume nicht in den Himmel wachsen, sondern sich zu guter Letzt durch die eigenen Fehler ruinieren? – Die Amerikaner werden es anders machen. Die Engländer auch und auch die Franzosen. Sie werden die psychologischen Mißgriffe der ersten Besatzungsmacht korrigieren und Recht und Vertrauen wiederherstellen.

Montag, 9. Juli 1945

Es läutet an der Haustür. Erschrocken fahre ich aus dem Schlaf. Erschrocken streift mein Blick den Wecker. Zehn Minuten vor sechs. Gott soll mich schützen. Wer vor sechs Uhr klingelt, hat nichts Gutes im Sinn. Abholung. Wie den Nachbarn von nebenan. Wie Hunderte und Tausende, die im Laufe der Kriegs- und Nachkriegszeit ohne Begründung aus ihren Betten ins Gefängnis überwechselten. Soll ich mich totstellen? Mit trockener Kehle schleiche ich zur Tür und spähe durch das Guckloch. Kein Mensch zu sehen. Halt, oder doch? Zusammengekauert hockt ein dunkles Etwas auf den Treppenstufen. Jetzt regt es sich. Ich höre unterdrücktes Räuspern. »Ist dort jemand?« rufe ich gedämpft. »Post aus dem Westen«, antwortet eine Stimme. »Post?« Mit einem Griff reiße ich die Tür auf. Daß es wieder Briefträger gibt. Seit mehr als zweieinhalb Monaten haben wir keinen gesehen.

Ich sehe auch jetzt noch keinen. Was vor mir auf den Treppenstufen sitzt, ist ein Bündel Lumpen, überragt von einem hohlwangigen Männergesicht. »Sie wünschen?« frage ich verlegen. Der Fremde erhebt sich. »Ein Glas Wasser und ...«, er stockt, »... wenn möglich ein Stückchen Brot.« Als schäme er sich seiner Bitte, fingert er hastig in den Taschen und fördert etwas Zerknittertes zutage. Stumm schiebt er es mir zu. Tatsächlich, ein Brief. Ich lese meinen Namen auf dem schmuddeligen Couvert. »Absender: Konrad Bauer, Bad Homburg v. d. Höhe.« – »Sie kommen von drüben?« Er nickt. »Zu Fuß?« Wieder nickt er und weist auf seine verstaubten Schuhe. »Seit drei Wochen. Über die grüne Grenze.« Der erste Bote aus dem »Jenseits«. Die erste Post seit Beendigung des Krieges. Hastig reiße ich den Umschlag auf. »Ihr Lieben«, schreibt unser Freund Konrad. »Ihr sehr Lieben. Wir leben und wünschten, daß auch Ihr es tätet. Trotz aller Furchtbarkeiten, die man sich von Berlin erzählt. Gebt Nachricht. Bleibt behütet und seid umarmt von Eurem ...«

»Konrad?« denke ich gerührt. »Daß du es geschafft hast!« Dann streiche ich behutsam den zerknüllten Umschlag glatt und wende mich an dessen Überbringer. »Wenn Sie für einen Moment hereinkommen wollen?« Er folgt mir. So groß scheint seine Erschöpfung, daß er wie ein Betrunkener über die eigenen Füße stolpert. »Sie sind wohl sehr müde«, sage ich und schiebe ihm einen Stuhl an den Küchentisch. Das Elektrizitätswerk ist gnädig. Nach fünfzehn Minuten steht das Frühstück vor uns. »Erzählen Sie«, bitte ich meinen Gast. »Man weiß so wenig und man hört so viel.« Schwerfällig beginnt er zu berichten. Daß er aus Cottbus stamme und es vor Heimweh nach den Seinen nicht ausgehalten habe. Keine Nachricht seit über fünf Monaten. Daß ihn beim Grenzübertritt die Sowjets geschnappt, doch nach vier Tagen wieder laufengelassen hätten. Ohne Uhr zwar, ohne Geld und Feuerzeug, aber sonst unversehrt. Daß man sich drüben erzähle, in Berlin herrsche Leichenpest. Und ob es tatsächlich wahr ist, daß jeder, der hier eine kommunistische Versammlung besuche, zwei Zigarren und ein halbes Pfund Butter erhielte. Ich schlage die Hände zusammen über soviel Unsinn. Doch als ich ihm meine Vermutungen über den Westen mitteile, ist seine Reaktion kaum anders. Alles schief, alles unzutreffend. Wenn einer von uns malaiisch spräche, könnten wir uns kaum unverständlicher sein. Getrenntes Schicksal schafft getrennte Welten. Wie lange wird es dauern, bis unser Schicksal sich wieder gemeinsam und nicht mehr hinter vier Zonenmauern unter Ausschluß der Weltöffentlichkeit vollzieht.

Dienstag, 10. Juli 1945

Die Kammer der Kunstschaffenden ist das Brennglas des Berliner Kulturlebens geworden. Abteilung Musik, Abteilung Bühne, Abteilung Film, Abteilung Schrifttum. Wie Gottvater persönlich waltet über allem als Präsident der Schauspieler Paul Wegener. Andrik sitzt im Präsidialrat. Der »Vorbildstelle« für demokratisches Kunststreben. Er möchte gern Vorbild sein. Auch die anderen Präsidialräte möchten es wohl gern. Nur schade, daß sie sich in ihren Sitzungen so selten mit dieser

Aufgabe befassen und so häufig der Versuchung erliegen, untereinander in Streit zu geraten. Als ob keiner dem anderen das Vorbildsein gönnte. Und doch hätten wir gerade heute Vorbilder nötiger denn je. Die richtigen Persönlichkeiten an die richtigen Plätze. Vielleicht liegt ein Teil unseres Unglücks darin, daß es bei uns zu wenig Persönlichkeiten gibt. Jedem Volk ist von Natur etwa der gleiche Prozentsatz zugemessen. Zehn Prozent Führende gegen neunzig Prozent Geführte. Das heißt, unter sechzig Millionen Deutschen etwa sechs Millionen aller Stände und Schichten, die selbständig denken, selbständig handeln, selbständig urteilen, gegen vierundfünfzig Millionen Indifferente, Unmündige und grundsätzlich »Mitlaufende«! Was ist nach den letzten fünfundzwanzig Jahren von diesen kostbaren zehn Prozent geblieben? Der erste Krieg und der zweite Krieg, die Emigration, die Gasöfen, Gestapokeller und Konzentrationslager, sie alle forderten ihren Teil, forderten ihn in erster Linie aus den Reihen der Führenden. Nicht mehr zehn Prozent, sondern im Höchstfall noch fünf sind uns von unseren Besten erhalten. Ein gefährlicher Nachteil gegenüber anderen Nationen. Noch gefährlicher, wenn es sich eines Tages herausstellen sollte, daß der verbliebene Rest nicht mehr ausreicht, den deutschen Karren aus dem Sumpf zu ziehen. Daß wir auf die zweite, dritte und vierte Garnitur angewiesen sind, weil die erste unter dem Rasen liegt, an die Galgen gehängt wurde, in Gasöfen erstickte oder für fremde Völker tätig ist.

Die richtige Persönlichkeit an die richtige Stelle. Gewiß, man bemüht sich darum. In der Kammer hat sich ein »Gremium zur Rehabilitierung von Nationalsozialisten« gebildet. Ein regelrechter Gerichtshof mit Beisitzer und Vorsitzendem, der die Böcke von den Schafen scheidet und ehemalige Nazis aus den verantwortlichen Kulturstellen ausmerzen soll. Wer aber wird hier wen ausmerzen? Wer in der Welt ist objektiv genug, über sieben Millionen Pg.s ein salomonisches Urteil zu fällen?

Donnerstag, 12. Juli 1945

Die Amerikaner haben den Titania-Palast beschlagnahmt. Als Klubhaus für ihre Truppen. Andrik rennt herum wie ein Verzweifelter. Der einzige Konzertsaal im amerikanischen Bezirk! Was soll aus den Philharmonikern werden!
Auch das Ahornschlößchen ist beschlagnahmt. Heike und Fabian reichen ein Gesuch nach dem anderen ein. Fragebogen: »Geben Sie an, was Sie seit 1933 jährlich verdient haben. Welche Partei wählten Sie im November 1932. Nennen Sie Ihre sämtlichen Bank-, Sparkassen- und Postscheckkonten sowie die Ihrer Eltern, Geschwister, direkten Onkel und Vettern.« Die Haare stehen einem zu Berge. Wer soll sich an das alles erinnern. Muß man einen Meineid schwören, nur weil man ein schlechtes Gedächtnis hat?

Sonntag, 15. Juli 1945

Die Beschlagnahmungen gehen weiter. Wohnungen in Dahlem, Wohnungen in Wannsee; ganze Wohnviertel, wie es heißt, in Zehlendorf und Charlottenburg. Gewiß, die Truppen wollen untergebracht sein. In Trümmerhaufen können sie nicht wohnen. Auch unsere Soldaten haben in Rußland und Frankreich Quartiere beschlagnahmt. Nur daß man so etwas offenbar viel bitterer empfindet, wenn es einem selber geschieht. Räumung innerhalb weniger Stunden. Kaum das Notwendigste zum Mitnehmen erlaubt. Wenn die Wohnungstür hinter den Ausgesiedelten ins Schloß klinkt, können sie sich als totalausgebombt betrachten. Und wie bei Totalausgebombten fallen die Unglückslose ohne Unterschied der Person. Ob Nazigegner oder Nazifreund, ob reich oder arm, wer heraus muß, muß heraus. Mag er dann zusehen, wo er ein Unterkommen findet. Andrik jammert: Meine Konzerte! Fabian stöhnt: Mein Kabarett! Es ist schmerzlich, von einer Minute zur anderen abbauen zu müssen, was man in zweieinhalbmonatiger Mühsal aus dem Nichts geschaffen hat. –
Aber im Rundfunk wurde heute abend bekanntgegeben, daß Stalin, Truman und Churchill zu gemeinsamer Konferenz in

Berlin eingetroffen seien. Das ändert zwar nichts an den Beschlagnahmungen, trägt jedoch immerhin dazu bei, die Enttäuschung darüber nicht allzu groß werden zu lassen. Was bis heute geschehen ist, müssen wir als Kriegsnachwehen buchen. Einschließlich der Vergewaltigungen, der Plünderungen und Beschlagnahmungen. Die Besprechung der großen Drei wird die Ordnung begründen. Sie wird den Boden bereiten, auf dem das Gute gedeihen kann.

Mittwoch, 18. Juli 1945

Andrik hat es geschafft. Nach tagelangen Radfahrten von Dienststelle zu Dienststelle, nach zahlreichen Eingaben und endlosen Verhandlungen ist der Titaniapalast wieder freigegeben worden. Zum mindesten stundenweise, für Konzerte und Proben. Daß der diensttuende Offizier es angebracht findet, das Hauptportal zu sperren und den Strom der Besucher und Künstler auf den engen Hintereingang zu verweisen, beschämt mehr ihn als uns. Der Genuß an Beethoven und Mozart wird nicht geringer, wenn man ihn über die »Treppe für Lieferanten und Dienstpersonal« erreicht.

In Charlottenburg bemühen sich die Engländer um Kultur und Kunst. Konzert der Philharmoniker vor englischen Truppen in der ehemaligen Volksoper. Konzert der Philharmoniker am gleichen Ort, mit gleichem Programm vor deutschen Bewohnern des englischen Besatzungsbezirks. Als wir den langen Weg von Steglitz nach Charlottenburg radeln, lesen wir an einer der Ausfallstraßen ein frisch angebrachtes Schild: »Achtung Flüchtlinge. Zuzug nach Berlin gesperrt. Benutzt die Umleitungen. Meidet die Stadtgrenze. Wandert westwärts.« – »Gastfreundliche Aufforderung«, bemerkt Andrik. »Auch der Westen wird sich bedanken.« Es ist grauenvoll, sich das vorzustellen. Wie ruhelose Perpendikel pendeln die Ostflüchtlinge zwischen den Städten. Kein Zuzug, keine Aufnahme, keine Quartiere, keine Lebensmittelkarten. »Schon dreimal sind wir von Fürstenberg nach Genthin und zurück gelaufen«, berichtet eine sechsköpfige Flüchtlingsfamilie. »Einundfünfzigmal hat man uns abgewiesen, siebenmal uns auf später vertröstet und zwölfmal uns ein Nachtquartier für höchstens drei Tage in Aussicht gestellt. Was tun wir mit einem Nachtquartier für höchstens drei Tage? Einer fragwürdigen Aussicht auf vielleicht in vier Wochen?« Immer neue Flüchtlinge ziehen von Osten heran. Ihre Zahl ist Legion, ihre Leiden sind ohne Maß. Hitlers Programm der deutschen Ostansiedlung wurde zur »gigantischsten Entvölkerung aller Zeiten«. Und ich denke mit Frank: Was da kaputtgeht... Wer das verantworten will...

Donnerstag, 19. Juli 1945
Unsere Nachbarin, der man im Mai den Mann fortgeholt hat und die mit fünf Kindern allein zurückgeblieben ist, liegt im Bett und steht nicht wieder auf. »Wegen Hunger«, flüstert sie matt, als Heike sich nach ihr umsieht. Hausfrauen, Berufslose und Nazis erhalten Lebensmittelkarten Fünf. Was macht eine Mutter, wenn sie dreihundert Gramm Brot am Tage erhält? Sie teilt es unter ihre Kinder und sättigt sich am Zusehen. Vom Zusehen setzt man kein Fett an. Auch dann nicht, wenn der Mann Parteigenosse gewesen ist. Unsere Nachbarin wiegt noch knapp achtzig Pfund. Und liegt im Bett »wegen Hunger«. Man spart Kalorien, wenn man sich weniger bewegt. Nicht nur sie ist zu dieser Entdeckung gelangt. Die Motorik der Fünfer-Karten-Besitzer hat in den letzten Wochen erheblich nachgelassen. Schuhsohlen sparen, Kräfte sparen, Kalorien sparen. Immer häufiger hört man die gleiche Begründung. »Während das Gras wächst, stirbt die Kuh«, sagt ein Sprichwort. In Potsdam tagt die Konferenz der großen Drei. Die ganze Gegend ist abgesperrt. Kein Deutscher darf den Fuß in die geheiligten Verhandlungsbezirke setzen. Möge das Gras in ihnen wachsen. Möge es wachsen, noch ehe die Kühe verendet sind.

Freitag, 20. Juli 1945

Der Tag von Witzleben und Stauffenberg. Heute vor einem Jahr glaubten wir, daß in wenigen Stunden der Terror zu Ende sei. Er war nicht zu Ende. Millionen von Menschenleben, Hunderttausende von Wohnungen und Häusern, Milliardenwerte an Volksvermögen hat es die Welt gekostet, daß er an diesem Tag nicht zu Ende ging. Warum haben uns die Weltmächte damals nicht geholfen? Warum haben sie auch diese letzte unter den vielen Chancen, Herrn Hitler den Lebensfaden abzuschneiden, vorübergehen lassen. Rheinlandbesetzung. Österreich, Sudetenland, Tschechoslowakei. Danzig, Polen. Hitlers Abneigung gegen den Zweifrontenkrieg – eine Fülle von Möglichkeiten, von unterlassenen Eingriffen und verpaßten Gelegenheiten. Wird Potsdam das Versäumte aufholen? In der Stadt verbreitet sich seit heute morgen ein grausiges Gerücht. Es stehe nicht gut um Potsdam. Man sei sehr verschiedener Meinung auf dieser Konferenz. Durchaus nicht mehr so freundlich wie in Frankfurt und San Francisco. »Vielleicht wird es Krieg geben«, flüstern sich die Menschen zu und machen erschrockene Gesichter. »Man sagt, es könne möglich sein« ... Krieg! Wir hatten doch erst einen Krieg. Noch vor elf Wochen. Es ist doch ausgeschlossen ...

In Potsdam tagt man sehr diskret. Kein Laut dringt durch die kilometerbreite Absperrung. Es sei denn, die aufregende Mitteilung, daß die auswärtigen Staatsführer die »Innenstadt und den Bezirk Tiergarten besucht und die zerstörten Gebäude und Luftschutzkeller der Reichskanzlei Hitlers besichtigt hätten ... Zu ihren Ehren sei ein Salut abgefeuert worden, und die Gestaltung des neuen Europa bilde den Hintergrund der gegenwärtigen Ereignisse.« – So die Presse. Die Zivilbevölkerung steckt die Köpfe zusammen und raunt: »Truppenzusammenziehungen ... Schießereien zwischen Amerikanern und Russen jede Nacht. Sie grüßen sich nicht mal auf der Straße, die verbündeten Uniformträger. Sie scheinen einander nicht zu lieben, unsere alliierten Besatzungsmächte.« – Laut allerdings darf man das nicht werden lassen. Wenn wir den

Amerikanern oder Engländern vorsichtig andeuten, daß es mit der russischen Besatzung einige Schwierigkeiten gegeben hätte, werden ihre Mienen kalt wie Eis. Unsere Verbündeten, sagt ihr zurückweisender Blick und läßt uns respektvoll verstummen.

Am Abend kommt ein amerikanischer Künstler zu Andrik. Ein Schwarzer. Er ist schön wie ein Panther und an Bach und Beethoven leidenschaftlicher interessiert als die meisten Deutschen. Er hat die ganze Welt bereist, in unzähligen Ländern Konzerte gegeben. »Sie drängen sich zu meinen Konzerten«, sagt er und blickt uns an mit den Augen Ahasvers. »Aber nicht, weil sie meine Musik meinen, sondern weil sie sehen wollen, wie es ist, wenn ein Neger ihre Musik macht. Wir sind das mißachtetste Volk in der Welt. Noch tiefer mißachtet als die Juden oder...«, wieder sieht er uns an mit den Augen Ahasvers, »... oder die Deutschen.« Ist es ein Sieger, der vor uns steht? In seiner elegant zugeschnittenen amerikanischen Uniform, schön wie ein Panther und leidenschaftlich interessiert an Bach und Beethoven? Plötzlich schämen wir uns alle voreinander. Bis Andrik sich verlegen zu seinem Partituren-Regal bückt, eine Bachkantate hervorzieht und sie dem schönen Gast herüberreicht. »If you would like to have it...«

Mittwoch, 25. Juli 1945

Das »Gremium zur Rehabilitierung von Nationalsozialisten« ist wegen »Klärung der Kompetenzen« durch Magistrat und Präsidialrat vorläufig ausgesetzt worden. Drei Fälle hat es im Laufe seines Bestehens bereinigt. Drei oder fünf. Es können auch sieben gewesen sein. Wenn es in diesem Tempo weitergeht, werden Enkel und Urenkel den letzten Pg.s ihre Bereinigungsurkunden auf die Grabhügel legen. Vorerst mal streitet man sich um die Kompetenzen. Und wird, wenn es hart auf hart kommt, ziemlich unfreundlich gegeneinander. Die aus Moskau zurückgekehrten Emigranten – vom Volk Moskowiter genannt – sind der Meinung, daß sie die besten Antinazis gewesen seien und daher den ersten Anspruch auf Gestaltung der Zukunft hätten. Die hier Verbliebenen vertreten den entgegengesetzten Standpunkt. Antinazi contra Antinazi. Wie naiv waren wir noch vor wenigen Wochen zu denken, daß alle am gleichen Strange ziehen würden.

In den kaum enttrümmerten Wohnungen kämpft man um jede Minute Strom. Er kommt und geht wie launisches Aprilwetter. »Kabelbrüche«, sagen die einen. »Stimmt nicht«, widersprechen die anderen. »Als die Russen die Westsektoren räumten, haben sie sämtliche Kohlenvorräte aufgepackt und in ihr Okkupationsgebiet mitgenommen.« Wer hat recht? Wahrscheinlich beide. Vielleicht auch keiner. Nur eines steht fest: daß wir wohl oder übel zum Ziegelherd zurückkehren müssen.

Freitag, 27. Juli 1945

Diesmal bauen wir ihn auf dem Balkon. Wegen Hitze und Rauchentfaltung. Schließlich sind wir keine Räucherschinken und haben trotz Trümmern und Stegreifleben im Laufe der letzten zwei Monate zu gewissen Zivilgewohnheiten zurückgefunden. Während ich mit Töpfen, Schürhaken und Kochlöffel hantiere, kommt Heike gelaufen. »Sie haben Churchill gestürzt«, sagt sie. »Und Eden. Attlee soll Premierminister geworden sein.« Ich lasse den Kochlöffel fahren. Und das alles mitten in der Konferenz? »Ein bodenloser Undank!« – »Gar kein Undank«, mischt sich Andrik von drinnen ins Gespräch. »Nur ein Beweis dafür, wie objektiv die Engländer Politik treiben. Für den Krieg war Churchill ihr bester Mann. Für den Frieden, vor allem wenn er ein alliierter Frieden sein soll, hat der Konservative Churchill seine Schattenseiten. Attlee ist Labour-Mann. Zwischen Sozialdemokraten und Kommunisten sollte es keine unüberbrückbaren Gegensätze geben. Jedenfalls nicht an einem gemeinsamen Konferenztisch.« Ich verstehe. Und trotz Mitleid mit Churchill freue ich mich heimlich der entschwindenden Kriegsgefahr.

Montag, 30. Juli 1945

O großer Gott! Wie schlimm kann Elend sein! Manchmal, wenn man durch die Straßen geht, glaubt man, den Jammer kaum ansehen zu können. Zwischen den smarten amerikanischen Uniformen, den wohlgenährten Gestalten unserer Besatzungsmächte, tauchen zerlumpt und abgezehrt, scheu um sich blickend wie ertappte Sünder, die ersten deutschen Soldaten auf. Kriegsgefangene, von irgendwoher. Sie schleichen durch die Straßen. Man möchte wegblicken, wenn man sie sieht, weil man sich ihrer Scham so schämt, ihres trostlosen, jämmerlichen Aussehens. Sind das die strahlenden Sieger, die Adolf Hitler wohlausgerüstet vor Jahren in den Krieg schickte! Als wandelnde Ruinen wanken sie dahin. Beinlose, Armlose, Sieche, Kranke, Verlassene und Verlorene. An eine Mauer gelehnt steht ein graubärtiger Mann in zerschlissenem Soldatenrock. Er hat die Arme über den Kopf geschlagen und weint in sich hinein. Menschen fluten an ihm vorüber, bleiben stehen, bilden einen scheuen Kreis um ihn. Er sieht sie nicht. Hilflos, die Arme über den Kopf geschlagen, schluchzt er wie ein kleines Kind. »Mutter ... Mutter ...« »Haben Sie Hunger?« fragt eine Frau und kramt verlegen in ihrer Einkaufstasche. »Vielleicht sind Sie krank ...?« Er hört sie nicht. Er weint. Es ist entsetzlich, wenn graubärtige Männer weinen. Wenn sie nicht aufhören können zu weinen ...

Manchmal sieht man nur Rümpfe. Amputiert bis fast zu den Hüften, sitzen sie in einer alten, auf Räder gestellten Margarinekiste, stoßen sich mit den Armen ab wie Flößer und lavieren ihre traurigen Verkehrsmittel durch den Strom der Autos und Lastwagen. »Heil Hitler!« möchte man in wütendem Erbarmen fluchen, wenn man ihnen begegnet.

Dienstag, 31. Juli 1945

Der Krieg gegen Japan ist in ein neues Stadium getreten. Die gesamten in Europa freigewordenen Streitkräfte konzentrieren sich auf den Fernen Osten und bereiten eine Invasion auf

die japanischen Mutterinseln vor. Die Bombardierungen japanischer Städte steigern sich von Tag zu Tag. Amerika, England und China haben an Japan ein Ultimatum gerichtet. Ausgerechnet aus Potsdam, soweit die Oberhäupter der betreffenden Staaten dort vertreten sind. Sie fordern bedingungslose Kapitulation. »Die Alternative für Japan«, so erklärt das Ultimatum, »ist völlige Zerstörung.« Ohne Zweifel. Auch der Krieg gegen den Tenno nähert sich seinem Ende. Kein Staatsoberhaupt kann so selbstmörderisch sein, solche Drohungen in den Wind zu schlagen.
Nach dem Wahlsieg der Labour-Party in England ist Attlee statt Churchill an den Potsdamer Konferenztisch zurückgekehrt. Schon in den nächsten Tagen sollen die Besprechungen ihren Abschluß finden. Wir teilen unsere Spannung zwischen Potsdam und Tokio, zwischen Stromsperren und neuen Wohnungsbeschlagnahmungen.

Samstag, 4. August 1945
Große Schlagzeilen in allen Zeitungen. »Das Potsdamer Schlußabkommen. Gemeinsame Politik in allen Besatzungszonen. Einigung über die Friedensordnung in Europa.« Ein Stein fällt uns vom Herzen. Also kein neuer Krieg. »Gemeinsamer Aufbau und gemeinsame Ordnung. Die Dreier-Konferenz hat die Beziehungen zwischen den drei Regierungen gefestigt und den Bereich ihrer Zusammenarbeit und das gegenseitige Verständnis weiter ausgebaut«, betont das Schluß-Communiqué. »Die Staatsmänner verlassen die Konferenz mit der neugestärkten Zuversicht, daß die Regierungen und Völker ihrer Länder in Verbindung mit den anderen vereinten Nationen die Schaffung eines gerechten und dauerhaften Friedens gewährleisten werden.« Es klingt fast zu schön, um wahr zu sein. Zwar will man eine zentrale deutsche Regierung vorläufig noch nicht einsetzen, als Vorstadium dazu jedoch mehrere Staatssekretäre ernennen, die reichseinheitlich Transport- und Verkehrswesen, Finanzen, Außenhandel und Industrie verwalten sollen. Solange die Besatzungszeit

dauert, wird man Deutschland als ein einheitliches wirtschaftliches Ganzes behandeln, vor allem im Hinblick auf Bergbau, Landwirtschaft und Industrieproduktion, Lebensmittelzuteilung, Bankwesen, Verkehrswesen, Wiedergutmachungsleistungen und Währung. – Wenn das geschieht, müssen über kurz oder lang alle Zonengrenzen überflüssig werden. Ich sehe bereits die Friedenstaube. »Sieh sie nicht zu früh«, warnt Frank. »Nicht alles in diesen Beschlüssen realisiert sich so rosig, wie es gedruckt erscheint. Und was den Artikel der Wiedergutmachungen betrifft, der Gebietsabtrennungen und der russischen Westgrenze, ganz zu schweigen von der Rückführung deutscher Minderheiten, sprich Flüchtlinge aus den abgetrennten Gebieten, so schaudert mir, wenn ich an ihre Folgen denke. Mein politisch ungeschulter Verstand kommt nicht ganz mit.« »Wieso?« frage ich. Frank zählt an den Fingern auf: »Königsberg und die angrenzenden Gebiete russisch, Ostpreußen, Westpreußen, Posen, Schlesien und Pommern bis an die Oder polnisch. Aus der russischen Besatzungszone zur Befriedigung der russischen Wiedergutmachungsforderungen Demontage von Industrie- und Wirtschaftsanlagen in unbestimmter Höhe. Wiedergutmachungsansprüche der Westalliierten aus Aktiven der westlichen Besatzungszonen und aus deutschen Auslandsguthaben gedeckt.« Die Zahl seiner Finger ist zu Ende. Er ballt beide Hände zu Fäusten. »Was meinst du«, fragt er düster, »auf welche Hilfsquellen die Deutschen bei diesem Programm zurückgreifen sollen, um, wie es in den Beschlüssen heißt, ohne Unterstützung von außen ihre Existenz aufrechtzuerhalten? Wenn dieser Wahnsinn durchgeführt wird! Rückführung deutscher Minderheiten aus Polen! Das heißt, sofern sie Pommern, Posen, Schlesien und das halbe Preußen als polnisch betrachten, Ausquartierung von Millionen Deutschen. Ich danke ergebenst! Das sind doch Kautschukparagraphen! Auslegbar nach Belieben und Laune.« – Ich schweige bedrückt. So hatte ich mir die Dinge nicht vorgestellt. Das Potsdamer Abkommen beginnt mir unheimlich zu werden.

Sonntag, 5. August 1945

Berlin hat den Postverkehr eröffnet. Seit gestern gibt es wieder Briefzustellung. Richtige Briefpost, durch einen echten Briefträger mit Amtsmiene und Umhängetasche ins Haus gebracht. Hier und dort ist es auch eine Briefträgerin. Die Zivilisierung schreitet fort.

Montag, 6. August 1945

Etwas Beklemmendes liegt in der Luft. Wie Schwüle vor einem Gewitter. Nachdem der Tenno das Kapitulationsangebot der Alliierten abgelehnt hat, scheint sich in aller Stille Gefährliches vorzubereiten. Stündlich erwartet Japan die Invasion und zerbricht sich den Kopf, auf welche der Mutterinseln sie gerichtet sein wird. Zerbräche es sich lieber darüber den Kopf, wie man so schnell wie möglich zu einem Frieden kommt. Die Selbstaufopferung bis zur Volksausrottung ist nicht Heldentum, sondern Verbrechen.

Mittwoch, 8. August 1945

Da haben wir es. Wer den Krieg wählt, wird durch den Krieg vernichtet. Nicht Invasion, sondern Atombombe. Jene fürchterliche Waffe, von der seit Wochen gemunkelt wurde, ist gestern gegen Japan eingesetzt worden. Auf die Stadt Hiroshima. Mit einer Sprengwirkung, zweitausendmal größer als die der englischen Zehntausend-Kilo-Bomben. Zu Pulver muß sie die Stadt und deren Bewohner zermalmt haben. Wenn es Hitler gelungen wäre, ein solches Vernichtungsinstrument zu schaffen. Vergeltungswaffe Numero X. Nicht vorzustellen! Was aber das Groteske daran ist: drei der Gelehrten, die an der Erfindung mitwirkten, sind deutsche Emigranten. Er *hätte* ihn also ausspielen können, den mörderischen Trumpf, wenn er sich nicht – o sinnvoll rächende Nemesis – durch seinen Rassenhaß den Weg dazu versperrt hätte. Ein neuer Beweis, daß Diktatoren sich im entscheidenden Augenblick durch ihre eigenen Maßnahmen zugrunde richten. Hiroshima ist ein Trümmerhaufen. Vielleicht wird es morgen ganz Japan sein.

Donnerstag, 9. August 1945

Die Welt hält den Atem an. Werden sie zu Kreuze kriechen? Neue Bombenabwürfe sind angekündigt. Über Hiroshima lagern noch die Rauchschwaden des Todes, und durch den Rundfunk wird soeben bekanntgegeben, daß Rußland in den Krieg gegen Japan eingetreten sei. Fünf Minuten vor Torschluß. Vielleicht auch nur eine. Man sagt, so sei es in Potsdam beschlossen worden.

Mittwoch, 15. August 1945

Vor dem Hebbeltheater in der Stresemannstraße – alias Saarlandstraße – alias Stresemannstraße – alias Königgrätzerstraße – stauen sich die Menschen. In ununterbrochener Folge rollen Wagen prominenter Besatzungsmitglieder heran. Eröffnung des Theaters mit Neueinstudierung der Dreigroschenoper. Die Oper der Bettler, bezugreiches Symbol. Es ist vier Uhr nachmittags. Wenn man es genau überlegt, eine ungewöhnliche Zeit, um in festliche Theaterstimmung zu geraten. Aber um elf Uhr ist curfew. Wer sich nach elf noch auf der Straße bewegt, hat zu gewärtigen, verhaftet oder gar erschossen zu werden. Und bis man vom Hebbeltheater zu Fuß in die verschiedenen Vororte gelangt ... So beginnt die Vorstellung zu einer Stunde, die es dem Publikum ermöglicht, ohne Gefahr für Leib und Leben seine Heimstätten zu erreichen.

Seit anderthalb Monaten arbeitet das Ensemble. Kämpft sich mühselig durch einen »Engpaß« nach dem anderen. Kabelbruch. Fünftausend Volt. Um mindestens drei Tage muß die Premiere verschoben werden. Kostüme gestohlen. Requisiten demoliert. Jede Neubeschaffung bedeutet einen Berg von Hindernissen. Dann regnet es durchs Dach. Dann tropft es in den Zuschauerraum. Ein sommerliches Unwetter spült die Kulissen fast davon. Unermüdlich probt das Ensemble. Manchmal unter dem Regenschirm, manchmal in ägyptischer Finsternis. Es gehört ein beachtlicher Idealismus dazu, nach stundenlangen Fußmärschen, kaum mehr als ein Stück trokkenes Brot im Leibe, tagein, tagaus mit Begeisterung die

Dreigroschenoper zu proben. Heike ringt jeden Morgen um ihn, um jeden Abend todmüde zu schwören, daß sie es nun ganz bestimmt nicht mehr schaffen würde. – Heute ist Premiere. Und wieder mal radeln wir in geschlossenem Zuge durch die Trümmerstraßen Berlins. Gottlob, kein neuer Kabelbruch. Kein Platzregen und keine sonstige Störung. »Ihr Herren, die ihr uns lehrt, wie man brav leben/Und Sünd und Missetat vermeiden kann«, singt es in unsere Ohren. Mir schnürt sich die Kehle zusammen. Das war das Lied unserer illegalen Zeit. Trost und Aufrichtung in hundert verzagten Stunden ». . . Zuerst müßt ihr uns was zu fressen geben. Dann könnt ihr reden: damit fängt es an.« Ein Beifallssturm bricht los. Er reißt mich unsanft aus meiner Versunkenheit. Wen meinen sie denn da? – Wie peinlich, denke ich. Müssen wir unsere erste demokratische Äußerung ausgerechnet mit einer Kritik an anderen beginnen?

Donnerstag, 16. August 1945

Der Krieg in Japan ist aus. Am zehnten haben die Japaner erklärt, daß sie bereit seien, die Kapitulationsforderungen aus Potsdam unter gewissen Einschränkungen anzunehmen. Am elften traf die Antwort der Alliierten ein. Am vierzehnten kapitulierte Japan bedingungslos. Gestern um zwei Uhr morgens wurde in London, Moskau, Washington und Tschunking das Ende des Krieges bekanntgegeben. Die japanische Nachrichtenagentur meldet, daß der Kriegsminister, Korschika Anami, Harakiri begangen habe, um »für seine Versäumnisse in der Erfüllung seiner Pflichten als Minister Seiner Majestät einzustehen«. Wann wird man endlich anfangen, das Heldentum nicht in der Lebensvernichtung, sondern in seiner Erhaltung zu sehen.

Samstag, 18. August 1945

Lebensvernichtung oder Lebenserhaltung. Fünf Stunden lang beraten die Berliner Amtsärzte über diese Frage. Zur Debatte steht § 218 des Strafgesetzbuches: »Eine Schwangere, welche ihre Frucht vorsätzlich abtreibt oder im Mutterleibe tötet, wird mit Zuchthaus bis zu fünf Jahren bestraft. Sind mildernde Umstände vorhanden, so tritt Gefängnis nicht unter sechs Monaten ein. Dieselben Strafvorschriften finden auf denjenigen Anwendung, welcher mit Einwilligung der Schwangeren die Mittel zu der Abtreibung oder Tötung bei ihr angewendet oder ihr beigebracht hat.« – Zur Debatte stehen die §§ 177 und 178 des gleichen Gesetzbuches: »Mit Zuchthaus wird bestraft, wer durch Gewalt oder durch Drohung mit gegenwärtiger Gefahr für Leib oder Leben eine Frauensperson zur Duldung des außerehelichen Beischlafs nötigt ... Ist durch die bezeichnete Handlung der Tod der verletzten Person verursacht worden, so tritt Zuchthausstrafe nicht unter zehn Jahren oder lebenslängliche Zuchthausstrafe ein.«

Die Saat, die während der letzten April- und ersten Maiwochen von unseren liebesbrünstigen Siegern gesät wurde, ist inzwischen fürchterlich aufgegangen. Noch sechs Monate, und Tausende von Kindern werden das Licht der Welt erblicken, die ihren Vater nicht kennen, die in Gewalttat erzeugt, in Furcht empfangen, in Grauen geboren werden. Soll man sie leben lassen? Die Amtsärzte tagen in der Charité, unter Vorsitz von Sauerbruch. Hinter verschlossenen Türen und in Abwesenheit der zuständigen Besatzungsmacht. Die Hälfte aller Berliner Frauen ist vergewaltigt worden, bestätigen ihre Berichte. Zehn Prozent haben die unfreiwillige Liebesstunde mit einer Geschlechtskrankheit bezahlt. Gewiß, Geschlechtskrankheiten kann man kurieren. Zum mindesten, sofern sie bekannt und die notwendigen Heilmittel vorhanden sind. Pyrimal: 2 O. P., Salvarsan: eine Kurpackung. Zwei Pfund Kaffee bietet man bereits unter der Hand für eine Salvarsan-Kur. Zwei Pfund Kaffee oder hundert Mark pro Spritze. Sulfonamide sind kaum aufzutreiben. Und wem das Unglück widerfuhr, sich eine »mongolische« Syphilis zu holen, dem soll überhaupt nicht zu helfen sein. Penicillin? – Vielleicht. Doch Penicillin existiert nicht für uns. Es zu benutzen, ist Vorrecht der Alliierten.

Verstört hocken die Mädchen und Frauen in den Wartezimmern der Ärzte. Ihre Gesichter sind gedunsen, ihre Augen verschattet. Furchtbar tragen sie an der Last ihres Verhängnisses. »Werde ich sterben? Werde ich siech bleiben?« fragen die einen. »Muß ich es austragen? Muß ich es zur Welt bringen?« ängstigen sich die andern. Noch ist der § 218 in Kraft. Niemals zuvor hat sich seine Fragwürdigkeit so deutlich erwiesen. »Natürlich bejahen wir die Indikation«, sagt Frank mit dem Nachdruck des Bekenners. »Aufgezwungene Kinder sind ein Verstoß gegen die Menschenwürde. Auch die Frau hat ein Recht auf Selbstbestimmung. Es wird höchste Zeit, daß wir endlich von dem trostlosen Standpunkt abrücken, sie wäre nichts anderes als eine Gebärmaschine. Ein Mittel zum Zweck. Eine bevölkerungspolitische Milchkuh.« »Und der Respekt vor dem Ungeborenen?« werfe ich ein. »Können die Embryos etwas dafür, daß sie nicht gewollt wurden? Vielleicht ist ein Goethe darunter. Ein Leonardo oder ...« – »... ein Hitler«, ernüchtert mich Frank. »Natürlich ist es nicht erstrebenswert, in keimendes Leben einzugreifen. Aber solange man es den Frauen verwehrt, nach eigener Verantwortung darüber zu entscheiden, ob und wann sie ein Kind haben wollen, so lange bleibt der Eingriff eine unvermeidliche Notlösung. Zum mindesten bei gesundheitlichen Gefahren, in sozialer Bedrängnis oder in Fällen von Notzucht. – Ich frage dich«, fährt er fort, »was wird denn aus der Würde der Frauen, aus ihrer menschlichen Ebenbürtigkeit, wenn man sie zwingt, Verantwortungen zu übernehmen, die sie nicht tragen können, fünfzehn oder gar zwanzig Jahre ihres Lebens in einen Pflichtenkreis eingespannt zu sein, für den sie sich nicht freiwillig entschieden haben. Gewiß magst du einwenden, daß es ihnen freistünde, enthaltsam zu bleiben, auf Liebe und Liebestun überhaupt zu verzichten. Dann aber bist du kein Mensch, sondern ein Klotz. Ein frigides Geschöpf, dem die Wunder des Eros nicht aufgegangen sind. Denn auch der Eros ist Selbstzweck, hat sich in Jahrhunderttausenden menschlicher Vergeistigung vom Urtrieb der Fortpflanzung gelöst und zum Selbstzweck entwickelt. Auch letzte Verschmelzung zweier Liebender bedeutet Erfüllung an sich.« – »Mag sein«, erwidere ich. »Nur nicht die von der Natur gemeinte.« Frank schüttelt den Kopf. »Leben wir noch in der Steinzeit? Ist etwa die ewig spendende Milchkuh, das freigebig eierlegende Huhn von der Natur ursprünglich so gemeint? Meint die Natur die Askese des Heiligen, die himmlische Liebe der Klosterfrauen? Hier sagst du ja – dort sagst du nein. Mit welcher Berechtigung, wenn ich bitten darf? Gib den Menschen die Freiheit und Aufklärung, die Verantwortung und technische Möglichkeit, ohne Gefahr für ihre Gesundheit, ohne Beeinträchtigung ihrer Gefühle und ohne inneres Schuldbewußtsein Kinder zu wollen oder nicht. Wenn sie sich lieben und alle Voraussetzungen dafür gegeben sind, so werden sie sich freudig zum Kinde bekennen. Die Menschheit stirbt nicht aus, auch wenn der § 218 fällt. Aber sie wird bestimmt nicht verantwortungsvoller, wenn er erhalten bleibt. Bestimmt nicht freier und sich ihrer Würde bewußter.« – »Und bleibt er denn erhalten?« erkundige ich mich. »Ich meine jetzt ... unter den augenblicklichen Umständen?« Frank sieht mich an. »Wie willst du ihn abschaffen, ohne Regierungsgewalt, ohne Ermächtigung zur Legislative? Selbstverständlich bleibt er erhalten. Aber nach stillschweigendem Übereinkommen...«, er schweigt, »wird man ihn vorübergehend außer Kraft setzen«, deute ich sein Verstummen. Und atme im stillen auf, daß bei unserem Bevölkerungsüberschuß, bei Hunger, Wohnungsmangel und Elend im Laufe der nächsten neun Monate nicht noch Zehntausende von Russenkindern zusätzlich geboren werden.

Donnerstag, 23. August 1945

Immer besser beginnen sich Andriks Konzerte einzuspielen. Titania-Palast, Volksoper. Umschichtig wechseln die Programme, wechselt das Publikum, das ihnen lauscht. Amerikanische Truppen, englische Truppen, deutsche Zivilpersonen aus dem einen Sektor, deutsche Zivilpersonen aus dem anderen. Für Mischung der Interessengruppen zeigt man noch wenig Neigung. Fraternisierung ist verboten. Nur auf den abendlichen Parkbänken, sofern die Holzdiebe sie übrigließen, beginnt sie sich heimlich anzubahnen. Auch in Andriks Künstlerzimmer vergißt man über Tschaikowsky, Beethoven und Richard Strauss, daß es Sieger und Besiegte gibt. Heute abend sind wir bei einem Engländer eingeladen. Gestern baten uns zwei Amerikaner zu Gast. Wir freuen uns über jede Gelegenheit, um Verständnis zu werben, jede winzige Chance, die Sieger davon zu überzeugen, daß deutsche Menschen keine anderen Menschen sein müssen als sie. Erst wenn man sich versteht, kann man einander richtig behandeln. Verstehen denn wir die anderen? Würden wir die Indianer richtig behandeln, wenn wir morgen als Besatzungsmacht über sie gesetzt wären? Es ist kein Fehler, ein fremdes Volk unrichtig einzuschätzen. Eine verhängnisvolle Unterlassungssünde aber wäre es, sich nicht aller Möglichkeiten zu bedienen, dieses fremde Volk kennenzulernen, sofern man dazu ausersehen ist, es zu regieren. Wir brennen darauf, daß man uns kennenlernt. So kennenlernt, wie wir wirklich sind. Wir möchten es in alle Ohren sagen, alle Hirne, alle Herzen dafür aufschließen. Wir möchten... o lieber Himmel, was möchten wir nicht, in unserem leidenschaftlichen Wunsch, den Karren aus dem Schlamm zu ziehen. – Um sieben Uhr soll der Wagen des englischen Obersten uns abholen. Er liebt die Musik. Liebt Bach, Händel und Brahms. Er wird auch uns nicht hassen und wir nicht ihn.

Freitag, 24. August 1945

Um sieben Uhr bringt uns der Wagen des Colonels in die Villa am Grunewald. Wir sitzen in schönen Sesseln, trinken Whisky und essen unvorstellbar weiße Sandwiches mit unvorstellbar echtem Fleisch. Wir reden über Bach und Deutschland. Wir reden in offene Ohren und fühlen beglückt, daß wir Freunde sind. Im Fluge vergeht die Zeit. Ein Viertel vor elf. Curfew in fünfzehn Minuten. Erschreckt erinnern wir uns daran, daß es

Besatzungsgesetze gibt. »Ich bringe Sie nach Hause«, sagt der Oberst ... Pfeilschnell fliegen wir durch die Straßen. Kaum ein Deutscher mehr unterwegs. Nur hin und wieder steht ein fremder Soldat am Straßenrand und hebt auffordernd seine Daumen. Hitch-hiking, deuten wir die Gebärde und sind stolz auf die zugelernte Vokabel ... Hildegardstraße – Kaiserallee – Kaiserplatz. Unter der Bahnunterführung stehen drei Schatten. Tragen sie Lämpchen in den Händen? Hitch-hiking! ... Hitch-hiking! – Vor mir sitzt Andrik. Ich sehe sein schönes Profil dem englischen Freunde zugewandt. Sie reden über das Dritte Brandenburgische Konzert. »Das nächstemal werde ich Ihnen Bach ...«, sagt Andrik. Ein merkwürdiges Geräusch. Als würfe jemand eine Handvoll Kies gegen den Wagen. Kies oder ... grundgütiger Vater! Ich höre irgendeinen Lärm. Feindseligen Lärm, wie mir scheint. Ich rutsche zurück in die Kissen. Immer tiefer ... Jetzt knallt es. Etwas spritzt um mein Gesicht, schlägt mir mit hackenden Stößen gegen Schultern und Arme. Pulvergeruch. Beißend und schweflig. Und noch ein Geruch. Was riecht hier nur so fremd ... Tack-tack-tack ... tack-tack-tack ... Der Wagen steht. Knapp zehn Meter hinter der Bahnunterführung. Hat man geschossen? Bin ich getroffen? Benommen richte ich mich auf. »Andrik!« rufe ich. »Ist etwas passiert? – Andrik!« Still, die Schultern nach vorn gebeugt, sitzt er vor mir im Wagen. Der Wind hat ihm die Haare hochgeweht. Wie ein Flammenkranz stehen sie um seinen Kopf. »Andrik!« rufe ich noch einmal. Schweigen. Die Schultern nach vorn gebeugt, als dächte er über etwas nach, sitzt Andrik im Sessel. Warum antwortet er nicht? Mit einem Satz springe ich aus dem Auto, reiße die Tür vor mir auf. Mein Gott, was ist das. Tropfend rinnt es mir entgegen. Tropfend rinnt es von Andriks Schultern. Dunkel und zäh. Wie ein Bach ... wie ein Bach. Blut ..., denke ich entsetzt, ... alles Blut. Ich höre es tropfen, wie in einer Regenrinne, ich sehe es fließen. Es klebt ... klebt entsetzlich an meinen Händen, unter meinen Füßen, überall ... überall. »Hilfe«, schreie ich. »Er verblutet ja ...« Von der Bahnunterführung

kommt der englische Freund. Sein Gesicht ist grau wie Asche. Warum kommt er von dort, denke ich flüchtig. Warum ist er nicht hier? Habe ich gar nicht gemerkt, daß er aus dem Auto sprang? Mit unendlich behutsamer Gebärde tritt er neben mich. »Ich fürchte...«, sagt er und stockt, »... ich fürchte... es ist zu spät...«
Die Welt versinkt. Unwirklich und schattenhaft ist alles, was sich fortsetzt. Andrik sitzt dort. Die Schultern nach vorn gebeugt. Still... immer stiller. Wie aus einer Regenrinne tropft es über seine Hände auf Wagentritt und Straße. Ich gehe vor dem Auto auf und ab. Jemand sagt, daß ein Krankenwagen bestellt sei. Daß er Andrik mitnehmen würde. Der englische Freund hat seinen Arm in den meinen geschoben. Durch das Grün der Bäume schimmert das gelbe Licht der Bogenlampen. Andrik... Andrik. Vergeht eine Stunde? Vergehen viele? Mechanisch wandern wir die Straße hinauf und herab. Arm in Arm. Plötzlich wankt mein Begleiter. Wankt und stürzt schwerfällig auf das Pflaster. Alles ist unwirklich. Alles, wie ein Nebel. Ist er tot? Jemand hebt ihn auf. »Nur eine Ohnmacht«, höre ich eine Stimme. Dann kommt der Hospitalwagen. Und dann ist Nacht. Immerfort Nacht. Bis ich mich zu Hause die Treppen emporsteigen sehe. In der Siedlung am Wasserturm. Ich wecke Frank, Jo, Heike und Fabian. »Andrik ist tot«, sage ich. »Steht auf und zieht euch an. Man darf nicht im Pyjama sein, wenn Andrik gestorben ist.«
Der Morgen naht. Wir warteten lange auf ihn. Um acht erscheint der englische Freund. Es gibt so vieles zu erledigen. Man kann nicht alles mit dem Fahrrad tun. Man kann überhaupt nichts erledigen, wenn man ein Deutscher ist. Noch immer ziehen sie die Leichen auf Leiterwagen zu den Friedhöfen, betten sie, in eine Pferdedecke gewickelt, auf einen handtuchschmalen Platz ins Massengrab. Andrik darf nicht im Massengrab liegen. Er hat es nicht verdient, daß wir ihn im Leiterwagen auf den Friedhof karren, daß er jetzt – jetzt, während wir an seinem Tisch sitzen, in seinem Sessel,

vor seinen Büchern – auf den kalten Fliesen eines Leichenkellers liegt. Toter neben Toten. Fremder neben Fremden. »Helfen Sie, daß alles richtig wird«, bitte ich den englischen Freund. Er hat aus seinen Taschen ein paar Sandwiches gezogen. Unvorstellbar weiß, mit unvorstellbar echtem Fleisch. »Sie müssen auch essen«, sagt er und legt sie auf den Tisch.
Den ganzen Tag fahren wir kreuz und quer durch Berlin. Frank, er und ich. Von einer Dienststelle zur anderen. Wir bitten immer um die gleichen Dinge. Einen Sarg für Andrik. Ein Grab für Andrik. Eine menschenwürdige Überführung. Eine menschenwürdige Aufbahrung. Wir bitten überall vergebens. »Auch amerikanische Soldaten werden in einer Zeltbahn begraben«, bedeutet man uns. »Wir sehen keinen Anlaß, einen Deutschen besser zu behandeln.« »Auch nicht, wenn ihr ihn erschossen habt?« möchte ich fragen. Ich frage es nicht. Es macht Andrik nicht lebendig. Also hat es keinen Sinn. Wir fahren und fahren. Stempel, Bescheinigungen, Leichenbeschlagnahmung, Leichenfreigabe. Wenn ich einen Augenblick zur Besinnung komme, höre ich es rauschen, wie in einer Regenrinne. »Andrik ist tot ... Andrik ist tot«, hämmert es mir im Kopf. Man müßte Makar Iwanow verständigen, fällt mir plötzlich ein. Makar Iwanow ist Andriks Freund. Ein Jugendgefährte aus Moskau. Als die Russen Berlin besetzten, holten sie ihn als Dolmetscher. In irgendeine Dienststelle. Dort arbeitet er seitdem. Dort schläft er auch. Wo war doch gleich die Dienststelle? Zwei Querstraßen hinter dem Bahnhof Friedrichstraße. »Wir müssen zum Bahnhof Friedrichstraße fahren«, bitte ich den englischen Freund. »Makar Iwanow verständigen.« Er nickt. Eine halbe Stunde später halten wir vor einer frisch getünchten Mietskaserne. Mißtrauisch mustert der russische Posten das englische Militärauto, die britische Oberstuniform. »Wir möchten zu Makar Iwanow«, bitten wir ihn durch einen Dolmetscher. Er schüttelt den Kopf und blickt auf seine Maschinenpistole. »Es handelt sich um einen Unglücksfall«, sagt der englische Freund. »Der Dirigent

der Philharmoniker... In meinem Wagen... Ich bin englischer Oberst... Wir möchten seinen Freund, Makar Iwanow benachrichtigen...« Der Posten schüttelt den Kopf und bedeutet uns, vom Haustor fort auf die andere Straßenseite zu treten. Hat er Angst, daß wir eine Bombe werfen? »Wenn Sie ihn wenigstens herunterrufen lassen«, versuche ich es ein drittes Mal durch den Dolmetscher. Langwieriges Hin und Her. Nach zehn Minuten erscheint Makar Iwanow. »Andrik ist verunglückt«, sage ich zu ihm. »Vielleicht wird man dir Urlaub geben bis zur Beerdigung.« Makar Iwanow verschwindet. Wir warten auf der gegenüberliegenden Straßenseite. Nach weiteren zehn Minuten kehrt er zurück. Der Urlaub sei bewilligt. Als wir aufatmend ins Auto steigen, läuft ein russischer Offizier über die Straße, reißt den Wagenschlag auf und ruft etwas hinein. Es klingt nicht freundlich. Aber wir verstehen es nicht. Und ich vergesse, Makar Iwanow zu bitten, daß er es uns verständlich macht.

Samstag, 25. August 1945

Jetzt wissen wir, wie es geschehen ist. Unselige Verkettung von Verhängnissen. In der Nacht vor dem dreiundzwanzigsten gab es eine Schießerei zwischen Russen und Amerikanern. In der Mitte der Stadt, wie fast jede Nacht. Vielleicht war sie etwas schlimmer als sonst, etwas ausgedehnter und feindseliger. Vielleicht hatte das die amerikanischen Dienststellen bewogen, ihren Posten Befehl zu geben, ab elf Uhr abends jeden Wagen anzuhalten, der die Sektorengrenze passiere. Und sofort zu schießen, wenn er nicht stillstünde. Scharf zu schießen, denn die Russen reagierten nicht auf Schüsse in die Luft. Der Wagen unseres Freundes hat starke Lichter. Man sah offenbar nicht, daß er englische Kennzeichen trug. Man hielt ihn für einen russischen Wagen. Und als er nicht stehenblieb, schoß man ihm nach. Scharf, weil die Russen auf Schüsse in die Luft nicht reagieren. Mag sein, daß man die Reifen treffen wollte. Oder auch flach übers Dach. Der Boden senkt sich an jener Stelle. Man schoß. Sechs

Schüsse hintereinander. Aus der schnellsten Maschinenpistole der amerikanischen Armee. Man meinte nicht Andrik. Nur den Befehl und die Wut wegen gestern. Andrik aber traf der Schuß. Und wer auch die Schuld dafür auf sich nimmt, er wird ihn niemals lebendig machen.
In den frühen Abendstunden fahren wir zur Volksoper. Die Philharmoniker spielen. Andriks Programm, von Andrik einstudiert mit einem neuen Dirigenten. Tschaikowsky, Beethoven und Richard Strauss. Nur den Beethoven haben sie ausgewechselt. Statt der Ersten Symphonie klingt schwer und schleppend der Trauermarsch. Andrik, denke ich und wundere mich, daß ich nicht weinen kann. Später bringt uns der englische Freund weit hinaus vor die Stadt. Im Krankenzimmer eines englischen Hospitals liegt Andrik. Auf einem weißen Bett. Still, schmal und feierlich. Man hat seinen Kopf verbunden und in die gefalteten Hände einen Rosenstrauß gelegt. Zu seinen Füßen steht ein weißgedeckter Tisch. Aufgeschlagen auf ihm die Partitur des Dritten Brandenburgischen Konzerts und ein Taktstock darunter. »Ich danke Ihnen«, sage ich zu dem englischen Freund. »Wir alle danken Ihnen.« »Er wird auch einen Sarg haben«, spricht der Oberst sanft. »Einen Überführungswagen und einen Platz auf dem Friedhof.« »Ich danke Ihnen«, sage ich noch einmal. Und fühle plötzlich, daß ich jetzt weinen könnte. Teurer, behutsamer englischer Freund!

Montag, 27. August 1945
Man muß die Beerdigung verschieben, weil der Sarg noch nicht fertig ist. Selbst englischen Colonels fällt es schwer, in Berlin einen Sarg aufzutreiben. Doch das Wetter ist heiß und im Krankenhaus beginnt man unruhig zu werden. Dienstag vielleicht – aber keinesfalls später als Mittwoch. Man hätte kein Eis und überhaupt sei man nicht darauf eingerichtet. Dienstag will man Andrik zum Friedhof bringen. Makar Iwanow hat bis zum Wochenende Urlaub.

Mittwoch, 29. August 1945

Die Friedhofskapelle ist durch Bomben vernichtet. Alles spielt sich gewissermaßen aus dem Stegreif ab. Aber es gibt Blumen, viel Blumen, einen richtigen Sarg und die Sonne scheint. Unter einem Eichbaum haben sie das Grab geschaufelt. »Der Herr lasse leuchten sein Angesicht über dir und sei dir gnädig«, betet der Pfarrer. Die Sonne scheint. Auf das Grab, auf den Sarg, auf die Blumen, auf uns alle. Sie scheint sehr zärtlich – aber Andrik ist tot.

Freitag, 31. August 1945

»An das deutsche Volk. Alliierte Kontrollbehörde. Kontrollrat. Proklamation Nr. 1 ... Laut Bekanntmachung vom 5. Juni 1945 ist die oberste Regierungsgewalt in bezug auf Deutschland von den Regierungen der Vereinigten Staaten von Amerika, der Union der Sozialistischen Sowjetrepubliken, des Vereinigten Königreiches von Großbritannien und Nordirland und der Provisorischen Regierung der Französischen Republik übernommen worden ... – Kraft der obersten Regierungsgewalt und der Machtbefugnisse, die damit von den vier Regierungen übernommen werden, ist der Kontrollrat eingesetzt und die oberste Machtgewalt in Angelegenheiten, die Deutschland als ganzes angehen, dem Kontrollrat übertragen worden.«

Dem Kontrollrat also! Nun wissen wir wenigstens, von wem wir regiert werden. Warum schwatzen die Zeitungen so viel über Demokratie. Demokratie heißt Herrschaft des Volkes. Uns beherrscht der Kontrollrat. Wir sollten uns hüten, das schöne Wort abzunutzen. »Und das will Demokratie sein?« murren die Leute, wenn sie Schlange stehen, sich wütend in den Verkehrsmitteln drängen oder auf irgendeine andere Weise unliebsam mit den Folgen des Naziregimes in Berührung kommen. »Das nennen *die* Demokratie! Wir danken verbindlichst.« – Nein, keiner, der verständig ist, wird den augenblicklichen Zustand in Deutschland Demokratie nennen. Er ist auch keine Demokratie. Er kann gar keine sein, solange uns ein Kontrollrat regiert. Nur ein Anlauf ist es vielleicht, ein langsames »Sicheinüben«.

Manchmal kommt man sich beinahe merwürdig vor ohne den altüberlieferten Rückhalt nationaler Gepflogenheiten. Nicht etwa, daß wir Nationalisten wären. Es fällt einem nur der Unterschied auf. Vor einer amerikanischen Dienststelle ziehen Wachtposten die Fahne ein. Stramm heben sie ihre Hände zum Salut. Wir haben keine Fahne, denkt man plötzlich. Wie sonderbar eigentlich, daß ein Volk ohne Fahne ist. Zu jedem Konzertbeginn vor englischen Truppen spielt man die Königshymne »God save the King«, und feierlich erhebt sich das Publikum von seinen Sitzen. Es ist nicht unsere Hymne. Wir haben keine Hymne. Wir haben keinen König und kaum einen Anlaß, uns zu irgendeines Staatsoberhauptes Ehren von unseren Sitzen zu erheben. Es sind oft merkwürdige Zufälle, die einen unversehens daran erinnern, daß man etwas verloren hat. Einen Besitz, dessen man sich nie deutlich bewußt wurde, in den man sozusagen hineingeboren war. – Man sollte nicht zu vielen Deutschen Gelegenheit geben, sich plötzlich an solche Zusammenhänge zu erinnern. Sie könnten falsche Schlüsse daraus ziehen.

Montag, 3. September 1945

Makar Iwanow will um Nachurlaub bitten. Heute vormittag ging er in seine Dienststelle. Um zwei Uhr wollte er zurückkommen. Die Uhr zeigt fast zehn. In einer Stunde haben wir curfew. Wo bleibt er nur so lange?

Donnerstag, 6. September 1945

Wir fragen, wir suchen, wir warten. Von Makar Iwanow fehlt jede Spur. Der englische Freund wiegt bedenklich den Kopf. »Man darf nicht unvorsichtig sein. Zu starkes Interesse könnte Verdacht erregen.« – In seiner Dienststelle wagen wir nicht vorzusprechen. Man tut sehr geheim mit gewissen Behörden. Vielleicht war es falsch, daß wir damals dort vorgefahren sind. Vielleicht...Wenn nur Andrik jetzt hier wäre. Es ist so schwer, wenn man nicht mal die Sprache versteht.

Sonntag, 16. September 1945
Im Hebbeltheater ehrt man die Dichter des Zwischenreichs, sprich nazistisch: der Systemzeit. Was 1933 vor der Berliner Universität auf dem Scheiterhaufen verbrannt wurde, das feiert jetzt hier seine würdige Auferstehung. Toller, Tucholsky, Brecht, Heinrich Mann, Erich Mühsam, Frank, Rubiner, Feuchtwanger und wie sie alle heißen. Die Menschen sitzen ergriffen. Unfaßbar erscheint es, daß so etwas verboten war. – »Ich hab meinen Rosenberg schon abgeliefert«, höre ich mitten im Lärm des Beifalls eine Stimme. »Verbrennung von Naziliteratur. Steht heute in allen Sonntagsausgaben.« Verblüfft drehe ich mich um. Die Dame, die eben gesprochen hat, lächelt unangenehm. »Scheiterhaufen«, sagt sie bissig. Ihr Lächeln verdrießt mich. Am liebsten möchte ich eine scharfe Antwort geben. Man muß auch gerade heute – und sei er selbst noch so gerechtfertigt – einen neuen Scheiterhaufen anordnen. Bedenkliches Doppeltun. Daheim stürze ich mich auf die Zeitung. »Ausmerzung nationalsozialistischen Schrifttums... Säuberung der Bibliotheken bis ersten Oktober... Öffentliche Verbrennung«, lese ich. Und komme mir sehr unglücklich und einsam vor...

Sonntag, 23. September 1945
...so unglücklich und so einsam! Vor einem Monat starb Andrik. Heute erreicht uns über verstohlene Wege das erste Lebenszeichen von Makar Iwanow. »Helft ihm«, fleht der anonyme Bote. »Helft ihm, um Christi willen... Sie zerschlagen Knüppel auf ihm. Sie sagen, er sei Spion.«
Entsetzliche Gewißheit! Armer Makar Iwanow. Warum haben wir dir das angetan? Der englische Wagen, der englische Oberst. Und ausgerechnet vor einer sowjetischen Dienststelle. Einer Dienststelle, deren Namen und nähere Anschrift du nie

und nimmer hättest verraten dürfen! – Sie zerschlagen Knüppel auf ihm. Vielleicht auf deinem Rücken. Oder auf deinen Händen. Man sagt darüber nichts. Sagt nur, daß man dir helfen soll. – Wie sollen wir dir denn helfen? Gegen die Knüppel und den aberwitzigen Verdacht. Vielleicht nennt man auch uns eines Tages Spione. Frank Matthis und mich oder Heike und Fabian. Wer weiß das denn alles. Nur, daß man Knüppel auf dir zerschlägt, wissen wir seit heute. Kann man denn leben, wenn man so etwas weiß?

Vor zwei Tagen veröffentlichten die Russen einen Bericht über deutsche Zerstörungen in der Sowjet-Union. 1670 orthodoxe und 237 katholische Kirchen seien verbrannt, 69 Kapellen und 532 Synagogen. Etwa vier Millionen Wohnhäuser zerstört, anderthalb Millionen Pferde, neun Millionen Rindvieh, 12 Millionen Schweine, 13 Millionen Schafe und Ziegen. Sowie eine unübersehbare Menge von Hausrat, Maschinen, Lokomotiven, Motoren, Kraftwagen und Büchern verschleppt, beschlagnahmt und unbrauchbar gemacht. – Man versteht, daß sie uns hassen, ihre Wut an uns auslassen. Was aber hat Makar Iwanow damit zu tun? Und was das englische Auto vor der sowjetischen Dienststelle?

Montag, 1. Oktober 1945

Keine Hilfe für Makar Iwanow. In zwei Monaten will man ihm den Prozeß machen. Wegen Spionage zugunsten Englands. Die Quelle, die uns das zuträgt, ist allerdings eine fragwürdige. Eine Flasche Schnaps und zweihundert Zigaretten pro Auskunft. »Für Bestechung«, sagt die fragwürdige Quelle. Ob sie sich nicht selbst besticht mit dem Judaslohn? Den Wodka austrinkt, die Zigaretten raucht und dann kommt und uns das Blaue vom Himmel vorlügt? Man ist sehr üblen Elementen ausgeliefert, wenn man Beziehungen zu GPU-Gefängnissen braucht.

Mittwoch, 3. Oktober 1945

Ich spreche den Chef einer russischen Dienststelle. Er ist klug und liebenswürdig. Beängstigend klug, wie die meisten Offiziere in Schlüsselstellungen der sowjetischen Militärregierung. – »Die Amerikaner haben ihre zweite Garnitur nach Deutschland geschickt, die Engländer ihre dritte, die Russen ihre erste«, resümiert man in Berlin fünf Monate Besatzungserfahrung.

Der Major empfängt mich freundlich. »Makar Iwanow«, beginne ich bittend. »Es muß ein Irrtum vorliegen. Eine Verkettung von Mißverständnissen. Die Dienststelle in der X-Straße ...« Der Major der Roten Armee faltet das Gesicht zu einem Lächeln, in dem die Augen wie versperrte Fenster stehen. »Die Dienststelle?« fragt er verbindlich. »Ich kenne keine Dienststelle in der X-Straße.« – O Gott, denke ich entsetzt. Er lügt ja! Jedes Kind weiß, daß sich dort die GPU befindet. Wie immer, wenn ein anderer die Unwahrheit sagt, werde ich verlegen und unsicher. »Man könnte sich erkundigen«, meint der Major, »den Kommandanten fragen ...« Mechanisch nicke ich mit dem Kopf. Die Augen, die auf mich gerichtet sind, sehen blicklos durch mich hindurch. Bin ich aus Glas? In welchem Winkel meiner Seele soll ich Makar Iwanow verstecken? Verstecken vor der Macht hinter jenen blicklosen Augen. Es gibt keinen Makar Iwanow, möchte ich schreien. Vergessen Sie – um Gottes willen vergessen Sie, daß es einen Makar Iwanow gibt. Höflich erhebe ich mich und gebe der »Macht« die Hand. »Danke schön«, höre ich mich sagen. Der Major verbeugt sich. Als wäre ich aus Glas, sehen seine Augen durch mich hindurch. Makar Iwanow ist verloren. Jetzt – in diesem Augenblick – weiß ich es ganz, daß nichts auf der Welt ihn mehr retten kann.

Zu Hause erwarten mich Kälte und Dunkelheit. Die Kommandantura hat der Stadtverwaltung rücksichtslose Stromdrosselung befohlen. Das heißt Sperrstunden auf unbestimmte Zeit, Holzsammeln in Ruinen, Schwarzkauf von Kerzen, Ziegelherd und ein unerfreulicher Winter. Das Kohlenproblem beginnt sich zum schlimmsten Nachkriegsproblem auszuwachsen. Und das in einem Land, das ehemals halb Europa mit Kohle versorgte. Allmählich dämmert selbst den Optimisten die Erkenntnis, daß wir am Tiefpunkt des Abgrunds noch immer nicht angekommen sind. »Also weiter durchhalten«, seufzen die Gutwilligen. »Also endgültige Vernichtung«, stöhnen die Erschöpften, die Enttäuschten und Verzagten. Sollte der Tiefpunkt des Abgrunds noch lange vor uns liegen, dürften nur wenige bleiben, ihn ungebeugt zu durchschreiten. In Brandenburg beträgt, nach amtlicher Aussage, die Säuglingssterblichkeit etwa achtzig bis neunzig Prozent. Die Stadt Ruppin meldet bei fünfundvierzig Neugeborenen einundvierzig Todesfälle innerhalb des ersten Lebensjahres. Zehntausend Kinder vagabundieren fünf Monate nach Kriegsende elternlos durch Deutschland und ernähren sich ausschließlich von Betteln und Stehlen. Nöte, Nöte, wohin man blickt. Wird die eine gelöst, klafft eine andere auf. »Landzuteilung an Arbeiter und Flüchtlinge«, proklamiert man in der sowjetischen Besatzungszone. Vortreffliche Forderung! »Entschädigungslose Enteignung des Großgrundbesitzes über hundert Hektar«, lautet der Lösungsversuch dieses Problems durch die Provinzialverwaltung der Mark Brandenburg. Siebentausend Großgrundbesitzer werden über Nacht obdachlos. Man gibt ihnen nicht einmal, auf ihrer eigenen Scholle, einen Kleinsiedleranteil. In den westlichen Zonen gibt es keine Bodenreform. Keine Enteignung, ja sogar – wie das Gerücht behauptet – nicht einmal eine Bankkontensperre. Warum wohnen wir nicht im Westen, denken siebentausend Enteignete. Besteht die Lösung des deutschen Problems etwa darin, daß jede Zone mit der Zeit zum Kolonialgebiet ihrer Besatzungsmacht wird? Dann adieu, deutsche Einheit. Fahr wohl, schöne Nachkriegshoffnung auf eine gemeinsame Aufbaupolitik der Verbündeten. »Während der Besatzungszeit ist Deutschland als ein einziges wirtschaftliches Ganzes zu betrachten«, heißt es im Potsdamer Abkommen. Wie kann ein Ganzes entstehen, wenn jedes der Teile sich in entgegengesetzter Richtung entwickelt! Oder sollten ausgerechnet wir dazu verurteilt sein, es gleich der Blume Tulipan an den Tag zu bringen, daß sich die Kriegsallianz unserer Sieger in eine Friedensallianz nie und nimmer umwandeln läßt.

Dienstag, 16. Oktober 1945

Frank bringt einen Berg von Zeitungen aus der Stadt. »Da hätten wir sie also«, sagt er und wirft den Haufen auf den Tisch. »Wen bitte«, forsche ich. »Die Parteien. Das Sprachrohr des politischen Volkswillens, wenn du es poetischer ausdrücken willst.« Er zeigt auf die Titelköpfe. »Neue Zeit, Tageszeitung der Christlich-Demokratischen Union Deutschlands«, »Deutsche Volkszeitung, Zentralorgan der Kommunistischen Partei Deutschlands«, »Der Morgen, Tageszeitung der Liberal-Demokratischen Partei Deutschlands«, »Das Volk, Tageszeitung der Sozialdemokratischen Partei Deutschlands«. – »Komisch«, meint Heike. »›Partei Deutschlands‹ sind sie alle und ›demokratisch‹ nennen sich drei unter vieren. Dabei besteht Deutschland seit Kriegsende für uns nur aus Berlin und Demokratie aus den vereinten – beziehungsweise unvereinten – Befehlen der Besatzungsmächte. Wozu also der Aufwand?« – »Weil dieser ›Aufwand‹ der Ausdruck unserer politischen Verantwortungsbereitschaft ist«, klärt Frank sie auf. »Und weil mit Verantwortung die Freiheit beginnt, der erste Schritt vom Untertanen zum Staatsbürger.« – »Sie lassen uns doch aber gar keine Verantwortung«, murmelt Heike etwas verwirrt. Frank runzelt die Brauen. »Vielleicht. Aber enthebt dich das etwa der Verpflichtung, dich um die Zukunft zu kümmern. ›Nie wieder Hitler‹, schworen wir im April. In die Tat umgesetzt bedeutet das nicht mehr und nicht minder, als selber denken, selber handeln, selber urteilen zu lernen. Glaubst du, das lernt ein Volk in drei Wochen? England hat ein paar hundert Jahre dazu gebraucht. Amerika kaum minder. Sollen wir es schneller schaffen? Daß aber zu den zwei- bis dreihundert Jahren staatsbürgerlicher Übung nicht noch die Wochen und Monate hinzukommen, um die wir jetzt

das Anfangen vertrödeln, dafür sind *wir* verantwortlich. Du und ich und sämtliche Zeitgenossen. Und folglich bin ich heute...« »Was bist du heute?« unterbreche ich ihn. »... der Sozialdemokratischen Partei beigetreten.« Wir sehen ihn verdutzt an. »Ausgerechnet der SPD!« Er zuckt die Achseln. »Was bleibt einem sonst. Für die CDU fühle ich mich zu sehr als Naturwissenschaftler. Den Kommunisten von heute bin ich nicht sowjetisch genug. Und die Liberal-Demokraten? Wie können wir uns nach dreizehn Jahren Nazismus mit siebzehn Millionen Flüchtlingen und zwanzig Millionen Bevölkerungsüberschuß einen individualistischen Standpunkt leisten. Massenelend fordert soziale Lösungen. Sozialdemokratische.« – »Und wenn auch diese Pg.schaft eines Tages unter Anklage kommt?« »So kommt sie es eben. Zum mindesten kann sich dann keiner darauf herausreden, daß er zum Eintritt gezwungen worden sei.«
Am Abend besuchen Frank, Jo und ich eine sozialdemokratische Versammlung. Es ist nicht leicht, einer Partei beizutreten, wenn man sein Leben lang gegen Vereine, Abzeichen und Mitgliedschaften gewesen ist. Aber Frank hat recht. Vom still vor sich Hinträumen wird die Welt nicht besser, wird kein Untertan zum Staatsbürger. Dennoch zucken wir etwas geziert zusammen, als man uns das erste Mal mit »Genosse« anspricht.

Freitag, 19. Oktober 1945
In Nürnberg ist ein internationaler Gerichtshof zusammengetreten, um die »Hauptkriegsverbrecher der Achsenstaaten« abzuurteilen. Das heißt, soweit diese Hauptkriegsverbrecher sich solcher internationalen Aburteilung nicht vorzeitig entzogen haben. Hitler, Himmler, Goebbels und Bormann, die eigentlichen Rädelsführer, sitzen nicht auf der Anklagebank. Hitler erschoß sich, Goebbels erschoß sich ebenfalls. Himmler hat sich vergiftet, Bormann mit unbekanntem Ziel das Weite gesucht. Fritzsche genießt die zweifelhafte Ehre, für Goebbels den Stellvertreter zu spielen. Vierundzwanzig Angeklagte. In

dreißig Tagen soll der Prozeß eröffnet werden. Der Anklageakt füllt sieben engbedruckte Zeitungsseiten. Ausrottung der Juden, Verbrechen gegen die Menschlichkeit, Verbrechen gegen den Frieden, Ermordung von Geiseln, Mißhandlung von Kriegsgefangenen, Euthanasie, Gasöfen, Konzentrationslager, Fronarbeit, Galgen. Ein Konglomerat menschlicher Scheußlichkeit. Warum treibt es uns nicht die Galle ins Blut, die Scham in die Augen? Wenn man die Menschen gleichgültig das siebenseitige Schanddokument überfliegen sieht, scheint es fast so, als ginge sie das alles nichts an. Weder die Verbrechen noch die Verbrecher, weder die Schuld noch die Strafe. »Unverständlich!« sagen die Alliierten. »Vollkommen rätselhaft! Wo steckt denn jener Haß, der angeblich Millionen von Deutschen verzehrt hat.«
Er steckt ... Wo steckt er eigentlich? Sieben Monate Hunger, Verzweiflung, Existenzkampf und Lebensunsicherheit haben ihm den Wind aus den Segeln genommen. Ja, damals im Februar, im März oder im April, in den Wochen des Endkampfs, als das Denunziantentum blühte und selbst der Törichtste begriff, wie schurkenhaft ihn der Nazismus betrogen hatte, damals, da war man reif für die Abrechnung. Drei Tage Frist zwischen Zusammenbruch und Eroberung – und Tausende und Abertausende von enttäuschten, gekränkten, vom Nazismus geschundenen Deutschen hätten sich ihre Feinde vors Messer geholt. Ein jeder seinen privaten Tyrannen. »Auge um Auge«, schwor man sich damals. »Die erste Stunde nach dem Zusammenbruch gehört den langen Messern!« Das Schicksal wollte es anders. Die erste Stunde, der erste Tag, die ganzen ersten Wochen nach dem Zusammenbruch gehörten den Schrecken der Vergewaltigung. Nicht eines Atemzuges Frist stand zwischen einer Greueltat und der nächsten. Ehe die Bartholomäusnacht herabsinken konnte, war aus dem Blutsauger von gestern der Leidensgefährte von heute geworden. Genosse in Abwehr gemeinsamen Unglücks. Wie kann man mit vergangenen Sünden abrechnen, wenn jeder Augenblick randvoll ist von neuen? So haben wir unsere

Chance verpaßt und die Stoßkraft unseres Zornes abgenutzt. Keitel, Rosenberg, Ribbentrop, Frick – was bedeuteten sie den meisten. Unter hunderttausend Deutschen kannte sie kaum einer, hatten sie kaum einem persönlich etwas zugefügt. Rache ist Triebreaktion auf persönliche Kränkung. Nicht gegen die nazistische Idee schärften sich im Frühjahr die »langen Messer«, sondern gegen die, die sie gegen uns anwandten. Den Blockwalter, der uns schikaniert, den KZ-Aufseher, der uns mißhandelt, den Denunzianten, der uns an die Gestapo verraten hatte. Um die Privatabrechnung mit ihnen hat uns das Schicksal betrogen. Nun werden die Bonzen abgeurteilt. Nicht von uns, sondern von einem ausländischen Gerichtshof. Und für die entgangene persönliche Vergeltung tauschten wir eine nebelhafte Kollektivschuld ein. Zu nebelhaft, um den Durchschnittsdeutschen ernstlich zu bedrücken. Zu kollektiv, um individueller Verantwortung verständlich zu sein.

Montag, 29. Oktober 1945

Ein Raunen geht durch Berlin. Ein aufgeregtes Volksgemurmel. Einer trägt es dem anderen zu, tuschelt es – ängstlich, triumphierend, schadenfroh oder verzweifelt – je nachdem sein Gewissen es zuläßt – dem nächsten ins Ohr. »Die Amerikaner haben die Listen gefunden. Die ganze Mitgliedskartei der NSDAP. Sieben Millionen Parteigenossen. Nein, zehn – nein, elf oder sogar zwölf. Das wäre...«, man sieht sich erschreckt in die Augen, »... das wären ja zwanzig Prozent des deutschen Volkes!« – »Nichts wie Bluff«, beruhigen die Leichtherzigen. »Sie wollen nur rauskriegen, wer dringewesen ist.« – »Und wenn es doch wahr sein sollte?«

Vor drei Wochen sind die ersten Maßnahmen gegen Parteigenossen erlassen worden. Entfernung aller Nazis aus führenden Stellen des Industrie- und Wirtschaftslebens. Ausschließung der Parteigenossen von kultureller Tätigkeit. Ehemalige Mitglieder der NSDAP dürfen in Betrieben nur noch als Arbeiter beschäftigt werden. Wer gegen das Gesetz verstößt,

macht sich strafbar. Wer seine Mitgliedschaft verschweigt, wird strengstens zur Rechenschaft gezogen. – Dazu kommt, daß ab 1. November Lebensmittelkarten erst nach Vorlage des Arbeitsbuchs verabfolgt werden sollen. Eine Hiobspost jagt die andere – besonders für diejenigen, die es nach Kriegsende mit dem Bekennermut nicht allzu genau glaubten nehmen zu müssen. Nun verschanzt sich ihr bedrängtes Fragebogenwissen hinter beleidigten Protesten. »Unerhört, dieser Terror! Haarsträubend, die neue Ungerechtigkeit. Man kann doch nicht zwanzig Prozent des Volkes unter Ausnahmegesetz stellen.« Man kann! Haben sie vergessen, wie gut man es kann? Ist es ihnen entfallen, daß diese Ausnahmegesetze fast wörtlich den gleichen Inhalt trugen wie acht Jahre zuvor die Ausnahmegesetze gegen die Juden? Mit der Erinnerung an verflossene Parteizugehörigkeit hat offenbar ein Großteil der Pg.s auch das Gedächtnis für nazistische Gesetzgebung verloren. »Entfernung der Juden aus dem deutschen Wirtschafts- und Kulturleben. Ab 1. Januar 1939 keine jüdischen Geschäfte, Handwerker und Betriebsführer mehr. Sühneleistung aller Juden deutscher Staatsangehörigkeit an das Deutsche Reich durch Zahlung von einer Milliarde Reichsmark. Gezeichnet, November 1938, Hermann Göring, Frick, Goebbels, Gürtner, Schwerin-Krosigk, Funk.«
Wer hat sich damals über Terror und Ungerechtigkeit beschwert! Wer gegen Ausnahmegesetze gewettert, als jene Verordnung in den Zeitungen stand? Man sollte die vergleichende Erinnerung zu Nutz und Frommen des eingebüßten Gerechtigkeitssinnes gelegentlich etwas auffrischen. Den Judenstern dem Kausalzusammenhang des Hakenkreuzes nicht allzu weit entrücken.

Donnerstag, 1. November 1945

Seit heute verkehrt die Post durch das ganze Reich. Wieder ein Schritt aus der Isolierung, beglückende Chance, mit Freunden jenseits der Elbe legal in Verbindung zu treten. Der Tag vergeht mit Briefeschreiben. »Lebt Ihr noch? Bliebet Ihr übrig? Steht Eure Wohnung? Habt Ihr zu essen?« So viele Fragen, so viele Ungewißheiten. Man müßte hundert Seiten füllen, um auch nur stichworthaft zu umreißen, was sich inzwischen ereignet hat. »Andrik ist tot«, schreibe ich fünfzehnmal an diesem Nachmittag. Und weiß noch beim fünfzehnten Mal, daß ich es selber nicht glaube.

Sonntag, 11. November 1945
Der Winter hat bestürzend früh eingesetzt. Viel zu zeitig für unsere kümmerlichen Holzvorräte, die unverglasten Fenster, den Wind, der von Tag zu Tag eisiger durch die Mauerrisse fährt. Kein Mensch spricht von Kohlenzuteilung. Auch in den Zeitungen wird nichts darüber erwähnt. Man muß wohl auch ohne Kohlen existieren können ...

Freitag, 16. November 1945
... nicht nur existieren, sondern sogar Theater spielen. Sich bei etlichen Grad unter Null vier Stunden lang an einer Macbeth-Aufführung begeistern. O liebenswertes Berlin! Wer in der Welt würde dir das nachmachen! Zitternd vor Kälte steht die Lady auf der Bühne. Wie eine Wolke dampft den Schauspielern der Atem vom Mund. Die Bäume, auf denen sich die Hexen wiegen, tragen eine Glatteisschicht. Und im Parkett? In Decken gehüllte Gestalten. Fußsäcke, hochgeschlagene Mantelkragen, tief über die Ohren gezogene Hüte. Tapfer frieren die Menschen im Zuschauerraum. Tapfer friert in ihrem dünnen Seidenkleid die Lady. Tapfer friert Heike – jüngste der Hexen – auf ihrem glatteisüberkrusteten Theaterbaum. Was die Außentemperatur nicht hergibt, muß die Innentemperatur ersetzen. Daß sie es tut, daß sie trotz allem vorhanden ist – trotz Hunger und Kälte, trotz Trümmern und Zusammenbruch –, das ist und bleibt das Wunder. Ein Wunder, das man erlebt haben muß, um es in seiner ganzen Tröstlichkeit zu begreifen. Leidensintensität weckt Lebensintensität. Was die Schwachen verzagen läßt, scheint die Starken zu stärken. Als hätte sie das Schicksal für ihr

jahrelanges Training in Not und Tod durch gesteigertes Daseinsbewußtsein belohnt. Noch nie hat sich in Berlin soviel leidenschaftlicher Lebens- und Kulturwille gezeigt wie jetzt, wo jeder Schritt aufwärts so mühsam errungen werden muß. Das ist der Gewinn, den wir denen voraushaben, die mit einer satteren Existenz gesegnet sind. Es kränkt uns nicht mehr, ohne den Nagellack der letzten Modefarbe zu existieren. Wir machen uns nichts daraus, wenn der Hut, den wir tragen, von vorgestern ist. Mögen wir nie wieder in die Lage kommen, uns aus solchen Dingen etwas zu machen. Leben ist wichtiger als Nagellack. Shakespeare ist wichtiger. Und wichtiger das mit nichts zu vergleichende Entzücken, ihn bei etlichen Grad unter Null auf eine ganz neue, leidenschaftliche Art zu entdecken. Etwa so, wie man gestern beim Holzsammeln entdeckte, daß ein Baum ein Baum ist und daß es ein Wunder sein kann, einen blätterlosen Baum gegen den Horizont eines Winterhimmels zu erleben. – Seit Jahren balancieren wir auf der Grenze zwischen Sein und Nichtsein. Vielleicht bedeutet es nicht Fluch, sondern Gnade, auf dieser letzten, allerletzten Grenze balancieren zu dürfen.

Montag, 26. November 1945

»Merkwürdig«, sagt Frank und betrachtet den blondlockigen Mädchenkopf in der Beilage des Tagesspiegel, »wie schlecht es unseren Siegern gelegentlich gelingt, die Wirkung ihrer Handlungen abzuschätzen.« Ich blicke über seine Schulter. »Zwei Sommerbilder von Eva Braun, die von Spezialisten der amerikanischen Militärregierung auf einem Gut in Bayern gefunden wurden«, lese ich. – Das also ist Adolf Hitlers geheimnisvolle Geliebte. Die Frau, die vierundzwanzig Stunden nach der Hochzeit mit ihm in den Tod ging. »Ganz nettes Mädchen«, muß ich zugeben. Frank sieht mich an. »Das ist es ja. Hältst du es etwa für unsere Aufgabe, sieben Monate nach Kriegsende Frau Eva Hitler, geborene Braun ein ›nettes Mädchen‹ zu finden? – Nachdem sie sich ein halbes Jahr darum bemüht haben, dem deutschen Volk den Nazismus auszutreiben, schüren sie ihn nun in aller Unschuld wieder an.« Er weist auf die Zeitung. »Durch solche Bilder. Durch rührselige Berichte über Adolf Hitlers letzte Stunden, letzte Worte, letzte Abschiedsgrüße. Als ob sie nicht wissen müßten, wie gefährlich es ist, den Durchschnittsmenschen mit Sentimentalitäten zu kommen. Der schlimmste Raubmörder gewinnt ihre Sympathie, wenn er unter dem Fallbeil nach seiner Mutter schreit. – Trauung im Todesbunker. Giftkapseln beim Hochzeitsmahl, Totenfeier mit Artilleriebeschuß. Benzinübergossene Leichen, Arme, die sich in letztem Gruß zum rauchgeschwärzten Himmel recken. Eine Mustersammlung von Sensationstiteln für Zwei-Groschen-Romane. Der erfolgreichste Weg, eine Hitler-Renaissance anzubahnen.« – »Ja, warum machen sie denn das?« – »Weil sie unberaten sind und viel zu mißtrauisch, sich von uns beraten zu lassen. Es ist ein altes Gesetz. Wer kolonisieren will, darf nicht in ›splendid isolation‹ leben. Fast alle Sieger machen das falsch. Verbauen sich durch ihren Hochmut, durch ihr Unverständnis für den Besiegten die besten Möglichkeiten zum Erfolg.«

Auch mir ist es schon aufgefallen. Wie auf einer Insel der Seligen leben die meisten Besatzungsmitglieder in abgetrennten Stadtvierteln. Die wenigsten beherrschen die Sprache ihrer Besiegten. Wie kann man die Kultur eines Landes beurteilen, wenn man seine Sprache nicht kennt. Wie dem Wesen seiner Bewohner gerecht werden, wenn man nur im Auto an ihnen vorüberfährt. »Laßt uns euch helfen!« haben wir oft und oft gefleht. »Zieht uns heran, um euch das Verständnis, das ihr als Fremde nicht haben könnt, aus unserer Erfahrung zu vermitteln. Glaubt uns doch, wenn wir euch sagen, daß wir ehrlich sind. Erlaubt uns, euch durch unseren Rat dabei zu helfen, Fehler zu vermeiden. Fehler, die gefährlich werden können. Für euch – für uns – für unsere gemeinsame Sache. Selten – betrüblich selten – erteilt man uns diese Erlaubnis. Es muß wohl schwer sein, sich aus Siegern und Besiegten in Mitmenschen zu verwandeln.

Samstag, 1. Dezember 1945
Erste Post aus den Westzonen. Nach vierwöchiger Reise hat sie uns endlich erreicht. Früher brauchte ein Brief zwischen Deutschland und Südamerika kaum länger. Fremd, wie aus einem anderen Erdteil klingen uns die Nachrichten aus Stuttgart, Köln, aus Hamburg und Frankfurt. Trotz allem – es bleiben Nachrichten. Und wenn man heute etwas fragt, kann man immerhin hoffen, in zwei Monaten Antwort zu erhalten.

Montag, 3. Dezember 1945
Die Kammer der Kunstschaffenden ist von der Kommandantura aufgelöst worden. Man sagt, es stecke der »Kampf zwischen Osten und Westen« dahinter. Die moskowitischen Emigranten bestünden auf ihrem Führungsanspruch und erkennten die westlich unterstützte Emigration nicht an. Immer weniger heißt »Anti-Hitler« zu sein, im gleichen Aufbaulager zu stehen. Bedrohliche Spaltungen stellen sich heraus. In der SPD erörtert man den Zusammenschluß der Linksparteien. Wird er der Spaltung entgegenwirken? Vorerst hat man fast den Eindruck, als geschähe er nicht ganz freiwillig. Als wäre eine Absicht dabei, die nicht mehr mit deutschen Interessen, sondern mit Schachzügen der Weltpolitik zu tun hat. Aber was sind schon deutsche Interessen? Solange die Post von Frankfurt bis Berlin vier Wochen unterwegs ist, solange man heute auflöst, was man gestern gründete, das Leben des einzelnen für nichts achtet und niemand weiß, wer hü oder wer hott sagt, ist alles wie ein trüber Strom, in dessen strudelnden Fluten der Mensch wie ein Schiffbrüchiger schwimmt. Zufrieden, wenn es ihm gelingt, im Kampf mit den Wellen nicht unterzugehen, dankbar für jeden Strohhalm, der sich ab und zu erhaschen läßt.

Dienstag, 11. Dezember 1945
Im Tiergartenviertel – im englischen Sektor – lebt Makar Iwanows Freund, der baltische Baron X. Als Adjutant von Canaris sperrten ihn die Nazis ins Konzentrationslager. »Ich

liebe Rußland«, sagte er nach Kriegsende. »Und wenn ich auch kein Sowjet bin, so will ich mich doch – um dieser Liebe willen – mit seiner Regierung verständigen.« Also kam er nach Berlin. Aus dem Westen. Bezog sein ehemaliges Quartier im Tiergartenviertel. Vor etlichen Tagen erscheinen zwei Herren bei ihm. Bitten ihn höflich zu einer Auskunft in die englische Kommandantur. »Selbstverständlich«, erklärt er bereitwillig, steigt in das unten wartende Auto und fährt mit den Herren davon. Drei Stunden vergehen. Seine Frau beginnt unruhig zu werden. Schließlich läuft sie zur Kommandantur. »Ihr Mann?« fragt man verwundert. »Wir wissen nichts von ihm.« – »Um Gottes willen! ... Die GPU.« Die Frau jammert. Der englische Kommandant telefoniert mit dem russischen. »Unmöglich«, protestiert dieser. »In unserem Sektor kommt so etwas nicht vor.« Gewiß, er würde sich erkundigen, würde in spätestens vierundzwanzig Stunden Antwort geben. – Vierundzwanzig Stunden Angst. Dann kommt der Bescheid. »Baron X bei unseren Dienststellen nicht ermittelt.« Niemand wird ihn mehr ermitteln. Es sei denn, man ginge zu Fuß durch alle Konzentrationslager der Ostzone und durch das ganze russische Reich. Vielleicht fände man dann auch Makar Iwanow, von dem die fragwürdige Quelle flüstert, daß er bei jedem Verhör gefoltert würde. Daß man ihm zwölf Jahre Zuchthaus angedroht habe. Die Baronin X. sitzt zu Hause und weint. »Wenn er wenigstens Gift bei sich hätte«, klagt sie. – Man kann doch einen Menschen nicht einfach aus seiner Wohnung stehlen.
Wahrhaftig, wir schwimmen in einem trüben Strom. Nacht für Nacht werden in Jo Thälers Krankenhaus Zivilpersonen eingeliefert, die durch irgendeine Kontroverse mit unbekannten Uniformträgern verwundet, niedergeschlagen oder getötet wurden. Meist sind diese »Zwischenfälle« durch Alkohol bedingt, verbunden mit der jahrelangen Gewohnheit Uniformierter, spontan zur Maschinenpistole zu greifen. Wo bleibt das Recht? Wo bleibt die Sicherheit? – Vor einer Woche wurde, fast unter der Nase seines Besitzers, vor unserer

Haustür ein Jeep gestohlen. Vorgestern nacht klaute man aus Franks Wagen das Benzin. Gestern klaute man den Wagen selbst. Man braucht nur den Rücken zu kehren, und schon ist ein Reifen abmontiert, die Batterie entfernt oder das ganze Fahrzeug verschwunden. Manchmal findet man die kläglichen Reste auf einem Autofriedhof wieder. Und hat dann die Chance, sie als Schrott oder Alteisen zu veräußern. Was aber nützen die paar hundert Mark, die es dafür gibt, wenn ein Pfund Butter unter der Hand das Doppelte kostet.

Im Schatten der Reichstagsruinen ist die Börse des Schwarzhandels – bisher das einzige Gewerbe, das während der Nachkriegsmonate zum Blühen kam. Alles was man auf Karten nicht erhält, dort wird es getauscht, verschoben, zu sündhaften Preisen unters Volk gebracht. Manchmal fegt bei einer Razzia ein Kommando die Kauf- und Tauschgierigen auseinander, lädt, was nicht schnell genug entkam, auf Lastwagen und befördert sie zu Ausweiskontrolle und Leibesvisitation für eine Nacht ins Polizeigefängnis. Aber nach fünf Minuten wogt und quirlt es vor den Reichstagsruinen schon wieder durcheinander. Männer, Frauen, Halbwüchsige, dazwischen ein paar Uniformen von Besatzungssoldaten. »Speck – wollen Sie Speck? Zigaretten? Schokolade?« Eine Nacht auf dem Alexanderplatz? – Es gibt Schlimmeres als das. Gefängnis ist keine Schande mehr, seitdem man es millionenfach für unschändliche Zwecke mißbrauchte.

Freitag, 21. Dezember 1945

Es gehen Gerüchte, daß am ersten Januar die Mark entwertet würde. »Zahlt eure Schulden.« »Erlegt den Mietzins im voraus.« »Schafft Waren an oder tragt euer Geld auf die Sparkasse.« So schwirren die Ratschläge durcheinander. Keiner weiß recht, was er wirklich tun soll. Sparkonten anlegen? Damit zum zweitenmal das Geld beschlagnahmt wird, wie die Bankguthaben nach der Eroberung. Flucht in die Ware, deren hundert- oder gar fünfhundertfacher Mehrpreis den Prozentsatz der Geldentwertung vielleicht um das

Vielfache übertrifft? – Sparen oder nicht sparen, anlegen oder ausgeben. Zwischen Trümmern, Hunger und Schwarzmarkt wird auch die Ehrfurcht vor Geld und Geldeswert allmählich abgewertet.

Samstag, 22. Dezember 1945

»Wenn es Ihnen lieb ist, stelle ich für Sie die Verbindung mit dem Ausland wieder her«, sagte vor einem Monat der englische Freund. Ach, mehr als lieb, denn endlos mag es dauern, bis ein Deutscher über die Grenzen schreiben darf. Ich gab ihm drei Adressen. Von meiner Vizemutter Salomon in Kalifornien, von Karla Simson und Erich Tuch in Nanking. Vor fast fünf Jahren habe ich Karla und Erich zum letzten Mal gesehen. Am 7. April 1941, als wir uns auf dem Bahnhof verabschiedeten. Es ist schlimm, fünf Jahre ins Leere zu denken, wenn man einander sucht. Werden sie uns noch lieben? Heute kam die Antwort an die Feldpostnummer des englischen Freundes. Ich sitze über fünf engbeschriebenen Briefseiten und weine wie ein Kind. Geliebte Freundin Karla! Teure, ferne Vizemutter!

Dienstag, 25. Dezember 1945

Erstes Nachkriegsweihnachten. Wie anders hatten wir es uns gedacht. Kein Baum. Kein Geschenk. Kein Andrik. Nur daß seit vorgestern das curfew aufgehoben ist und man, wenn man Mut dazu hat, auch nach elf Uhr abends noch ausgehen darf.

Samstag, 5. Januar 1945

Das Geld ist nicht entwertet worden. Wieder einmal haben die Gerüchte gelogen. Man handelt weiter auf dem schwarzen Markt, tauscht seine entbehrlichen Sachwerte gegen Speck, Zucker, Schnaps, Kaffee oder Rauchwaren und gewöhnt sich allmählich daran, daß für einen Teil der Bevölkerung das Kleingeld beim Tausendmarkschein, für den anderen beim Fünf-Pfennig-Stück beginnt. Immer grotesker entwickelt sich das Nebeneinander wirtschaftlicher Extreme. Zwischen dreißig und vierzig Mark im Monat liegt der Höchstsatz der Sozialunterstützung für nicht mehr arbeitsfähige Männer und Frauen. Etwa einundzwanzig Mark benötigt der Berliner zum Kauf seiner Lebensmittelrationen. Groß ist die Zahl der nicht mehr arbeitsfähigen Männer und Frauen in Berlin. Neunzehn Mark monatlich verbleiben ihnen nach Abzug der Zuteilungsrationen für ihren restlichen Lebensbedarf. Das heißt: mit dem Pfennig zu rechnen und die Mark dreimal umzudrehen. Lieber einmal mehr zu Fuß laufen, als zwei Groschen für die Straßenbahn verschwenden. Zwei Groschen! – Was sind zwei Groschen. Der Kaufpreis für siebzig Gramm Fett, die dem Durchschnittsbürger pro Dekade zustehen. Der Kaufpreis für eineindrittel Milligramm Fett auf dem schwarzen Markt. Zehn Gramm gleich fünfzehn Mark, gleich dem Belag einer Butterschnitte. Sieben legale Butterschnitten in zehn Tagen machen den Kohl nicht fett, geschweige denn einen Durchschnittsbürger satt. Das Problem der zusätzlichen Butterschnitten schichtet unmerklich die ganze Gesellschaftsordnung um, bildet neue Stände, neue wirtschaftliche Rangstufen. Auf Sparguthaben kann man nicht zurückgreifen. Das Kapital von gestern hat aufgehört zu existieren. Hie Neu-Kapitalismus – hie Neu-Proletariat. Wer ausschließlich auf seine Lebensmittelkarten angewiesen ist, gehört zur besitzlosen Klasse. Neu-Kapitalist sein heißt über genügend Mangelware zu verfügen, um friedensmäßig leben zu können. In Geld umgerechnet über zwanzig- bis dreißigtausend Mark Schwarzwarenwert pro Monat. Das sind die Händler mit Mangelware, die Produzenten von Mangelware, die Produzenten von Mangelleistungen, Schwarzhändler, Fabrikanten, Bauern, Handwerker – lebensmittelmäßig heute der erste Stand im Reiche. Die, denen die Monatsrationen zwar Existenzbasis, nicht aber einzige Lebensmöglichkeit bedeuten, bilden die breite Schicht des neuen Mittelstandes. Kleinbürger in bezug auf die Lebensführung. Ländliche Beziehungen, Gelegenheitsgeschäfte, sonntägliche Hamsterfahrten, Um-

tausch verbliebener Sachwerte in zusätzliche Kalorien heißen
– von Notfall zu Notfall – ihre bescheidenen Kapitalquellen.
Ob Karl Marx die Umschichtung der bürgerlichen Gesellschaft wohl auf diese Weise geträumt hat?

Montag, 14. Januar 1946

Selbständigkeit oder Verschmelzung? Immer mehr rückt diese Frage in allen Kreis- und Abteilungsversammlungen der Sozialdemokratischen Partei in den Vordergrund. Natürlich Verschmelzung! sagt das Gefühl. Was können sich die sozialistischen Parteien Besseres wünschen, als brüderlich ineinander aufzugehen. Gemeinsam sind sie unschlagbar. Gemeinsam bringen sie der Welt das Heil. – Heil Moskau? fragt der sorgende Vorstand. Oder Heil Weltproletariat? Heil Marx oder Heil Stalin? Heil Internationale oder Heil Sowjetrepublik? Beunruhigender Konflikt für ein sozialistisches Gewissen. – Seit neunundzwanzig Jahren heißt die Erscheinungsform des Sozialismus »Union der Sozialistischen Sowjetrepubliken«, heißt Abgetrenntheit von der Weltöffentlichkeit, heißt Staatskapitalismus, GPU, Angst, Unfreiheit und ausgerichtete Meinung. Sind das die Ideale des Erfurter Programms? Seit neun Monaten heißt die Erscheinungsform des deutschen Kommunismus Befehlsempfang aus Moskau. Stecken wir den Kopf in *diese* Schlinge, dann sind nicht nur wir selber, dann ist auch Berlin, dann ist ganz Ostdeutschland verloren.

Dienstag, 29. Januar 1946

»Und also geloben wir dir, deutsches Volk, daß unsere Arbeit und unser Wissen nur noch deinem Wohle und dem der Menschheit dienen soll.« Feierlich tönt das Gelübde von den Lippen des Studentenvertreters. Wiedereröffnung der Berliner Universität. Festakt im Admiralspalast. Ich sitze mit Frank im überfüllten Parkett. Durch den Saal schweben süß und schmelzend die Klänge des Rigoletto-Quartetts. Verstohlen mustere ich die Gesichter der Umsitzenden. Asketische Köpfe, edle Profile. Noch nie sah ich so viele kluge Gesichter auf einem Fleck. Die Elite Berlins hat sich hier zusammengefunden. Juristen und Mediziner, Theologen und Naturwissenschaftler, Forscher, Gelehrte und führende Männer der Stadtregierung – O Jahrhundert, o Wissenschaften, es ist eine Lust zu leben, denke ich und das Herz klopft mir vor Freude. Wenn von hier aus der Aufbruch erfolgt, die Brücke zu neuen Ufern geschlagen wird...«...»nur noch deinem Wohle und dem der Menschheit dienen soll...«, steht es als Vorsatz und Verheißung auf allen Gesichtern. Nichts ist verloren, nichts kann verloren sein, wenn diese Verheißung in Erfüllung geht.

Mittwoch, 6. Februar 1946

Frank hat einen Ruf an die Universität bekommen. Vorerst allerdings besteht sein »Dienst am Wohle des Volkes und der Menschheit« im wesentlichen in der Bemühung um ein neues Dach für seine Klinik, Enttrümmerung der Laboratorien, Beschaffung von Patientenbetten und rastlosem Kampf um die Einsetzung von Fensterscheiben. Fünfundsiebzig Granateinschläge weist das Klinikgebäude auf. Und ehe man daran denken kann, der Forschung zu leben, muß zum mindesten ein Raum geschaffen sein, in dem es nicht mehr in jedes Reagenzglas staubt, hineinschneit oder hineinregnet. – Die russischen Dienststellen helfen, wo sie können. Von Sonnenaufgang bis Sonnenuntergang wimmelt es auf dem Charitégelände wie auf einem Ameisenhaufen. Bauarbeiter, Handwerker, Architekten, Lastwagen. Mit Leidenschaft bemüht man sich um den Neubeginn des Geisteslebens. – »Kultur!« sagen unsere östlichen Sieger. – »Wir haben Respekt vor Kultur! Nichts liegt uns dringender am Herzen als ihre großzügige Förderung.«

Zweihundert Meter weiter steht das Dienstgebäude der GPU, in dem vor fünf Monaten Makar Iwanow verschwunden ist. In dem man »Knüppel auf ihm zerschlug«, ihn drangsalierte und folterte. Wo steckt die Wahrheit? Aus welcher Perspektive lassen sich diese Gegensätze vereinen?

Freitag, 22. Februar 1946

Es gibt eine Perspektive. Und wenn man sie gefunden hat, werden manche Widersprüche verständlich. »Neue Grundlagen der sowjetischen Bevölkerungspolitik«, berichtet der Nachrichtendienst aus Rußland. »Zwei Milliarden Rubel für russische Mütter. Heiligkeit der Ehe, Sondersteuern für Junggesellen, drastische Wege zur Erschwerung der Ehescheidung. Das Gesetz gegen Abtreibung tritt wieder in Kraft.« Man liest und liest und kann es nicht fassen. »Frauen mit zehn oder mehr Kindern erhalten eine Medaille und den Titel ›Heroische Mutter der Sowjetunion‹. Die Medaille ›Mütterlicher Ruhm‹ wird denen verliehen, die fünf bis sechs Kinder zur Welt bringen.«

Und das in einem Staat, der die Registrier-Ehe einführte, die freie Liebe förderte und den § 218 endgültig außer Kraft setzte. Wechselt man in Rußland seine Ideale wie ein Nachthemd am Wochenende? – Nein. Nur daß jedes Ideal, wie immer es beschaffen sein mag, einem Hauptideal untergeordnet ist. Dem Ideal der Ideale gewissermaßen, das da lautet: Gut ist, was dem Staate nützt. Nützt es ihm heute, die Bevölkerungsziffer niedrig zu halten, wird der Abtreibungsparagraph abgeschafft. Nützt es ihm morgen, sie zu erhöhen, führt man ihn morgen wieder ein. Es ist fast so wie mit den chinesischen Bildern. Nicht auf den Beschauer bezieht sich die Perspektive, sondern auf den Hauptpunkt des Bildes. Hauptpunkt des Sowjetbildes ist der Staat. Von ihm her und zu ihm hin ordnet sich alle Betrachtung. Wüßte man nur, wie sich in dieser Perspektive das Problem der Verschmelzung ausnimmt.

Dienstag, 26. Februar 1946

Ungünstig – beängstigend ungünstig, wenn man der Flut der Gerüchte traut, die seit Tagen Berlin erfüllt. Einheitsfront, sagen die Kommunisten... Diktatur bis zur Elbe. Falls die SPD nicht freiwillig den Anschluß vollzieht, wird man ihn einfach befehlen. »Das werden wir sehen«, entrüsten sich die

Genossen. »Die Zeit ist vorbei, in der wir uns widerspruchslos zu Entscheidungen zwingen ließen.«
Herr Grotewohl, der Vorstand der SPD, scheint anderer Meinung zu sein als seine Parteikollegen. Man munkelt, daß er den Anschluß bereits vollzogen habe. Im Namen des Parteivorstands für die gesamte Berliner SPD. Ohne Befragen, ohne Befugnis und ohne Abstimmung. Übermorgen um neun Uhr früh will er sich im Admiralspalast vor seinen Funktionären darüber aussprechen.

Mittwoch, 27. Februar 1946

Was wird eigentlich gespielt? Im wirren Strudel des Geschehens entdeckt man nur mühsam die wahren Zusammenhänge. »Nie wieder Bruderkampf«, sagte nach Kriegsende die SPD und schlug den Kommunisten gemeinsame Parteigründung vor. Die Kommunisten zögerten, verlangten zuvor eine ideologische Klärung. Fürchteten sie, daß ihr Einfluß nicht groß genug würde? Statt einer Partei entstehen zwei, deren eine sich vom Tage ihrer Gründung des besonderen Wohlwollens einer Besatzungsmacht erfreut. Es ist nicht die beliebteste unter den Besatzungsmächten, die das Wohlwollen ausübt. Man hat mit ihren Methoden nicht immer günstige Erfahrungen gemacht.

Im Dezember wird auf ihre Initiative plötzlich der Zusammenschluß der Linksparteien in der Ostzone betrieben. Eine Partei, ein Wille, eine Staatsgewalt. Den Kommunisten, noch wenige Monate zuvor auf »ideologische Klärung« bedacht, kann nun die Verschmelzung nicht schnell genug gehen. »Ehe wir uns vereinigen, muß erst die einseitige Förderung eurer Partei durch die Besatzungsmacht aufhören, müssen beide Parteien durch Reichsparteitagsbeschluß die Verschmelzung bejaht haben«, erklärt der Vorstand der Berliner SPD, Otto Grotewohl. »Nicht nötig«, drängen die Kommunisten. »Man kann sich auch örtlich, bezirklich, in Provinzen und Ländern verschmelzen.« – »Wenn man muß, vielleicht. Aber wir wollen nicht müssen«, erwidert Grotewohl. »Wir sind nicht gegen die Zusammenarbeit, wohl aber gegen die überstürzten und undemokratischen Methoden ihrer Durchführung. Wie sollen wir zu einer einheitlichen deutschen Arbeiterklasse kommen, wenn wir diese Einheit gesondert in einer Zone schaffen.«

Das Parteihaus der SPD liegt im russischen Sektor. Am 21. Dezember treten die Berliner Funktionäre zusammen, um über die Vereinigung zu beraten, alle Für und Wider sorgfältig gegeneinander abzuwägen. Man wartet auf Grotewohl. Man wartet viele Stunden. Er ist zur Besprechung nach Karlshorst gebeten, stellt sich schließlich heraus. Bis in die frühen Morgenstunden währt dort sein Gespräch. Als Paulus ging er hin, als Saulus kehrt er heim. Fanatischer Apostel des sofortigen Zusammenschlusses. Die Funktionäre sind fassungslos. Die Mitglieder schlagen die Hände über den Kopf. Die ganze SPD gleicht einem aufgescheuchten Bienenhaus. Was ihr Parteivorstand Otto Grotewohl seit dem 22. Dezember sagt, schreibt und handelt – hat nichts mehr mit sozialdemokratischen Grundsätzen zu tun. Nichts mit Recht und nichts mit Freiheit. »Sollen wir uns«, fragen bedrückt die Genossen, »aus Abscheu gegen Bruderkampf und Sozialistenzwist zum zweitenmal einer Diktatur unterordnen?«

Donnerstag, 28. Februar 1946

»Wie man's auch wenden mag, es bleibt ein Problem«, meint jeder, mit dem wir die Frage diskutieren. »Wenn ihr nein sagt, werden die Russen es euch übelnehmen. Es ist nicht gut, sie zu Feinden zu haben.« – Das wissen wir selbst. Seit dem Nazizusammenbruch bemühen wir uns um Verständigung. Um Ausgleich der Interessen zwischen Osten und Westen. Können wir es uns denn leisten, mit einer der Besatzungsmächte auf Kriegsfuß zu leben? Sind wir nicht vielmehr darauf angewiesen, uns um den Frieden zu bemühen, der unseren Nachbarn gefällt. Dem östlichen wie dem westlichen, dem südlichen wie dem nördlichen. Immer schwerer erweist sich die Kunst, hier allen Herren gerecht zu werden.

Freitag, 1. März 1946

Neun Uhr Funktionärskonferenz im Admiralspalast. Schon lange vor der Zeit ist jeder Sitzplatz vergeben, drängt es sich übervoll in Rängen und Gängen. Fünfzehnhundert Funktionäre warten mit verbissener Spannung darauf, was ihnen ihr Parteivorstand zu sagen haben wird. Am 11. Februar hat Herr Grotewohl nach Besprechungen mit russisch-zonalen Parteivertretern im Namen des Berliner SPD-Vorstands auf der Zonenkonferenz des Freien Gewerkschaftsbundes die Vereinigung der Arbeiterparteien in der russischen Besatzungszone befürwortet. Auf derselben Konferenz wurde ihr Beschluß bekanntgegeben. »Ihr habt uns nicht gefragt«, protestieren die Berliner Funktionäre. »Ihr habt nur die befragt, die nicht nein sagen dürfen. Die auf Befehl ihrer Besatzungsmacht jeden Neinsager aus der Partei ausschließen. Wir wollen aber nein sagen. Wir sind gekommen, um für ganz Deutschland dieses Recht zu verteidigen.«

Gewitterschwüle lastet im Raum. Von Minute zu Minute wird die Stimmung gereizter. Schon ehe das Hauptreferat beginnt, gehen am Vorstandstisch Dutzende von Diskussionsmeldungen ein. Jetzt besteigt Otto Grotewohl das Pult. »Befehlsempfänger«, bricht aus einer Ecke der erste Zuruf los. »Geh nach Karlshorst, Otto!« – Herr Grotewohl läßt sich nicht beirren. »Schädlicher Separatismus ... Die Reaktion auf der Lauer ... Aktivität des Vatikans ... drohende Rückkehr des Nazitums ...«, beschwört er die Folgen einheitsfeindlicher Haltung. – »Wir wollen keine Zwangsverschmelzung«, antwortet es feindselig aus dem Parkett. Getrampel und Zwischenrufe ... »Wir lassen uns nicht vergewaltigen!« Immer zahlreicher prasseln die Proteste. Immer wütender, immer leidenschaftlicher. Wie eine Springflut spülen sie über die Worte des Redners. »Verrat ... Betrug ... Abtreten ... Aufhören ...« Ein paar vereinzelte Zustimmungen verhallen kläglich im allgemeinen Lärm. »Urabstimmung! Wir fordern Urabstimmung!« schält es sich immer deutlicher aus dem Getöse. Hände fliegen in die Höhe. Mit überwältigender

Mehrheit wird der Beschluß zur Urabstimmung angenommen. Irgendwo beginnt einer zu singen: »Brüder zur Sonne, zur Freiheit...« Wie von selbst formen sich auf seinen Lippen die Worte. Wie von selbst stimmen die Genossen in sie ein. Auf allen Gesichtern glüht stolze Erregung. »Diesmal sind wir nicht zu Kreuze gekrochen. Zum erstenmal seit dreizehn Jahren haben wir unsere Freiheit verteidigt.«

Sonntag, 3. März 1946
Wenn man das Volk, die Parteizeitung der SPD studiert, so findet man über diese Verteidigung allerdings nichts zu lesen. Mit keiner Silbe ist der Beschluß der Funktionärkonferenz zur Urabstimmung erwähnt. Immer merkwürdiger werden die Gepflogenheiten des im russischen Sektor tätigen Parteivorstands. Statt dessen hat Wilhelm Pieck, Vorsitzender der KPD, im ehemaligen Großen Schauspielhaus eine Einheits-Gegenversammlung einberufen und seinen Zuhörern mitgeteilt, daß die Verschmelzung befohlen werden würde. Von wem wohl, wenn man fragen darf.

Montag, 4. März 1946
Der Kampf hat begonnen. Und niemand kann voraussagen, wie er enden wird.

Dienstag, 5. März 1946
Frank ist zum Verwaltungsdirektor seiner Klinik gerufen und wegen angeblicher antikommunistischer Äußerungen aufs schärfste verwarnt worden. Die Klinik liegt im russischen Sektor. Fast fühlt man sich versucht, mit den Toren zu fragen: »Und das nennt sich Demokratie?«

Donnerstag, 7. März 1946
Es heißt, daß die Besatzungsmächte zur Abhaltung der Urabstimmung keine Genehmigung geben würden. Auch im Magistrat steht man der Urwahl ablehnend gegenüber. Herr Pieck und Herr Grotewohl lassen sich gemeinsam photographieren.

Samstag, 9. März 1946
»Helft uns«, bitten wir unsere englischen und amerikanischen Freunde. »Setzt alles dafür ein, daß wir wählen dürfen.« Sie zucken die Achseln. »Es ist eine innerdeutsche Angelegenheit«, erwidern sie ausweichend. »Unsere russischen Verbündeten...«

Montag, 11. März 1946
In der Täglichen Rundschau, dem Organ der russischen Verbündeten, scheint man die Sache nicht ganz so überzeugt als »innerdeutsche Angelegenheit« zu betrachten. Der Ton gegen die »Einheitsfeinde« wird von Tag zu Tag schärfer.

Dienstag, 12. März 1946
»Helft uns... helft uns«, beschwören wir die westlichen Freunde. Begreift doch endlich, daß unsere Sache eure Sache ist. Wenn die Berliner SPD von der KPD aufgesogen wird, ist es aus mit der Demokratie in Berlin. Aus mit der Demokratie in Deutschland. Aus – über kurz oder lang – mit der gesamten Demokratie in Europa.

Donnerstag, 14. März 1946
Unser Parteivorstand setzt alles daran, die Urabstimmung überflüssig zu machen. Er plant, mit den Gegnern der Einheit in Einzelkonferenzen zu verhandeln, um sie wirksamer umstimmen zu können. Auf hundertfünfundsiebzig Propagandaversammlungen sollen durch geschickte Redner alle Gründe widerlegt werden, die der Vereinigung im Wege stehen. Für morgen hat er eine Betriebs-Delegiertensitzung anberaumt, auf der der spontane Charakter der Verschmelzungsforderung durch demonstrative Einmärsche in den Versammlungsraum unterstrichen werden soll. Für die Veranstaltung hat man besondere Ausweise vorbereitet, die nur den Funktionären zugestellt werden, die als zuverlässige Einheitsfreunde bekannt sind. Immer leidenschaftlicher spalten sich die Lager, immer persönlichere Formen nimmt die Gegnerschaft an.

Menschen, die sich noch vor einem Jahr gegen den Terror der Gestapo geholfen, ihr Leben für das Leben des anderen riskiert hatten, beschimpfen sich heute wie bitterste Feinde. Für oder wider die Einheit. Lump oder Ehrenmann. Auch unser alter Freund Dr. Flamm ist anderer Meinung. Er hat bei einer östlichen Zeitung eine Stellung als Chefredakteur angenommen. Aus Verbündeten von gestern beginnen politische Gegner von heute zu werden.

Montag, 18. März 1946

Herr Grotewohl streut eine Flut von Propagandamaterial über die Stadt. Wurfzettel, Flugblätter, Extraausgaben von Zeitungen und Zeitschriften. Wahrhaftig, er läßt es sich etwas kosten. Von unserem Geld, in unserem Namen und rücksichtslos gegen unsere Interessen. Helft uns ... helft uns, bitten wir alle alliierten Stellen, die uns zugänglich sind.

Dienstag, 19. März 1946

Im Magistrat droht man den Einheitsgegnern mit Stellenverlust und noch Schlimmerem. Kein Zweifel, wer sich zur unabhängigen SPD bekennt, wird in Zukunft weder in der Ostzone noch im kommunistisch regierten Berlin etwas Gutes zu erwarten haben. »Sollen wir nochmals in die Opposition gehen«, fragen sich die Arbeiter. »Zum zweitenmal auf unabsehbare Zeit unsere Stellungen, unsere Freiheit, wohl gar unser Leben riskieren? Ein saurer Entschluß. Doppelt sauer für die, die während der letzten dreizehn Jahre im KZ oder in der Illegalität mit Ungeduld auf die Stunde der Befreiung gewartet hatten. »Helft uns ...«, beschwören wir die westlichen Freunde. »Laßt es nicht zu, daß gerade die Besten an diesem Konflikt zugrunde gehn.«

Mittwoch, 20. März 1946

Kreisdelegiertenversammlung. Einstimmig hat sie sich gegen die Verschmelzung entschieden. Nun fehlt uns nur noch die alliierte Genehmigung zur Wahl.

Samstag, 23. März 1946
Der Kreisvorsitzende von Tempelhof, der Kreisvorsitzende von Kreuzberg und der Jugendleiter von Charlottenburg sind vom Vorstand aus der Partei ausgestoßen. Wegen »parteischädigendem Verhalten durch Fraktionsbildung und Herausgabe von Flugblättern parteizerstörenden Inhalts«, verbreitet das Parteibüro in der Behrenstraße. Schärfer und schärfer werden die Geschosse, mit denen es auf seine Mitglieder schießt. Fünf weitere Kreisvorsitzende erwarten ihren Ausschluß. Fünfzehn einheitsfeindliche Angestellte wurden fristlos aus ihrer Arbeit entlassen.

Sonntag, 24. März 1946
Immer noch steht die Genehmigung zur Urabstimmung aus. Wird sie von den Alliierten verweigert, tragen sie selbst daran Schuld, wenn Berlin sich nicht halten läßt ... Ohnehin haben die SPD- und die KPD-Leitung schon erklärt, daß sie nicht gewillt seien, sich der Entscheidung einer Urabstimmung zu beugen. Im Ostsektor richtet man bereits sozialistische Einheits-Parteibüros ein.

Mittwoch, 27. März 1946
Auf einer Konferenz der Berliner KPD-Funktionäre und der Einheitsfreunde unter den Funktionären der SPD wurde gestern beschlossen, den Bezirksvorstand beider Parteien zu ersuchen, alle Maßnahmen zur Verschmelzung unmittelbar in die Wege zu leiten. Eine Urabstimmung wurde für überflüssig erklärt.
Auf einer Konferenz des Berliner Bezirksvorstands der SPD wurde gestern beschlossen, nach Genehmigung der westlichen Besatzungsmächte die Urabstimmung endgültig am 31. März durchzuführen. Da das Presseorgan der Partei die Gegner der Verschmelzung nicht zu Worte kommen läßt, hat ihnen der Tagesspiegel und der vor kurzem gegründete Telegraf seinen Raum zur Verfügung gestellt.

Samstag, 30. März 1946

Morgen findet die Urabstimmung statt. Unser Parteivorstand boykottiert ihre Vorbereitung, wo immer er kann. In allen Berliner Bezirken herrscht heillose Verwirrung. Hier fehlen die Mitgliedsregister, da fehlen die Stimmzettel, hier fehlen die Wahllisten, dort bleiben die Wahlberechtigten ohne Benachrichtigung. Es mangelt an Urnen, es mangelt an Plakaten, es mangelt an Flugblättern, Wahlzellen, Bleistiften und Umschlägen. Bis in die Nacht hinein basteln wir an einer Wahlurne, stöbern wir in unseren kargen Textilbeständen nach einem Vorhang für die Stimmzelle. Das Parteiblatt hat es nicht für nötig gehalten, die Adressen der Wahllokale bekanntzugeben. Tausende von Stimmberechtigten wissen bis heute nicht, wo sie ihre Stimme abgeben sollen. Wenn sie nicht zufällig eine »Gastzeitung« in die Hände bekommen, werden sie der Wahl fernbleiben. Die einheitsfeindlichen Genossen arbeiten wie Kulis. Stimmlisten ausschreiben, Benachrichtigungszettel, Wurfsendungen vorbereiten, Flugblätter entwerfen. Alles aus eigenem Antrieb, alles aus eigenen Mitteln. Herzlich bescheiden sind diese Mittel in der Mehrzahl der Fälle. Daß sie aufgebracht werden, geopfert mit solcher Selbstverständlichkeit, muß man ehrlich bewundern.

Die Alliierten haben ihre Unterstützung für eine korrekte Durchführung zugesagt. Nur die sowjetische Kommandantur macht die Genehmigung zur Urabstimmung in ihren Bezirken von der Klärung so komplizierter Fragen abhängig, daß kein menschlicher Verstand sie bis morgen befriedigend beantworten kann. Acht von den zwanzig Bezirken Berlins unterstehen der russischen Besatzungsmacht. Wir sind ängstlich um das Wahlschicksal dieser Bezirke. Wenn die westlichen Alliierten so klug und geschickt wären, wie wir sie uns wünschten, würden sie gegen eine sowjetische Wahlkontrolle in ihren Sektoren die Kontrolle in jenen einhandeln. Besäßen sie wie wir das diktatorische Training, sie täten es gewiß. Doch leider ... Schlimm genug, daß die Verhältnisse uns zwingen, zu solchem positiven Manko »leider« zu sagen.

Montag, 1. April 1946

Die Würfel sind gefallen. Mit zweiundachtzigeinhalb Prozent haben sich die sozialdemokratischen Wähler Berlins gegen die Verschmelzung entschieden. Die Kommunisten bezeichnen das Resultat der Urabstimmung als »überwältigenden Sieg der Einheitsfront«. Auf Grund welcher Gehirnakrobatik sie zu diesem Ergebnis gekommen sind, wird selbst der geschickteste Rechenkünstler nicht aufklären. Bis zur letzten Wahlminute währte der Widerstand unseres Parteivorstands. Es hat ihm nichts genützt. Wider Gewalt, Bedrohung und Propaganda siegte der Wille zur Selbstbestimmung, wenn auch nur in zwölf unter zwanzig Bezirken. Im russischen Sektor wurde die Wahlgenehmigung nicht erteilt. »Wegen technischer Schwierigkeiten«, wie die Begründung lautet. Die gleichen »technischen Schwierigkeiten« scheinen veranlaßt zu haben, daß vor einigen Wahllokalen dieses Besatzungsgebiets am Frühnachmittag russische Wachtposten aufzogen, daß viele schon um neun Uhr morgens, der Rest am späten Vormittag geschlossen und sämtliches Wahlmaterial beschlagnahmt oder vernichtet wurde. Dann wählen wir eben in einem anderen Sektor, sagten sich 539 Wähler des Kreises Prenzlauer Berg, als sie ihr Wahllokal bewacht und geschlossen fanden. Sie drehten auf dem Absatz um, marschierten zum Wedding und gaben ihre Stimme unter französischer Obhut ab. Der Jubel bei den Genossen ist groß. Fast ebenso groß wie das Mißvergnügen ihres Parteivorstandes. Am kommenden Sonntag werden die Vertreter der zwölf westlichen Wahlkreise über die endgültige Loslösung von ihm beschließen.

Mittwoch, 3. April 1946

Vorgestern wurde der Postverkehr mit dem Ausland eröffnet. Wir haben wenig Zeit zum Briefeschreiben. Wir haben alle Hände voll zu tun, den errungenen Sieg wenigstens soweit auszunutzen, daß er uns nicht zur Niederlage zerrinnt. Wütend beschimpft uns die gesamte Linkspresse. Wütend boykottiert uns ein Großteil der Stadtregierung. Die Kasse der

Partei liegt beim Vorstand im Ost-Sektor. Propaganda kostet Geld. Kann man mit bloßen Fingern einen Panzerzug aufhalten, der alles niederwalzend von Osten nach Westen rollt? Was nützt der Postanschluß an die Welt, wenn die Welt uns im Stich läßt. »Unsere Verbündeten ...«, entschuldigen sich die angelsächsischen Freunde. Aber zum erstenmal klingt dabei in ihrer Stimme ein resignierter Unterton.

Montag, 8. April 1946
Bezirksparteitag der westlichen Stadtkreise. In der Zinnowaldschule in Zehlendorf hat sich gestern nachmittag die Sozialdemokratische Partei neu konstituiert und vom alten Parteivorstand losgesagt. »Zehlendorfer Spalter«, höhnen ihre Feinde. Sie tun, als hätte es ein Abstimmungsergebnis von zweiundachtzigeinhalb Prozent nicht gegeben. »Und ihr könnt platzen«, sagen unsere kommunistischen Bekannten. »Am ersten Mai ist die Einheit da. Dann schlucken wir im Zuge des antifaschistischen Blocks die CDU, die paar LDP-Stimmen fallen sowieso unter den Tisch, und in sechs Monaten rufen wir nach Anschluß.« Dahin also läuft der Kurs. Zum erstenmal haben sie die Katze aus dem Sack gelassen, und diese Katze zeigt ein bedenklich sowjetisches Fell. Kämpfen wir wirklich auf verlorenem Posten?

Samstag, 20. April 1946
Vorerst sieht es ganz so aus, als müßten wir uns allein helfen. Adam und Eva nach der Vertreibung aus dem Paradies konnten nicht nackter sein als wir. Der ganze Bestand der SPD, Barmittel, Büroräume, Inventar, Briefbogen, Parteizeitung, jeder Stuhl, jeder Tisch, jeder Bleistift verblieben in den Händen des alten Parteivorstands. Mit einem gespendeten Tisch, einer geborgten Schreibmaschine und etlichen Dutzend zusammengeschnorrter Briefbogen fangen die »Zehlendorfer Spalter« ihren Kampf um die Demokratie wieder an. »Und ihr könnt platzen«, gellt es in ihren Ohren. Es ist nicht leicht, eine Gegenpropaganda zu starten, wenn die Zuteilung für das

Papier, auf der man sie drucken muß, von unseren Siegern abhängt, der Lizenzantrag für eine eigene Zeitung an die Ausfüllung von zahllosen Fragebogen geknüpft ist und man uns immer wieder entgegenhält, daß wir als neue Partei überhaupt noch nicht zugelassen seien. Soll der Kampf um die Demokratie am Bürokratismus der Demokraten scheitern? Die Drohung des »Ersten Mai« hängt wie ein Damoklesschwert über unserem Kopf. Acht Tonnen Papier hat die sowjetische Besatzungsmacht dem Einheitskomitee für Plakate und Flugblätter zur Verfügung gestellt. Acht Tonnen gleich 3 Millionen Flugblätter. 3 Millionen Flugblätter gegen eine Handvoll Habenichtse, die sich jeden Fetzen Papier erst mühsam zusammenbetteln müssen. Die bürgerlichen Parteien stehen tatenlos abseits. »Wir fühlen uns nicht betroffen«, erklärt die CDU. Nur die LDP springt mit einem Flugblatt in die Bresche. »Nie wieder Diktatur! Noch ist es Zeit, Demokraten!« plakatiert sie an den Straßenecken und hilft uns wenigstens so, das Kind beim Namen zu nennen.

Mittwoch, 1. Mai 1946

Ein ungleicher Kampf! Und doch wird er gekämpft. Und doch ist er gewonnen. Maifeier der am Ostersonntag im russischen Sektor und in der russischen Zone gegründeten Sozialistischen Einheitspartei. Großaufzug im Lustgarten. Die SPD marschiert nicht mit. Es gibt kein »Verschlucken« der CDU, kein »unter den Tisch fallen« der LDP, keinen Anschlußruf nach Osten. Der Geist besiegte die Macht. Die Sozialdemokratische Partei bleibt in Berlin bestehen. Ob auch im Ostsektor oder gar in der Ostzone... Bisher hat es nicht den Anschein, als wäre die sowjetische Besatzungsregierung zu großem Entgegenkommen bereit. Weder den »Spaltern« gegenüber noch gegenüber der Berliner Bevölkerung. Seit fünf Tagen herrscht Verkehrskrise auf der S-Bahn. Der jämmerlich zusammengeschrumpfte Nachkriegswagenpark ist um dreißig Züge vermindert. Reparationskonto Rußland. Wenn man gerecht denkt, kann man es den Sowjets nicht verargen, daß sie zurückholen, was wir ihnen fortgenommen haben. Nur daß der Augenblick so ungünstig gewählt ist. Daß der endlose Abstand des Zugverkehrs die übervollen Bahnsteige, der trostlose Anblick der ramponierten fenster- und polsterlosen Ersatzwagen den Verlust so sinnfällig macht. »Wie Vieh lassen sie uns fahren, wie Frachtgut pferchen sie uns ein«, murren die Berliner und werden der Einheitsidee nicht holder.

Dienstag, 14. Mai 1946

Dagmar hat die Lust an Berlin verloren. Sie ist nicht die erste, die zu Fuß nach dem Westen aufbricht. In Baskenmütze, Skistiefeln und Trainingsanzug steht sie vor mir, um Abschied zu nehmen. »Hier kommt man doch auf keinen grünen Zweig«, sagt sie und lüftet resigniert ihren Dreißig-Kilo-Rucksack. Dagmar Meyerowitz. Erst jetzt fällt es mir auf, daß wir sie in den letzten Monaten fast völlig vergessen haben. Dagmarchen, denke ich beschämt und möchte plötzlich alles gutmachen. Das Vergessen und das Abwandern, den Mangel an Freundschaft und ihre Enttäuschung um Berlin. Aber es ist hier nichts gutzumachen. Je mehr ich mich darum bemühe, desto deutlicher wird es mir bewußt, daß sich nicht nur in dieser, sondern auch in mancher anderen Beziehung eine Wandlung vollzogen hat. Meinten wir überhaupt einander? Oder meinten wir nicht vielmehr unseren gemeinsamen Zorn auf die Nazis, den Austausch der Nachrichten aus dem englischen Sender, die Angst vor den Bomben, die täglich und stündlich uns drohende Lebensgefahr. Auch Zweckfreundschaften können gute Freundschaften sein. Nur daß sie, wenn ihr Zweck sich erfüllte, nicht unbedingt zu Lebensfreundschaften werden müssen. Der Magnet, der die Antinazis zusammenhielt, hat seine Anziehungskraft verloren. Verzeih mir, Dagmar, denke ich, doch ich spreche es nicht aus. Es hat keinen Sinn, jetzt so etwas auszusprechen. »Leb wohl«, sage ich nur, »und wenn du mal was brauchst, so schreib.« Sie nickt. »Du auch.« Und plötzlich, als hätte uns eine Erinnerung übermannt, umarmen wir uns und küssen uns dreimal auf die Wangen. Wie Andrik es zu tun pflegte. »Bleib übrig«, flüstern wir unwillkürlich unseren alten Nazigruß.

Samstag, 25. Mai 1946

Auch Fabian dreht sein Kippen nicht mehr bei uns in Seidenpapier. Er schreibt Bücher und Theaterstücke, trinkt und schwört mal auf den Westen, mal auf den Osten. Er war von jeher ein Zugvogel, und nur der »Antinazi-Magnet« hat ihn vorübergehend seßhaft gemacht. Wenn der Zufall uns hin und wieder zusammenweht, lachen wir uns an und fragen »Weißt du noch?« und »Denkst du noch daran?« – Wir denken oft daran. An den weißen Ochsen, an die Kellerzeit und das Himbeergelee auf dem Friedhof. Wie an ein Märchen, das einem die Kinderfrau erzählt. Sehr weit, unvorstellbar weit liegt das alles in der Vergangenheit.

Mittwoch, 29. Mai 1946

Es ist erreicht. Auf seiner gestrigen Sitzung hat der Kontrollrat die Sozialdemokratische Partei und die Sozialistische Einheitspartei als selbständige Parteien in allen vier Sektoren zugelassen. Der Kampf war also nicht umsonst. Ja, er gewinnt sogar ein von Tag zu Tag steigendes Wohlwollen bei unseren westlichen Siegern. Nicht ganz offiziell, aber immerhin spürbar. Als wisse man es doch zu schätzen, daß es hier Menschen gibt, die nicht in jedem Fall bedingungslos ja sagen. Selbst wenn das »ja« einem alliierten Besatzungswunsch gilt.
Die SED erscheint mit triumphierenden Proklamationen auf dem Plan. »Unsere Parole heißt: Kein Einparteiensystem, aber Festigung der antifaschistisch-demokratischen Einheitsfront. Die Zukunft gehört der Sozialistischen Einheitspartei. Neben dieser Millionenpartei ist auf die Dauer nirgends Platz für Splittergruppen«, schreibt das »Neue Deutschland«, Zentralorgan der SED. Verstehe das, wer kann. »Kein Einparteiensystem«, aber auch keine anderen Götter neben der SED. Ist das nicht Rabulistik?

Und doch – wir haben unser Ziel erreicht, und was uns jetzt zu tun bleibt, ist nicht mehr Bruderkampf, sondern brüderlicher Wille zur Zusammenarbeit. Mit allen Parteien. Auch mit der SED.

Donnerstag, 13. Juni 1946

Es liegt keine gute Stimmung in der Luft. Der brüderliche Wille zur Zusammenarbeit läßt manches zu wünschen übrig. Nicht zuletzt bei unseren Besatzungsmächten. Der Ton, in dem der Kontrollrat seit etlichen Wochen miteinander verkehrt, klingt beängstigend gereizt. Und wie ein Echo teilt sich diese Gereiztheit der Bevölkerung mit. Wir wissen nicht, was man in Moskau, London und Washington im Sinn hat. Aber je weniger wir darüber wissen, desto üppiger wuchern die Gerüchte, desto stärker fühlt man sich geneigt, sie auf einen Nenner zu bringen. Die Russen haben die SPD in ihrer Zone nicht anerkannt. In ihrem Sektor sehen sie sie ungern. Wenn die Entwicklung so weitergeht ... »Preisgabe von Berlin ... Abtrennung der Ostzone ... ein dritter Weltkrieg«, steigert unsere Phantasie die Möglichkeiten der Schrecknisse.

Montag, 17. Juni 1946

»Glauben Sie an Krieg? Glauben Sie an Zonentrennung?« frage ich Andriks englischen Freund, während ich mit ihm auf der Terrasse seiner Dienstvilla beim Cocktail sitze. Er lächelt. »Weder an das eine noch an das andere. Wie kommen Sie darauf?« »Weil alle es glauben.« – »Alle?« meint er zweifelnd. »Oder fast alle«, verbessere ich mich. Nachdenklich schaut er vor sich hin. »Jetzt nicht. Vielleicht in zehn Jahren. Aber ob es in zehn Jahren zum Kriege kommen wird oder nicht, darüber werden wir in zwei Jahren Gewißheit haben.« – Um dann acht Jahre lang das Unglück vorauszusehen. Entsetzliche Vorstellung. »Man muß doch etwas tun können«, flehe ich ihn an. »Nicht davon reden und im übrigen ... Lichtchen anzünden. Mit jedem Lichtchen wird es etwas heller in der Welt.« »Und das soll alles sein?« »Alles«, nickt er. »Nur daß die meisten es bisher nicht getan haben.« –

Lichtchen anzünden, denke ich auf dem Heimweg. Vielleicht heißt das auch: in Berlin ausharren, sich gegen Willkür zur Wehr setzen, den mühsamen Kampf gegen Terror und Kollektivismus noch einmal von vorn anfangen. Wenn man es so versteht ... Das Herz klopft mir schneller. Wir müssen alle bitten, um jeden Preis hierzubleiben, nehme ich mir vor. Noch nie ist es in Berlin so sehr auf den einzelnen angekommen. Noch nie hat der einzelne hier soviel zu vermitteln, soviel zu beweisen, so ungeheuer viel zu verantworten gehabt.

Samstag, 29. Juni 1946

»Wenn du Lust hast«, sagt Frank, »könnten wir morgen nach Werder fahren. Der Zug geht zehn Minuten vor sieben.« »Der Zug?« Ich habe ganz vergessen, daß es in Deutschland auch Eisenbahnen gibt. »Gut«, willige ich ein. »Aber wie kriegt man eine Fahrkarte?« Frank fingert in seiner Tasche. »Durch Anstehen, wie alles. Länger als die Fahrzeit hat es zum Glück nicht gedauert.« Er zieht zwei Dritter-Klasse-Karten hervor. »Warum man immer noch dritter Klasse schreibt, wenn man weder zweiter noch erster hat«, wundert er sich und überreicht mir die Billetts. Ich schaue sie an wie ein Weltwunder. Richtige Fahrkarten. Genauso wie früher. Man kann es kaum fassen, daß Dinge existieren, die genauso wie früher sind.

Sonntag, 30. Juni 1946

Der Himmel ist blau, wie man ihn blauer nicht wünschen kann. Proviantgerüstet brechen wir gegen fünf Uhr auf. Bis auf einen Trunk Wasser wird man uns unterwegs kaum etwas anbieten. Die Straßenbahnen verkehren noch nicht. Also Fußmarsch von Steglitz zum Anhalter Bahnhof. Wir sind in Weltreisestimmung. So fern, so abenteuerlich abgelegen erscheint uns der ehemalige Sonntagsausflugsort von Berlin. Vor dem Anhalter Bahnhof staut es sich in Massen. Der

Personenzug auf dem Perron ist mit Fahrgästen wie mit Trauben behängt. Frank schnallt mich mit dem Rucksackriemen über zwei Puffern fest. »Stehst du bequem?« erkundigt er sich besorgt und klettert selbst auf das Dach eines Bremshäuschens. »Es geht«, antworte ich. Ich bin von jeher kein Kletterfreund gewesen. Mit zwanzig Minuten Verspätung fahren wir ab. Mit einstündiger Verspätung treffen wir in Werder ein. Die ganze Strecke entlang zieren rostige Schienenhaufen die Eisenbahnböschung. Warum man sie nur abmontiert hat, grüble ich. Und wenn man es schon tat, warum verwendet man sie nicht? – Njetschewo, gebe ich mir selbst die Antwort. Steif wie ein Storch klettere ich in Werder von meinen Puffern. »Radfahren ist einfacher«, sage ich zu Frank und – »offensichtlich auch sauberer«, setze ich mit einem Blick auf sein rußverschmiertes Gesicht hinzu. Er lacht. »Dafür bist du jetzt im Ausland.« Ich schaue mich um. Tatsächlich. Die Anschriften, die mir ins Auge fallen, könnten ebensogut in Rußland stehen. Kyrillische Buchstaben, russische Wegsperren, sowjetische Uniformen und der Atem – der fremde Atem einer anderen Welt. Wie eine Provinzstadt in der Ukraine mutet das Berliner Kirschenparadies uns an.
Wir schultern unsere Rucksäcke und setzen uns in Bewegung. Die Ebene leuchtet im Glanze des Sommertages. Auf Wiesen und Feldern blüht es mit inbrünstiger Leidenschaft. Haben die Heckenrosen je so geduftet wie in diesem Jahr. Gab es je so viele Kornblumen, so brandroten Mohn, einen so überschwenglichen Lebenswillen in dieser kärglichen Landschaft. Gewaltsam scheint die Natur wiedergutmachen zu wollen, was die Menschen vernichteten. Lodernd und gelb stehen am Wege die Königskerzen. Die Kirschbäume biegen sich unter der Last ihrer Früchte. Frank preßt meinen Arm. Wir leben, spüren wir mit jedem Schritt. Und um uns, unter uns, über uns lebt es im gleichen Rhythmus. Ein Waldstreifen nimmt uns auf. Eine einfache Kiefernfläche. Doch wenn man Augen hat zu sehen, wird auch die Kiefernfläche sehenswert. Federzart stehen ihre Zweige vor dem mittäglichen Himmel. Wir

wandern dahin wie im Rausch. »Hörst du«, fragt Frank und lauscht in die Luft. Vom gegenüberliegenden Ufer der Havel weht uns der Wind ein paar Töne zu. »Wolga, Wolga...«, klingt es aus einem Lautsprecher. »Wolga, Wolga...«, murmeln die breit hinfließenden Wellen der Havel. Ein russischer Soldat radelt an uns vorüber. Sein rundes Gesicht glänzt von der Hitze wie mit Fett überpinselt. »Otschen sharko... särr heiß«, ruft er uns zu und lächelt gutmütig. Wir sehen, wie er ein paar Meter weiter vom Rade steigt, Hemd, Hose und Schuhe abwirft und sich mit einem Kopfsprung ins Wasser stürzt. »Otschen sharko« – auch dieses Bild gehört in die Landschaft.
Am Straßenrand liegt ein sowjetischer Friedhof. Rot eingezäunt. Rot glänzen die fünfzackigen Sterne auf seinen hölzernen Grabpyramiden. »Wolga, Wolga...«, summe ich vor mich hin. Die Sonne rückt in den Westen. Wir nähern uns dem Ort unserer Heimreise. Er ähnelt dem Ausgangspunkt dieses Tages wie ein Ei dem anderen – Spruchbänder mit russischen Inschriften. Rote Barrieren, rote Plakattafeln, die in weithin sichtbaren Buchstaben der Bevölkerung mitteilen, daß die Sowjetunion keinen Rassenhaß kenne. Auf dem Marktplatz stehen, in würdigem Halbkreis, die überlebensgroßen Portraits verdienstvoller Sowjethelden. Frank nähert sich einem der Kunstwerke und betrachtet es kritisch. »Ein farbenfroher Meister«, konstatiert er. »Nur leider kein Perspektivenfreund.« Unter dem ordengeschmückten Konterfei des Feldmarschalls Schukow spielen drei Kinder Murmeln. Wolga, Wolga..., denke ich wieder. Wie anders wirkt hier alles als im vergangenen Jahr. Auf die Eroberung ist die Besitznahme gefolgt. Auf die Vergewaltigung die – Verschmelzung. Mein Blick fällt auf das frischgemalte Anschlagschild über einem Haustor. »Ortsgruppe der Sozialistischen Einheitspartei, Zweigbüro Thälmannstr.«, lese ich.
Nach zweistündigem Warten auf menschenvollem Bahnhof besteigen wir wieder den Bummelzug Werder–Berlin. Diesmal reisen wir auf dem Trittbrett. Im Schneckentempo zuckelt das

Bähnchen durchs Land. Ruckt an, steht still, ruckt wieder an und keucht dann träge ein Stückchen weiter. Bis wir den Anhalter Bahnhof erreichen, ist die letzte U-Bahn längst abgefahren. Dreieinhalb Stunden Verspätung. Das Dreifache der gesamten Fahrtzeit. »Wolga, Wolga...«, seufzen wir, während wir mit müden Beinen nach Hause traben. Nicht immer passen sich russische Maßstäbe den deutschen Verhältnissen an.

Dienstag, 16. Juli 1946

Immer noch klingt der Ton im Kontrollrat gereizt. Immer noch machen die Sozialisten einander das Leben zur Hölle. Nach dem Grundsatz »Erst hör du auf zu schimpfen, dann hör ich auf zu schimpfen« schimpft schließlich jeder auf jeden. Und beklommen fragt sich das Volk, wo das einmal enden soll.

Freunde brachten uns die erste Nachricht von Kurt Eckhardt, dem Putschisten und Nazisaboteur. Auch er ist durchgekommen und soll im Westen arbeiten. Seltsam, wie die Wege unserer Clique auseinanderlaufen.

Samstag, 3. August 1946

»In der Preisgabe von Berlin... In der Abtrennung der Ostzone... In einem dritten Weltkrieg.« Wir haben es satt, in Daueropposition zu leben. Wir möchten »Brücke« sein, doch alles weist darauf hin, daß uns das Schicksal zum Brückenkopf bestimmt.

In zwei Monaten sind die Wahlen in Berlin. In sechs Wochen die Wahlen in den Zonen. Jede Stimme zählt. Jedes Wort wiegt doppelt, das hier oder dort zugunsten der Verständigung gesprochen wird. Hinter der SED steht groß und mächtig ihr östlicher Schutzpatron. Und hinter der SPD?...

»Helft uns«, werben wir wieder in wachsender Bedrängnis.

Donnerstag, 29. August 1946

Manchmal kommen wir uns vor wie Kinder, die gegen anrollende Wogen ihre Sandburg verteidigen. Wer sind wir, daß wir dem Druck einer Weltmacht standhalten wollen! Mit unerbittlicher Stetigkeit schreitet die Einschmelzung in der Ostzone fort. Berlin ist auf allen Seiten von ihr umschlossen. Nur ein schmaler Korridor, ein eingleisiger Schienenstrang verbindet es mit dem Westen. Unser Gemüse, unser Obst, unsere Kartoffeln, den Hauptteil unserer Ernährung beziehen wir aus den umliegenden Provinzen. Ein einziger Wink ihrer Besatzungsmacht und unsere Lebensader ist abgeschnitten. Man braucht nur ein paar Züge nicht ankommen, eine Brücke sperren, den eingleisigen Schienenstrang in Unordnung geraten zu lassen... Vielfältig sind die Wege des Zufalls. Vor allem für eine Besatzungsmacht, die nicht ja sagen mag. Werden die Westalliierten im Notfall drei Millionen Berliner mit Kartoffeln versorgen? Mit Obst, mit Gemüse, mit Kohlen und Strom? Oder werden sie uns mitteilen, daß auch diese Sorge eine »innerdeutsche Angelegenheit« sei. »Helft uns!« wiederholen wir, immer denselben Refrain – wie Cato den seinen.

Freitag, 6. September 1946

»Haben Sie die Rede von Byrnes gehört?... Der amerikanische Außenminister hat in Stuttgart gesprochen. Sie wollen uns den Osten wiedergeben... Es gibt keinen Krieg. Es gibt keine Zonentrennung... Mit Blitzesschnelle verbreitet sich die Nachricht über Berlin. »Wir kriegen die Ostprovinzen zurück.« Zehn Millionen Flüchtlingen klopft das Herz höher. Von allem, was in Stuttgart gesagt wurde, hören und behalten sie nur einen Satz: Die Oder-Neiße-Linie ist nicht endgültig. – Man gibt uns die Ostprovinzen zurück. »Nach Hause«, jubeln sie. Einmal wird der Tag kommen, an dem wir uns aufmachen dürfen, um nach Hause zu gehn. Selten hat eine Außenministerrede so viel verschüttete Hoffnung befreit wie die Ansprache von Byrnes vor den Ministern der Westzonen.

Ob sie richtig verstanden wurde? Der Wunschtraum der Flüchtlinge verwandelt die schöne Verheißung bereits in ein fait accompli. – »Fait accompli«, lächelt verbindlich ein Sprecher der russischen Besatzungsmacht, »ist die Oder-Neisse-Linie. Ich bitte Sie. Was wollen Sie von uns? Deutschland hat die Ostprovinzen im Kampfe erobert. Auch Burgund war einmal deutsch. Ist Burgund schlechter als Schlesien? Ich bitte Sie. Ganz einfach. Wir rückten unsere Grenze um dreihundert Kilometer nach Westen. Tun Sie es ebenfalls. Wir helfen Ihnen dabei. Ganz einfach.« – Ein Glück, daß dieses Gespräch noch nicht, wie die Byrnes-Rede, mit Blitzesschnelle in die Öffentlichkeit drang. In der Öffentlichkeit ist man beschwingt und hoffnungsfroh. »Endlich«, sagt das Volk, »haben die Westmächte ein Einsehen. Endlich fangen sie an, auch uns Deutsche als Menschen zu behandeln.«

Mittwoch, 11. September 1946

Es ist schwer, auf menschliche Behandlung Anspruch zu erheben, wenn Not, Begierde und chaotische Zustände alle menschlichen Hemmungen niedergebrochen haben. Fast jeder von uns tut Dinge, die er vor wenigen Jahren noch unmöglich gefunden hatte. Unmöglich, sich damals vorzustellen, daß man im Foyer eines Theaters Brotrinden kaut. Unmöglich, nach fremder Leute Tabakresten zu haschen, sie gierig einander abzujagen, sie mit bloßen Fingern aus dem Aschenbecher öffentlicher Verkehrsmittel zu klauben. Unmöglich, auf der Jagd nach Kalorien Mülleimer zu durchstöbern, in Abfallhaufen alliierter Küchen nach eßbaren Resten zu wühlen. Unmöglich? Wenn der Hunger im Magen brennt, ist nichts mehr unmöglich. Wenn ein Raucher nichts zu rauchen hat, gerät seine Würde ins Wanken. »Fang«, sagt ein amerikanischer Soldat und wirft einem Deutschen seine halbgerauchte Zigarette zu. »Wie ein Huhn schießt der nach dem Stummel, bückt sich und pickt ihn auf.« Der Soldat lacht. Wenn er sich's recht überlegte, müßte er weinen, statt zu lachen.

Um die Messen der Alliierten wimmelt es von Beutesuchern.

Fang, denken sie und schleppen die weggeworfenen Konservenbüchsen nach Hause, um dort ihre letzten Reste herauszukratzen, zu lecken, mit Wasser in die Suppe zu spülen. Fang! – Bist du hungrig genug, so vergeht dir der Ekel. Tausenden, die »einst bessere Tage gesehen« haben, ist während der Nachkriegsjahre der Ekel vergangen.

Dienstag, 17. September 1946
Am Sonntag fanden in Brandenburg, Mecklenburg und den Westzonen die ersten Gemeindewahlen statt. Absolute Mehrheit für die SED in der Ostzone. Der verbliebene Drittelrest verteilt sich auf CDU und LDP. Die SPD ist im russischen Besatzungsgebiet nicht vorhanden. Was nicht vorhanden ist, kann man auch nicht wählen. Nicht alle CDU- und LDP-Wähler aus Vorpommern, Mecklenburg und der Mark meinten das Programm ihrer Wahlpartei. Und wohl keiner hat sich die erste demokratische Willensäußerung nach dem Nazizusammenbruch als Ersatzhandlung geträumt.
In den englischen und französischen Zonen sieht das Ergebnis anders aus. Die SED-Praxis der Ostzone steht den Westkommunisten schlecht zu Gesicht. Unter den vier großen Parteien rangieren sie fast überall an letzter Stelle. Warten wir ab, was sich weiter entwickelt. Am 20. Oktober wählt Berlin.

Sonntag, 29. September 1946
In wenigen Tagen soll das Urteil über die Nazibonzen gesprochen werden. Seit fast einem Jahr ist die Auslandspresse mit Berichten über das Nürnberger Gerichtsverfahren überschwemmt. »Typisch für die Deutschen, daß das Schicksal ihrer Kriegsverbrecher ausgerechnet sie am wenigsten interessiert«, tadeln noch immer die Alliierten. Und vergessen dabei, von diesem Tadel abzuziehen, daß die Welt am Nürnberger Prozeß weit größeres Interesse haben muß als gerade die Deutschen. Denn: »Wofür führten wir diesen Krieg? Wofür wurde mein Sohn, mein Bruder, mein Vater in einem fremden Land zum Krüppel geschossen?« fragt sich der

Bürger Amerikas, der kanadische Bauer, der australische Farmer. »Damit diese Verbrecher an den Galgen gehängt werden«, antwortet die alliierte Presse. Antwortet es mit täglichen Reportagen aus dem Nürnberger Gerichtssaal, mit Scheinwerfern und Stimmungsbildern, mit Dokumentenmaterial und detaillierter Milieuschilderung. Die Nürnberger Prozeßberichte haben den Tod von Millionen Menschen zu rechtfertigen. Also sind sie gut, also sind sie notwendig. Nicht so sehr für uns, sondern für den Farmer in Oklahoma, der dem abgeschossenen Bein seines Sohnes einen Sinn geben muß.

Dienstag, 1. Oktober 1946

Sie sind verurteilt. Zwölf von zweiundzwanzig Angeklagten zum Tod durch den Strang. Drei zu lebenslänglichem Gefängnis. Vier zu Gefängnisstrafen zwischen zehn und zwanzig Jahren. Schacht, Papen und Fritzsche hat man freigesprochen. Rundfunk, Telefon und Telegraphenkabel tragen die Nachricht in alle Welt. Extrablätter, Sondermeldungen, Bildberichte. Blitzphotos der Richter bei der Urteilsverkündung. Blitzphotos der Angeklagten beim Urteilsempfang. Interview mit Fritzsche. Interview mit Papen. Die Gefangenen in ihrer Zelle. Gnadengesuche. Termin der Vollstreckung. Codetexte surren durch den Äther. Bis in die letzten Dörfer der Erde beschäftigt man sich mit dem Schicksal der deutschen Kriegsverbrecher. »Totschweigen ist die beste Form der Hinrichtung«, sagt Frank und dreht das Radio ab, in dem wir zum siebentenmal erfahren haben, mit welcher Gefühlsnuance jeder der Todgeweihten sein Urteil entgegennahm. Von Witzlebens Gefühlen wurde nicht soviel hergemacht. Und ob es gut ist, dem Farmer in Oklahoma das auszumalen, ob es gut ist, die Deutschen das wissen zu lassen?

Sonntag, 6. Oktober 1946

Man malt immer weiter aus. Was sie seufzen, was sie sagen, was sie beten, wie sie verzweifeln. Die Rührsal der »letzten Stunde« vernebelt alle Gemüter. Das kann nicht der Weg sein,

Demokratie zu lernen. Vielleicht sie zu üben in Ländern, die es nicht mehr lernen müssen. Uns fällt es schwer, sei es mit hämischer Genugtuung, sei es mit unbefangener Sensationsfreude auf diese Stimmungsmalerei zu reagieren. Totschweigen ist die beste Hinrichtung. Und nicht vielleicht auch die würdigste? ...
Fünfundzwanzigtausend Berliner Arbeiter treten in Kurzstreik, weil Papen, Schacht und Fritzsche freigesprochen wurden. Was sollen die kleinen Pg.s dazu sagen. Noch sitzen viele Millionen und warten auf ihre Entnazifizierung. Füllen Fragebogen aus, schaffen Leumundszeugnisse bei, schreiben Lebensläufe, Erklärungen und Rechtfertigungen. Sie hungern auf Karte Fünf, klopfen Steine, räumen Schutt, machen Botengänge und, wenn sie endlich entnazifiziert worden sind, warten sie monatelang darauf, daß der Kontrollrat ihre Entnazifizierung anerkennt. Vorher kein Arbeitsvertrag. Vorher kein Posten mit gehobener Beschäftigung. »Was haben *wir* getan, und was hat Papen sich erlaubt?« fragen sie verbittert. »Sind wir es gewesen, die im Rundfunk die Goebbelsreden interpretierten oder war es Herr Fritzsche. Herr Fritzsche ist freigesprochen. Frau Göring lebt in ihrem Landhaus in Bayern, läßt sich täglich mit einem anderen Alliierten photographieren, und wir klopfen Steine. Wo bleibt die Gerechtigkeit, wenn wir Steine klopfen, während Herr Papen spazierengeht.«

Mittwoch, 16. Oktober 1946

Auch Goering entzog sich dem Strafvollzug. Drei Stunden ehe er am Galgen hängen sollte, beging er in seiner Zelle Selbstmord. Hitler, Himmler, Goebbels, Göring. Keiner von ihnen hat den Tod gefunden, zu dem er Millionen seiner Mitmenschen verurteilte. Keiner von ihnen hätte – wäre es anders gekommen – seinen Feind aus dem Netz schlüpfen lassen. Warum lassen Demokratien ihren Feind aus dem Netz schlüpfen. Nicht der Henker imponiert der Menge, der vergebens am Galgen steht, sondern der Verbrecher, der ihm ein Schnippchen schlägt. Wie viele Fehler könnten vermieden werden, wenn die Alliierten uns erlaubten, ihnen ab und zu einen Ratschlag zu geben. Weckt nicht die deutsche Sentimentalität, würden wir ihnen jetzt raten. Weckt sie um keinen Preis im Zusammenhang mit den Nazis. Verantwortungswille ist wichtiger als Sensationslust. Und sind die Geister erst gerufen, wird man sie so bald nicht wieder los.

Donnerstag, 17. Oktober 1946

Tot ist Hermann Göring. Tot sind Ribbentrop, Keitel, Rosenberg, Frank und Frick. Tot Julius Streicher, Kaltenbrunner, Sauckel, Jodl und Seyss-Inquart. »Ribbentrop wurde nach 14 Minuten und 45 Sekunden für tot erklärt. Jodls Tod dauerte etwas länger«, schreibt die Berliner Zeitung Der Abend. Gefährlich nisten sich die letzten Worte der Verurteilten in den Herzen der Empfänglichen ein. Spielt nicht mit dem Feuer, möchten wir die Nürnberger Reporter beschwören. Vergebliche Mühe. Sie ersparen uns keine noch so abgeschmackte Sentimentalität.

Samstag, 19. Oktober 1946

Die ganze Nacht haben Heike, Frank und ich Plakate geklebt. Sobald wir unsere Strecke abgearbeitet hatten, erschien die Konkurrenz und »klebte nach«. Wählt SPD – wählt SED. Mindestens dreimal wechseln in dieser Nacht auf der südlichen Ausfallstraße Berlins die politischen Werbeaffichen. »Trösten wir uns«, sagt Heike und mustert das Resultat ihrer letztstündigen Niederlage. Auch die CDU ist vom Schauplatz verschwunden. »Es geht eben nichts über ein entsprechendes Papierkontingent.«

Sonntag, 20. Oktober 1946

Wahlfieber, Wahlhitze, Wahlleidenschaft. Fast 90 Prozent der Berliner Bevölkerung beteiligen sich an der Stimmabgabe. 851 000 Männer, eineinhalb Millionen Frauen. »Die Frauen Berlins haben sich gegen den russischen Liebhaber entschieden«, sagt ironisch ein SEDist, als am späten Abend die endgültigen Wahlergebnisse bekannt werden. 48,9 Prozent für die SPD, 21,5 für die CDU, 20,4 für die SED. Die »Sandburg« hat standgehalten. Nun werfe, wer bereit ist, unter gleichen Umständen das gleiche zu tun, den ersten Stein auf das Nachkriegsberlin.

Dienstag, 22. Oktober 1946
So triumphal hatten sich die Sozialdemokraten ihren Wahlsieg nicht vorgestellt. Ob nicht auch hier ein Großteil der Wähler das Programm der Partei viel weniger meinte als die Front gegen den Osten? »Jetzt dürfen wir zwei Fehler nicht begehen«, sagen die Einsichtigen in der SPD. »Wir müssen aufhören mit dem Bruderkrieg und aufhören, die Russen vor den Kopf zu stoßen.«

Mittwoch. 23. Oktober 1946
Das Vor-den-Kopf-Stoßen haben wir bereits geschafft. Und genau die Dinge getan, die wir »um der Brücke willen« am dringendsten hätten vermeiden sollen. Erste »Regierungshandlung« der SPD nach dem Wahlsieg. Funktionärkonferenz in der »Neuen Welt«. Franz Neumann und Schumacher sprechen. Die Lage ist wenig erfreulich. Abtransport deutscher Arbeiter in die Sowjetunion. In der Nacht zum 21. Oktober hat es begonnen und bis heute nicht aufgehört. In der sowjetischen Zone und im russischen Sektor Berlins werden Facharbeiter, Wissenschaftler und Spezialisten verschiedener Schlüsselindustrien unter überraschenden Begleitumständen abgeholt und – mit unbekanntem Ziel – in östlicher Richtung verfrachtet. Demokraten nennen das Menschenmord. Diktatoren »Erfüllung früherer Verpflichtungen«. Wer hier wem verpflichtet war, ist aus den Kommentaren nicht festzustellen. In den Familien der Verschleppten herrscht panische Aufregung. Der SPD-Vorsitzende Franz Neumann protestiert. Er schüttelt die Faust gegen die SED und appelliert mit Leidenschaft an das Gewissen der zuständi-

gen Besatzungsmacht. Keiner übertrifft ihn an Kühnheit. Doch wenn man bedenkt, daß die SPD ihren Regierungsantritt mit einem Minimum des Wohlwollens beginnt, das die SED bis zum Maximum genoß, kann einem vor soviel Kühnheit beklommen werden.

Mittwoch, 30. Oktober 1946
Im Kontrollrat wird die Zwangsverschickung der Zwangsarbeiter diskutiert. »Wir werden uns erkundigen«, erklärt der sowjetische Vertreter. »Wir werden alles in Bewegung setzen...« Barmherziger Himmel! Es ist schon »in Bewegung gesetzt«. Die Züge mit den Spezialisten rollen bereits gen Osten. »Warum sind die Gauner des Telegrafs und ihre Genossen so erregt?« wundert sich die Tägliche Rundschau. »Es ist allgemein bekannt, daß deutsche Spezialisten auch früher sehr oft zur Arbeit in die Sowjetunion auf Grund von Vereinbarungen reisten.« Gewiß – doch berührt es befremdlich, wenn solche Abreise bei Nacht und Nebel, nach Umzinglung des Wohnblocks erfolgt. Die Züge rollen. Und keine Interpellation im Kontrollrat ist in der Lage, sie aufzuhalten.

Samstag, 2. November 1946
Stromsperren... Stromsperren. Die SPD beginnt ihre Regierung mit einer schweren Kreditbelastung. Ohnehin hat sie genügend zu tun, die Postenfülle, die ihr der Wahlsieg überraschend in den Schoß warf, entsprechend zu besetzen. So komisch es klingen mag: Weder die SPD noch die CDU verfügen über das Ausmaß an Prominenzen, das ihr neues Magistratskontingent von ihnen fordert. Die Funktionäre beraten – Verlegenheitslösungen. Hat man deshalb am 21. März nein gesagt, damit man am 1. November nicht weiß, wie man das Nein in die Tat umsetzt.
Stadträte gesucht, Referenten gesucht, Bürgermeister, Abteilungsleiter und Bezirksvorstände. Die SED lächelt ironisch. Wir wüßten, was wir täten. Wir hätten es nicht nötig, uns den Kopf wegen Amtsbesetzung zu zerbrechen. – Auch nicht

wegen Genehmigung dieser Amtsbesetzung durch die Besatzungsmacht, denken die Sozialdemokraten. Und warten immer dringender darauf, daß man in den russisch besetzten Stadtbezirken ihren Regierungsantritt anerkennt.

Mittwoch, 20. November 1946
Der Berliner Bürger schlägt vor Kälte den Kragen hoch, bläst in die Hände und schiebt das letzte Stück Holz in den Ofen. Die Berliner Westpresse streitet über die Frage, ob es in Deutschland eine Widerstandsbewegung gegeben habe oder nicht. Gabriele Strecker, die als erste deutsche Frau im Oktober nach Amerika reiste, hat dort diese Frage mit nein beantwortet. Auch der Tagesspiegel beantwortet sie mit nein. Und die Welt zieht aus diesem Nein die entsprechenden Konsequenzen. Bis heute gibt es in Deutschland keinen Zusammenschluß der Kämpfer gegen den Nazismus, so wie sich die Widerstandskämpfer in Polen zusammenschlossen, in Frankreich, in Holland, in Belgien und Norwegen. Was man bei uns bisher zustande brachte, ist nur ein Bund der Opfer des Faschismus. Verein der Dulder, Sozialverband der Opferlämmer. Es ist schön, der Leidenden zu gedenken. Es ist nur gerecht, die Mißhandelten zu entschädigen. Doch warum sich auf das Passive beschränken.

Freitag, 6. Dezember 1946
Mit dem Sturz des Thermometers sinkt auch die Quecksilbersäule unseres Optimismus. Werden wir diesen Winter durchhalten? »Wer heut noch lebt, ist selber schuld. Bomben sind genug gefallen«, sagt der Berliner melancholisch und verkriecht sich frostbebend in sein Schneckenhaus.

Montag, 16. Dezember 1946
20 Grad minus während der Nacht. Am Morgen hat man in unserem Wohnblock das Wasser abgestellt. Wir schleppen Eimer und erinnern uns trübselig der Zeiten der Eroberung.

Samstag, 21. Dezember 1946
»Was hältst du von einem Weihnachtsbaum?« fragt Frank mich heute morgen. »Viel«, antworte ich, »nur gibt es leider keine. Es sei denn, du hättest einen Ausweis als Kinderreicher oder als Opfer des Faschismus.« Frank lacht. »Oder eine Säge«, ergänzt er listig. »Ach so!« erwidere ich. Mir dämmert eine Ahnung. Wir sitzen gemeinsam am Frühstückstisch. Brot, Margarine und lauwarmer Kaffee. Soeben schlug die Uhr halb sieben. Um sechs Uhr hat man den Strom abgeschaltet. Zwanzig Minuten nach Weckerklingeln und zehn Minuten nachdem wir das Eis aus dem Wassereimer geklopft und zum Kochen in den Kaffeekessel gelegt hatten. Wieder mal fühlen wir uns von der Elektrizitätsgesellschaft um eine Nasenlänge geschlagen. Ärgerlich! Man friert ohnehin genug. Mit 20 Grad Kälte draußen, einem Grad unter Null in der Küche und vier Grad minus im Badezimmer. Schon zweimal ist Heike während der letzten Nächte das Wärmflaschenwasser im Bett gefroren. Seit letzten Montag hat man in der Siedlung das Wasser nicht mehr angestellt. Über siebzig Rohrbrüche, behauptet der Verwalter. Es fehle das Lötzinn. Vor drei Monaten sei an Reparaturen nicht zu denken. Gesegnete Aussichten! Man möchte fluchen wie ein Fuhrknecht. Noch 22 Briketts im Keller, acht bis zehn Stunden Stromsperre täglich – im englischen Sektor brennt zur Zeit nur zwanzig Minuten am Tage das Licht – kein Wasser, keine Kochmöglichkeit und keinerlei Chance, Toilette oder Badewanne zu benutzen. Päckchenweis trägt der Berliner seine Körperschlacken aus dem Haus und versenkt sie diskret in den nächsten Trümmerhaufen. Ein unwürdiger Zustand. Frank hält die Nase gegen den Zylinder der Petroleumlampe – Schwarzkauf, fabriziert aus dem Vorsatzstück einer Gasmaske. »Frierst du auch so wie ich?« Zur Antwort schnattere ich ein bißchen mit den Zähnen. »Wenn man wenigstens Petroleum bekäme oder eine vernünftige Kerze.« »Sechs Mark pro Stück«, sagt Frank. »Unter der Hand, soviel du haben willst.« Er schlägt den Mantelkragen hoch und wickelt sich in etliche

Wollschals. »Also, wie ist es mit dem Weihnachtsbaum?« Ich nicke. »Um drei, wenn du kannst, um sechs wird es dunkel.«
Als er fortgegangen ist, krieche ich noch mal ins Bett. Was soll man anfangen bei einer Durchschnittstemperatur von minus ein Grad in der Wohnung, mit klammen Füßen und frostblauen Fingern? Selbst das Gehirn beginnt zu streiken, wenn man es in den Frigidaire steckt.
Um zehn Uhr erscheint Heike. Rotnasig, in Pelzmantel und Überschuhen. »Wenn ich nicht gleich einen Schnaps trinke, taue ich nie mehr auf!« sagt sie kläglich. Ich schüttle die letzten Tropfen aus der Cognacflasche. »Mit Andacht, Liebling«, beschwöre ich sie, »du schlürfst pures Gold.« Siebenhundert Mark die Flasche ist kein Pappenstiel. Gemeinsam setzen wir den frisch erworbenen Kanonenofen in Brand. Er raucht, wie fast jeden Morgen, und was er an Wärme spendet, lüften wir hustend wieder hinaus. Wasserholen – Holzspalten, Strom abpassen, Spüleimer in die Ruinen schleppen – bis drei Uhr vergeht der Tag mit Arbeit und Plage. Dann starten Frank und ich, eine Säge unter dem Mantel, zur verabredeten Weihnachtsbaumaktion. Knöcheltief liegt der Schnee am Teltower Ufer, und über dem glatten Eisspiegel des Kanals flimmert die Sonne mit tausendfältigem Glitzern. »Komisch«, sage ich, »daß man die Kälte im Zimmer ärger spürt als draußen.« Frank lacht. »Es bleibt dir unbenommen, dein Bett im Grunewald aufzuschlagen.« Nach einer Stunde begegnen wir kaum einem Menschen mehr. Wie Watte liegt der Schnee über den verödeten Schrebergärten. Wie in Watte packt er die Ruinen, die zerborstenen Eisenträger der gesprengten Kanalbrücken. Kopfschüttelnd blickt Frank auf die schweigsame Landschaft. »Und das nennt sich Großstadt!« »Nicht mehr«, verbessere ich ihn, »seit fünf Minuten befindest du dich in der russischen Zone.« »Ach so!« – Mit den Sektorengrenzen ist für viele Berliner die Welt zu Ende. Was jenseits liegt, dünkt sie Wüste und Wildnis. Unzählige aus den westlichen Sektoren haben seit Mai 45 noch keinen Fuß in

den russischen Sektor gesetzt – geschweige denn in die russische Zone.
In der Ferne taucht die Teltower Schleuse auf. Ein russischer Schlagbaum. Ausweiskontrolle. »Um Himmels willen, ich hab meine Papiere vergessen.« Wie gelähmt vor Schrecken taste ich alle Taschen ab. »Mädchen!« sagt Frank entgeistert. Im nächsten Moment zieht er mich mit geistesgegenwärtigem Griff hinter den Lattenzaun des Schleusengasthofs. Durch Küche und Wirtschaftsräume dringen wir, Entschuldigungen murmelnd zur Gaststube vor. Ihr Ausgang liegt drei Meter jenseits der Barriere. Am Schanktisch demonstrieren wir bürgerliche Unbescholtenheit und bestes Gewissen. Wer ohne Personalausweis auf der Straße getroffen wird, macht sich strafbar. Jede Kontrolle hat das Recht, ihn zu verhaften. Verhaftung durch die Russen? Unerfreulich, höchst unerfreulich! Schon mancher kam von solcher Festnahme erst nach Wochen oder gar nicht mehr zurück. Bei einem Korn besprechen wir unsere Klemme. Der Korn kostet fünf Mark fünfzig. Aber man bekommt ihn immerhin. Das ist ein Vorzug der russischen Zone. »Schöner Vorzug«, jammern ihre Bewohner, »er verschlingt unsere halbe Kartoffelernte.« Doch diese Sorgen sind zur Zeit nicht unsere. Frank schlägt vor, das Terrain zu sondieren. Nach fünf Minuten kehrt er zurück. »In einer Viertelstunde kommt der Autobus nach Stahnsdorf. Sobald der Posten ihn kontrolliert, sausen wir um die nächste Ecke.« Wie er sagt, geschieht es. Und gottlob mit Erfolg. Als wir in verdächtiger Eile über die Dorfstraße laufen, wendet uns die Schlagbaumkontrolle ahnungslos den Rücken.
Hinter der Teltower Schleuse beginnt der Wald. Wir spähen nach allen Seiten. Es gibt nicht viele Fichten in der Umgebung Berlins. »Kiefer tut es schließlich auch«, beschließt Frank, nachdem wir zwanzig Minuten durch knietiefen Schnee gewatet sind und nicht ein einziges Exemplar der gewünschten Gattung gefunden haben. Eilig packt er die Säge aus. Walddiebstahl, zwickt mein Gewissen. Quatsch, beruhige ich mich selbst, die Wälder von Brandenburg werden uns das

Bäumchen schon gönnen. Ein rascher Blick nach rechts und nach links – den illegalen Blick hat ihn Andrik getauft –, und sauber abgesägt liegt neben uns im Schnee eine bildschöne Kiefer. Zufrieden räumen wir unser Handwerkszeug zusammen. Als wir auf dem Drei-Lindener S-Bahnhof dem Abteil für »Reisende mit Traglasten« zustreben, entdecken wir in seinem unbeleuchteten Dunkel eine ganze Versammlung von Weihnachtskiefern. Verschämt stehen sie neben ihren illegalen Besitzern. Also nicht wir nur allein waren heute nachmittag mit der Säge unterwegs. Selten schien uns ein Weihnachtsbaum so teuer.

Sonntag, 22. Dezember 1946

»Wenn man nur wüßte, was man dranhängen soll«, grübelt Heike, als sie unsere Trophäe von gestern betrachtet. Dranhängen und drunterlegen. Ein schwieriges Problem. Gewiß, es gibt Geschäfte. Nur mag man das, was in ihnen verkäuflich ist, nicht kaufen. Das was man kaufen möchte aber befindet sich nicht dort. Man kann sich schließlich nicht zu jeder Gelegenheit mit einer unschön bemalten Schmuckkachel beschenken, einem neuen Aschbecher, einer Ansteckblume oder einem sinnlosen Kunstgegenstand. Auch die Aufnahmefähigkeit für Feuerhaken, Kartoffelstampfer, Schöpfkellen und Schaumlöffel hat ihre Grenzen, selbst wenn sie aus wertvollstem Edelmaterial bestehen. Im Drange nach Aufbau und Produktion fertigten beflissene Unternehmer im ersten Friedensjahr millionenweise Feuerhaken und Aschbecher an. Zum Teil aus den Heeresbeständen höchstwertigen Edelstahls. Warum gerade Feuerhaken? Warum ausgerechnet Aschbecher, wenn man im Monat nur sechs Zigaretten erhält? Man sagt, für kompliziertere Produkte fehlten die Maschinen. Sie seien abmontiert oder durch Bomben vernichtet. Zehn Feuerhaken kommen auf jeden Berliner, hat ein Statistiker ausgerechnet. Was tut ein einzelner Mensch mit zehn Feuerhaken? Wie viele Feuerhaken entfallen dann auf eine fünfköpfige Familie? Nicht auszudenken! Dafür billigt die Bezugscheinstelle Kochtopf, Bratpfanne oder Kaffeekessel im Höchstfall einem Haushalt von nicht unter drei Personen zu. Den kleineren Haushalten bietet sich die Chance, ihren Kaffee in Aschbechern zu kochen oder ihr Gemüse auf Feuerhaken zu dämpfen.

Inzwischen ist die Fabrikation vielfältiger geworden. Bloß nicht um das, was man braucht. Was in den Schaufenstern liegt, ist Luxus oder Schund. Die eigentliche Bedarfsware befindet sich unter dem Ladentisch, wird auf dem schwarzen Markt verhandelt oder ergibt sich im Höchstfall aus der Ablieferung eigener Zutaten. Puppenanfertigung bei Abgabe von 65 cm Stoff und 50 Meter Nähgarn. Eine neue Grammophonplatte gegen Abgabe einer alten. Handschuhanfertigung bei Abgabe von . . . Pantoffelanfertigung bei Abgabe von . . . Blusen, Hüte, Schlipse, Pullover. Die Anfertigung nach Maß oder ohne, aus eigenen Beständen, aus vorhandenem Material beherrscht das gesamte Geschäftsleben. Wenn man Pech hat, muß man drei Preßkohlen und ein Bündel Holz für die Ladenbeheizung zusteuern. Für den schwarzen Markt reicht nur noch die Kaufkraft der Schieber. Ein Stück Seife – vierzig Mark. Eine Weihnachtsgans – tausendvierhundert Mark. Ein Paar Schuhe – tausend Mark. Ein Pfund Schokolade – fünfhundert Mark. Ein Anzugstoff – dreitausend Mark. Kein Mensch kann legal so viel verdienen, wie er bezahlen müßte, um das Lebensnotwendigste anzuschaffen. Dafür sorgt auf der einen Seite die Höhe der Schwarzpreise, auf der anderen das Finanzgesetz. Denn wie man es auch anstellen mag, man kommt im Monat nicht über tausend Mark Einkommen. Was höher hinaufgeht, und sei es selbst noch so hoch, verschlingt die Steuerkasse. Warum soll ich mich anstrengen, fragt sich der Bürger. Für das Finanzamt? Für den Staatssäckel? Denkt's und paßt sich den Verhältnissen an. Er bremst seine Arbeitskraft und tut nur noch so viel, wie ihm das Finanzamt nicht wegsteuert. Darüber hinaus lebt er vom Tausch: von einem andersgearteten Tausch allerdings als im Mai 45. Steuerentzogener Schwarzhandel gegen steuerentzogenen

Schwarzhandel. Den Silberkasten der Aussteuer gegen Zigaretten, Kaffee, einen Wintermantel, einen Anzugstoff. Das Meissner-Service der Urgroßmutter gegen zehn Pfund Zucker, fünf Flaschen Schnaps, drei Päckchen Tabak, zwölf Zentner Kohlen, ein Paar Überschuhe. Der Preis regelt sich nach der Nachfrage. Groß ist die Nachfrage unserer Sieger nach Wert- und Kulturgegenständen. Groß – fast beschämend groß – unser Eifer, sich ihrer zu entäußern. Fünfundachtzig Prozent aller Berliner leben über ihre Kartenzuteilung hinaus von zusätzlichen Produkten, stellte kürzlich eine amerikanische Umfrage fest. Das heißt, mehr als Dreiviertel der Bevölkerung beteiligen sich heute am Schwarzhandel. Kann man bei so was von moralischer Gesundung sprechen?
»Also was hängen wir dran und was legen wir drunter?« unterbricht Heike mein Wirtschafts-Resumé. Nach einstündiger Beratung und gemeinsamem Kassensturz einigen wir uns auf ein Dutzend Kerzen – Kostenpunkt zweiundsiebzig Mark, zwei Päckchen Lametta – Kostenpunkt je acht Mark fünfzig, ein Dutzend Lichthalter – Kostenpunkt, da legal erhältlich, je zwanzig Pfennig – und Zutaten für vier Teller voll Weihnachtsgebäck. Der Rest muß durch Handarbeiten bestritten werden, durch »Auskämmen der Bestände« und milde Spenden aus amerikanischen Liebesgabenpaketen. »Ich handarbeite zehnmal freiwillig Wasserholen«, erbietet sich Heike. »Auch zehnmal Holzspalten wäre ein gutes Geschenk!« Gemeinsam malen wir Bons für die entsprechenden Leistungen. Dann werden die Bestände »ausgekämmt«. Für Frank eine fast neue Brieftasche, für Jo einen seidenen Schal. Das Weihnachtsfest ist gesichert, und wenn uns die Elektrizitätsgesellschaft den Strom dazu schenkt ...

Dienstag, 24. Dezember 1946
Sie hat ihn uns geschenkt. Mit nobler Geste während der Feiertage die Sperren aufgehoben. Entzückt erfreuen wir uns der unbehinderten Koch- und Leuchtmöglichkeit. Nur mit dem Wasser hapert es weiter. Tag für Tag schleppen wir drei

Straßen weit die Eimer. Nacht für Nacht friert ihr Inhalt in ihnen fest. Trotzdem ist Weihnachten. Und plötzlich gibt es sogar Christbäume. Woher, weiß kein Mensch, ohne Schein, ohne Schwarzpreis, auf jedem Güterbahnhof. Wir bleiben unserer Weihnachtskiefer treu. Man soll nicht undankbar sein. Als es dunkel wird, gehen Heike und ich in die Kirche. Was ist Heiligabend ohne Weihnachtslied. Eiskaltes Dunkel empfängt uns. An den hohen Fichten rechts und links vom Altar brennen sechs trübselige Paraffinlichte. Wie graue Schatten hocken zwischen den Bänken ein paar Dutzend verhärmter Menschen. »Friede auf Erden«, sagt der Pfarrer. Als er die Hände zum Segen erhebt, wird unter seinem Talar eine graue Strickweste sichtbar. Er friert, daß es einen erbarmen kann. Wir frieren ebenfalls. Alles friert. Um uns, in uns, neben uns. In dicken Wolken geht uns der Atem vom Munde. Auch der Christus am Kreuz scheint zu frieren. Und wie vom Frosthauch erstarrt dringt das Wort seiner Lehre an unser Ohr. Vergebens suche ich in mir nach einem Widerhall. Ist das die Botschaft, die die Hungrigen speist, die Verlassenen tröstet, die Elenden aufrichtet. Grau und gedrückt hocken die Zuhörer zwischen ihren Bänken. So mögen sie nach dem Dreißigjährigen Krieg in den Kirchen gesessen haben. So jammervoll müde, so armselig und trostlos. »Glaubst du, daß die Kirche das noch schafft?« fragt Heike mich auf dem Heimweg. Ich schüttle den Kopf. »Die Lehre vielleicht, aber nicht ihre Mittler. Sie leuchten zu wenig. Zum mindesten der von heute abend. Es ist kein Zufall, daß die theologische Fakultät die kleinste Studentenzahl hat. Im Mittelalter war es umgekehrt. Ganz einfach, weil man anders glaubte. Viel stärker und kindlicher. Heike nickt. »Kindlicher«, bestätigt sie. »Bei uns sind schon die Kinder verbitterte Greise.« Vor der Tür erwarten uns Frank und Jo. »Gesegnete Weihnachten.« Zur Feier des Tages haben wir den Tisch vor dem Kamin gedeckt. »Vom Himmel hoch, da komm ich her«, schallt es aus dem Radio. »Vorgestern ist aus Polen der zweite Flüchtlingszug mit Erfrorenen angekommen«, berichtet Jo. »Dreiundfünfzig Tote, hundertzweiundachtzig schwere Erfrierungen, fünfundzwanzig Amputationen. Auch Kinder sollen dabeigewesen sein. Ich glaube, beinahe dreißig.« Frank springt auf und stellt das Radio ab. »Daß sie sich nicht schämen, so was zuzulassen«, schimpft er. Jo zieht eine Grimasse. »Zuzulassen – ohnehin gibt es bei uns zwanzig Millionen Menschen zuviel.« Heike schüttelt sich. »Red doch nicht wie ein Rohling.« Wortlos drückt Frank wieder auf den Radioknopf. »O du fröhliche, o du selige gnadenbringende Weihnachtszeit«, singt ein hellstimmiger Kinderchor. Die Kerzen brennen. Andrik, denke ich. Geliebter Andrik!

Montag, 30. Dezember 1946

Kein Strom, kein Wasser, keine Kohlen. Und nach wie vor fünfzehn bis zwanzig Grad Kälte jede Nacht. Schon hört man von Menschen, die in ihren Betten erfroren seien. Kein Gedanke an eine vernünftige Arbeit. Unzählige Betriebe wurden wegen Mangel an Heizmaterial geschlossen. Es läßt sich wenig anfangen mit hundert Pfund Brikett-Zuteilung! Auf dem Schwarzmarkt stieg der Kohlenpreis bis zu fünfundneunzig Mark pro Zentner. Nur kriegt man meistens keine. Zum mindesten nicht als normaler Sterblicher. Auch Kohlenhändler wollen bestochen sein. Mit Zigaretten, mit Butter oder anderen Raritäten. Es ist schon traurig, wie man sich anschmieren muß. Kein Handwerker kommt ohne entsprechendes Lockmittel. Kein Schuster flickt einem die Schuhe, kein Schneider repariert einem den Mantel, wenn man ihm vorher nicht irgend etwas in die Hand drückt. Nur für die Arbeit, denn Nägel und Sohlen, Garn, Nadeln und Flickzeug, Lötzinn, Benzin für den Lötkolben oder was sich sonst an Reparaturmaterial ergibt, muß man ohnehin liefern. Wir tragen unsere Körperschlacken päckchenweis in die Ruinen, wir sparen mit jeder Gabel, jedem Löffel, jedem Stück Geschirr, wir geizen mit jedem Wassertropfen. Wir sitzen in Mantel und Pelzmütze des Abends um die Petroleumlampe, und wenn wir zu Bett gehen, kringeln wir uns zusammen wie Regenwürmer. Zur Ablenkung liest Frank uns Goethe-Gedichte vor. »Die sind auch bei zwanzig Grad Kälte noch schön«, behauptet er. Sie sind es auch. Ja, wenn man es recht bedenkt, sind sie bei zwanzig Grad Kälte, ohne Strom, ohne Wasser, ohne Kohlen beinahe noch schöner.

Dienstag, 31. Dezember 1946

Silvesterabend. Wir sitzen um den Kamin. Wir möchten am liebsten in ihn hineinkriechen. Von vorne brät man, und der Rücken ist kalt wie Eis. Kaum einer unter uns fühlt sich in sonderlicher Feststimmung. Ob es nächstes Jahr besser sein wird? Jo Thäler macht eine hoffnungslose Gebärde. »Nicht nächstes und nicht übernächstes. *Das* Spiel ist für uns verloren. Für uns und für das Abendland.« Er spricht aus, was uns allen wie ein Albdruck auf der Seele liegt. Wir haben keine Hoffnung mehr. Die strahlende Beschwingtheit von 1945, der Rausch, aus der Kraft unseres Glaubens einen neuen Aufschwung zu schaffen, ist einer flügellahmen Enttäuschung gewichen. Schon längst haben wir begriffen, daß es gar nicht mehr um uns, sondern um den Machtstreit zweier Weltanschauungen geht. Auf unserem Rücken wird er ausgetragen. Ob heute – ob morgen –, die Entscheidung darüber fällt, wir werden es zweifellos zuletzt erfahren. Weder Frank noch Heike, noch Jo oder ich haben ein Wort in dieser Sache mitzusprechen.

Alle sind sie müde geworden während der letzten zwei Jahre. Die Pg.s, die immer noch auf ihre Entnazifizierung warten, begreifen schon längst nicht mehr, in welchem Zusammenhang ihre Helotenstellung von heute zu ihrer politischen Haltung von vorgestern steht. Sie sind nur noch beleidigt und lassen an keiner Besatzungsmacht ein gutes Haar. »Die Masse – das Volk – der Teil der Nation«, wie Hegel sagt, »der nicht weiß, was er will«, ärgert sich, daß es nicht aufwärts geht. Der Magen diktiert ihre Meinung und diese Meinung spricht: »Warum gibt es keine Kartoffeln. In Westpreußen und Posen, in Pommern und Schlesien liegen die Felder brach. Warum liegen die Felder brach? Warum bekommen wir keine Kartoffeln? Bei Hitler haben die Felder nicht brach gelegen. Bei Hitler gab es Kartoffeln. Er will uns eben verhungern lassen, der Engländer und der Amerikaner, der Franzose und der Russe. Sonst würde er uns doch Kartoffeln geben. So aber bekommen wir keine Kartoffeln.« Und die ehemaligen Nazigegner? Hundertmal denke ich an Andriks Worte: »Es ist viel leichter, gegen etwas solidarisch zu sein als für etwas.« Nur im Schimpfen über einen anderen, über die Fehler der Besatzungsmächte oder über die schlechten Verhältnisse sind wir heute noch solidarisch. Hie SPD – hie SED. Hie Bayern – hie Preußen. Hie Frauenzeitschrift sie – hie Frauenzeitschrift Für Dich – hie Tagesspiegel – hie Neues Deutschland. Man spricht von der großen Linie, aber man meint nur sich selbst. Und hat es überhaupt denn Sinn, an die »große Linie« zu denken? Jede Zone nimmt von Monat zu Monat stärker das Gesicht ihrer Besatzungsmacht an. Von Tag zu Tag vergrößert sich die Kluft, die die eine von der anderen trennt. Wer weiß, ob sie am Ende nicht endgültig ist? – Im Radio schlägt es zwölf. »Prost Neujahr«, ruft man draußen. Aber auch dieser Ruf klingt nicht froh. »Auf die Wiedergeburt des Abendlandes«, sagt Frank und hebt sein Glas mit schwarzgekauftem »Cognac«. »Auf die Wiedergeburt des Abendlandes«, wiederholen wir, miteinander anstoßend. Dann lösen wir die Lichtstümpfchen von der Weihnachtskiefer, stecken sie in die Tasche und klettern über den Friedhofszaun. Auf Andriks Grab stehen sechs Tännchen. Und als wir an ihnen die Lichter angezündet haben, fühlen wir uns doch plötzlich wieder »für etwas« solidarisch.

Donnerstag, 2. Januar 1947

Die ganze Stadt spricht von den erfrorenen Flüchtlingen. »Sie haben sie verrecken lassen«, schimpfen die Leute. »Sie haben ihnen nichts zu essen gegeben und nichts zum Wärmen, weder Wasser noch Brot, weder Decke noch Stroh. Sie wußten, daß

sie sterben müßten. Sie wollten, daß sie sterben müßten.«
Wenn man vorsichtig einzuwenden versucht, daß auch Hitler
davon wußte, daß Millionen Juden in Gasöfen starben,
schauen sie einen böse an und verstummen. Spitzel! sagt ihr
feindseliger Blick. Alliiertenknecht! Erbärmlicher Volksverräter! Manchmal überlegen wir uns, ob wir wirklich so
schlechte Deutsche sind. Jeder Mensch, der unschuldig zugrunde geht, ist des Erbarmens der Mitmenschen wert. Alle,
die von seinem Martyrium wissen und es nicht verhindern,
machen sich schuldig vor ihm. Heute sammeln deutsche
Märtyrer feurige Kohlen auf die Häupter ihrer Peiniger,
gestern taten es die Juden. Morgen werden es vielleicht die
Neger tun und übermorgen die Araber. Geht uns der eine
mehr an als der andere. Ist es nicht das gleiche für unser
Rechtsgefühl, ob in diesem oder in jenem Winkel der Erde ein
Mensch gekränkt, ein Unschuldiger verfolgt, ein Schutzloser
ohne Schutz gelassen wird?
Dreiundfünfzig Erfrorene zog man in der Weihnachtswoche
aus polnischen Flüchtlingszügen. Das ist ein winziger Bruchteil der Tausende und Abertausende, die während der letzten
zwanzig Jahre auf der Flucht aus der Heimat umgekommen
sind. »Die größte Völkerwanderung aller Zeiten«, schreibt
ein englisches Journal. Frank hat sich die Ziffern herausgeschrieben. »Wahrhaftig, wenn man das zusammenrechnet«,
sagt er und starrt deprimiert auf seinen Zettel voll Zahlen.
»Also lies schon«, dränge ich. Er rückt sich die Kerze heran –
seit vierzig Minuten warten wir auf das Ende der Stromsperre
– und liest.
»Hör auf!« ruft Heike und hält sich die Ohren zu. Frank
verstummt. Bedrückt starren wir alle vor uns hin. In meiner
Erinnerung tauchen die Flüchtlinge der Frankfurter Autobahn
auf. »Tutt mer so weh«, sagte das Kind aus Schlesien,
balancierte auf nackten Hacken und reckte seine blutenden
Fußsohlen spitzwinklig in die Luft. »Tutt mer so weh!« –
Vielleicht ist er gestorben inzwischen. Kein Wasser, kein
Strom, keine Heizung, keine Kartoffeln. Knirschende Kälte

Tag und Nacht. In Kürze wird man die Theater schließen, Kinos und Luxuslokale in öffentliche Wärmehallen umwandeln. »Kohlenversorgung vor dem Zusammenbruch«, schreiben die Zeitungen. Straßenbahnlinien werden eingezogen, S-Bahnzüge verringert, Betriebe geschlossen, Dienststellen zusammengelegt. An den zugigen Haltestellen staut sich die Fülle der Wartenden. Man stürmt die Verkehrsmittel. Wie Preßstroh in einer Kiste quetscht man sich eingeklemmt in ungeheizten Abteilen. Dort hängen Eiszapfen von der Decke, und jede Türklinke trägt eine Rauhreifschicht. »Schwan kleb an«, brummte gestern neben mir ein Fahrgast, während er sich wütend bemühte, seinen festgefrorenen Wollhandschuh vom Messinggriff loszuzerren. Strommangel ... Strommangel. Die Kohlenpreise im Schwarzhandel stiegen auf hundertfünfzig. Für unzählige Berliner ist ihr Bett heute die einzige Heizung. Wenn nur Petrus ein Einsehen hätte oder diejenige Besatzungsmacht, die angeblich mit ihrer Kohlenlieferung nach Berlin um Tausende von Tonnen im Rückstand sein soll. »Die Flüchtlinge aus Polen werden nicht die einzigen Erfrorenen bleiben«, seufzt Frank.

Sonntag, 12. Januar 1947

»Guck mal«, sagt Heike und reicht mir ein Zeitungsblatt. »Die Ratten verlassen das sinkende Schiff.« Ich betrachte die Rubrik mit Familiennachrichten. »Ihre Verlobung geben bekannt: Eva Schmidt – Lester Stone, New York ... Renate Hoffmann – Charles Miller ... Cläre Frank – Edward Grey, Chicago ... Detroit ... Los Angeles.« »Hm«, sage ich. »Deutsche Männer scheinen nicht gefragt.« »Das mein' ich ja«, erwidert Heike. »Zwölf Familienanzeigen, davon zehn Verlobungen mit Amerikanern. Und das in einer Berliner Zeitung.« »Vielleicht lieben sie sich«, wende ich ein. Heike wehrt zweifelnd ab. »Vielleicht.«

Am Abend bespreche ich mich mit Frank darüber. Der lacht mich aus. »Warum nimmst du es so tragisch. Laß sie sich doch in Gottes Namen verbrüdern. Es hat manches für sich, wenn amerikanische Schwiegermütter merken, daß auch deutsche Mädchen nicht immer Hyänen sind, und amerikanische Soldaten erfahren, wie man hier in bürgerlichen Haushalten mit Anstand hungert und friert. Und was die Schokolade, die Zigaretten und Cocktails betrifft...« Er lächelt nachsichtig. »Nicht jeder hat eine Präzisionswaage zum Gewissen. Und nicht von jedem darfst du verlangen, daß er eine hat.« »Ja aber...«, werfe ich ein. »Was für ein Aber?« fällt mir Frank, ernster werdend, ins Wort. »Kannst du es hungrigen Kindern verdenken, daß sie nach einem Stück Zucker haschen? Der Trübsal ihrer Tage ein bißchen Lebenslust abstehlen? Was hast du ihnen denn zu bieten, außer Trümmern und Tränen, zerstörten Hoffnungen und mageren Versprechen. Wir waren kaum geboren, als Hitler ans Ruder kam, werden sie dir vorhalten. Wir haben ihn nicht gewählt. Ihr habt ihn gewählt. Ihr habt uns in seinem Geiste erzogen. Nun wollt ihr, daß wir die Folgen tragen. Wir pfeifen auf eure Folgen. Wir fordern für uns das Recht, unser Leben zu genießen.« – »Aber doch nicht so«, protestiere ich. »So penetrant materiell, so peinlich egoistisch.« – »Wie denn sonst?« fragt Frank. »Willst du Idealismus ernten, wo du ihn nie gesät hast? Um sich für Gedankenfreiheit zu begeistern, muß man zuvor begriffen haben, daß Gedankenfreiheit etwas Begeisterungswürdiges ist. Nicht aber dazu erzogen sein, sie als Verbrechen zu mißachten. Wir theoretisieren über Demokratie, über Freiheit und Pazifismus, als ob wir an Analphabeten chinesisch schrieben. Den Boden müssen wir umgraben, wenn etwas Neues darauf wachsen soll, nicht nur an den Ästen herumschnipseln. Dann wundern wir uns am Schluß, daß die verschnittenen Äste faule Früchte tragen.« »Stimmt«, erwidere ich kleinlaut. »Ab morgen werde ich Ackerbauer.« – »Oder Missionar«, scherzt Frank belustigt. »Wie man sagt, haben Missionare die meiste Begabung für solche Art Ackerbau.«

Montag, 13. Januar 1947

Die Kälte läßt nach. Und auf irgendeine geheimnisvolle Weise hat das Kraftwerk Klingenberg neue Kohlenzufuhr erhalten, noch ehe die endgültige Stromkatastrophe eingetreten ist. Wir wickeln uns einen Schal weniger um den Hals und atmen wieder auf. Für heute nachmittag um fünf steht ein Mann in Aussicht, der mit zwei Liter schwarz gekauftem Benzin für zehn Zigaretten und ein Pfund Mehl unsere eingefrorenen Wasserrohre auftauen wird.

Donnerstag, 16. Januar 1947

Wir haben kein Wasser, das heißt, um ganz aufrichtig zu sein, wir hatten es. Aber nur für vierundzwanzig Stunden. Dann froren die Rohre wieder zu. Vom Keller bis zum Boden. Aus war es mit den zwei Litern schwarz gekauftem Benzin, den zehn Zigaretten und dem abgesparten Pfund Mehl. Wieder tragen wir – wie die meisten Berliner – unsere Körperschlakken päckchenweise aus dem Haus und versenken sie schamhaft in der nächsten Ruine. Wieder schleppen wir Wasser drei Straßen weit, klopfen es am Morgen aus dem Eimer und ärgern uns wütend, wenn der Strom erlischt, noch ehe der Mischkaffee fertig ist. Aber in der Täglichen Rundschau triumphieren sie: »Deutschland kann zuversichtlich sein. Vertreter der SED beim Marschall Sokolowskij. Abschaffung der Lebensmittelkarte VI in der sowjetischen Zone. Einstellung der Demontage. Erhebliche Entlastung von der Entnahme aus laufender Produktion. Rückgabe von 74 Großbetrieben an das Volk. Drei- bis vierfache Erhöhung des Industrieniveaus.« Es klingt, als hätte das Goldene Zeitalter begonnen. Schaut man jedoch näher hin, so erfährt man, daß die zweihundert von der Demontage verschonten Großbetriebe statt dessen in Sowjet-Aktiengesellschaften umgewandelt worden sind. Fürwahr, ein beträchtlicher Gewinn! Nun arbeitet man statt in Rußland in Deutschland für russische Interessen. Aber ob man es morgen noch tun wird. »Jeder Arbeiter und Angestellte wird an dem Werkplatz beschäftigt, an dem er notwendig ist«, lautet die übliche Arbeitsvertragsregel. »Es bleibt der Werkleitung vorbehalten, ob sie ihn im Innen- oder Außendienst einsetzt.« Noch sind uns die »freiwilligen Zwangsversetzungen zum Außendienst« aus den vergangenen Herbstwochen in Erinnerung. Wissen wir, ob die zweihundert in russischen Besitz übergegangenen Großbetriebe nicht ebenso viele Zweigfabriken in Simbirsk oder in Archangelsk haben? Ob der Arbeiter Schulze aus Kötzschenbroda dort nicht schon nächste Woche dringender benötigt wird als hier? Wenn man nur einmal dahinterkäme, wo sie einen betrügen und wo sie es wirklich ehrlich mit uns meinen. »Ehrlich?« höhnt die Bevölkerung. »Ehrlich meint es keiner. Weder der Tommy noch der Ami, noch der Iwan. Sie lassen uns alle verrecken. Sie hauen uns alle übers Ohr.«

Freitag, 31. Januar 1947

Wieder sinkt das verfluchte Thermometer. Eine Kältewelle löst die andere ab. Stromabschaltungen acht bis zehn Stunden am Tag. Wer heute noch heizen kann, heizt »schwarz«. Verschwindend wenige können schwarz heizen. Mit Rucksäcken, Kiepen und Markttaschen ziehen die Menschen in den Grunewald, drängen sich in den überfüllten Zügen, verschwenden Stunden um Stunden, um für einen einzigen Tag Feuerung zu suchen. Mit dürren Worten melden die Zeitungen: »Verhungert und erfroren wurden in ihren Betten aufgefunden ... der dreiundsiebzigjährige Rentner Gerhard Z. ..., die vierundsechzigjährige Anna K. ..., die neunundfünfzigjährige Bertha O. ..., der einjährige Joachim D. ...« Je tiefer das Thermometer fällt, desto gespenstischer wächst die Statistik der Kälteopfer.

Ich komme aus der Stadt. Im Kamin brennt ein spärliches Heizfeuer. Frank sitzt davor, einen Stapel Zeitungen um sich verstreut, und liest in seinem Schein das »Neueste vom Tage«. »Unsere Sieger haben Zuwachs bekommen«, empfängt er mich. »Post festum? Ich dachte, der Krieg sei vorüber.« »Ich auch«, erwidert Frank. »Aber nicht so Herr Figl. Zum mindesten scheint er bemüht, sein Resultat nachträglich zu revidieren.« »Zeig«, sage ich und hocke mich neben ihn vor das Feuer. »... als eine Nation behandelt zu werden, die durch Hitler bedrückt und erst jetzt befreit worden ist«, steht da zu lesen. »Österreich das erste Opfer der Aggression Hitlers ... als nichtfeindliches Land keine Reparationen. Ersatzansprüche Österreichs an Deutschland ...«« – »Das ist ja ein tolles Stück«, stammle ich fassungslos. »Ausgerechnet die Achsenbrüder. Die beflissenen Jasager und Zujubler von 1938!« Frank grinst. »Das muß ihnen entfallen sein. Zugleich mit dem Faktum, daß Adolf Hitler kein Deutscher, sondern ein Österreicher war.« – »Du glaubst, sie meinen das im Ernst? Ich kann es immer noch nicht fassen. Mir ist, als dröhnte mir noch in den Ohren das Sieg-Heil-Gebrülle an jenem schrecklichen zwölften März, als Andrik und ich am Radio saßen und es einfach nicht wahrhaben wollten, daß aus dem erwarteten Aufstand ein nationalsozialistischer Triumphzug geworden war. ›Österreich ist ein Land des Deutschen Reiches. Seyss-Inquart Reichsstatthalter. Das Bundesheer der deutschen Wehrmacht eingegliedert. Heer, Polizei und Beamte auf den Führer vereidigt‹, hieß es am 13. März 1938 zwischen Fanfarengetös und Badenweilermarsch-Geschmetter im deutschen Sender. Hatte sich einer geweigert, den Eid zu leisten? War auch nur einer aufgestanden, dem einziehenden Triumphator eine Bombe an den Kopf zu werfen? 1933 ahnte man noch nicht, welcher Verbrechen dieser Mann fähig war. 1938 wußte man es – mußte es wissen, aus Emigrantenberichten, Judengesetzen, Kommunistenverfolgungen, Konzentrationslagern. Warum zog man nicht die Konsequenzen? Wagt sie erst heute zu ziehen, nachdem Herr Hitler im Grabe liegt. In Österreich fing der Nazismus an, in Bayern fand er seinen Aufschwung, in Preußen nahm er sein Ende. Preußen löst man jetzt zur Strafe auf, die Bayern wollen es nicht mehr gewesen sein, und Österreich verlangt von uns Reparationen. Ist die Welt denn ganz verrückt geworden?« »Auf jeden Fall gebärdet sie sich so«, brummt Frank. »Und wenn es tatsächlich denkbar sein soll, daß man eines Tages aus Versehen den Erdball durch Atomenergien in die Luft sprengen kann, so muß ich feststellen, daß an der Menschheit wenig verloren ist... Wenn sie nichts Besseres zustande gebracht hat in den Jahrhunderttausenden ihres Bestehens...«

Montag, 3. Februar 1947

Der X-Verlag hat mich aufgefordert, zu einer Besprechung nach Hamburg zu kommen. Es sei sehr dringend, telegraphierte man mir. Dringend! Wie kann man heute dringend von Berlin nach Hamburg reisen. Mit einem Langinterzonenpaß? Vor fünf Monaten habe ich ihn beantragt. Befürwortet von einer amerikanischen und einer englischen Dienststelle. »Grund genug, ihn russischerseits abzulehnen«, spotteten die befürwortenden Behörden. Es scheint ein unausgesprochenes Gesetz zu sein. Eine Befürwortung der Westalliierten bedingt eine Interzonenpaßablehnung bei den Russen. Eine Befürwortung der Russen – vice versa. Übermorgen soll ich in Hamburg sein. Bis übermorgen muß ich das Wunder zuwege bringen, eine Lebensmittelabmeldung, eine Reisebefürwortung, einen Kurz-Interzonenpaß, eine Zulassung und eine Fahrkarte errungen zu haben. Anstehzeit für normale Sterbliche zusammen mindestens viermal vierundzwanzig Stunden. Erforderliche Formulare und Anträge ca. sechzehn. Darin zu beantwortende Fragen: je zwanzig bis achtzig. Bestechungskoeffizient: im voraus nicht berechenbar.

Mittwoch, 5. Februar 1947

Das große Los einer englischen travel-order enthebt mich aller Bemühungen. Innerhalb von fünf Stunden ist die Fahrkarte für Militärzugbenutzung Berlin–Hannover zur Stelle. Von Hannover bis Hamburg dürfte es ein Kinderspiel sein. Morgen abend reise ich. Es sind siebzehn Grad unter Null. Aber da es ein englischer Militärzug ist, kann man mit heilen Fensterscheiben, mit Licht und sogar mit Beheizung rechnen.

Hamburg, Freitag, 7. Februar 1947
»Im Westen haben sie es besser als wir«, sagt man in Berlin. – »In Berlin haben sie es besser als wir«, sagt man in Hamburg. »Die Russen sind die am meisten in Mißkredit stehende Besatzungsmacht«, erklärte mir kürzlich ein sowjetischer Offizier. »Wir hassen die Engländer mehr als ihr die Russen«, erklären mir heute drei Hamburger Bürger. Kein Zweifel: ich bin ins Ausland gekommen. Zwischen Helmstedt und Marienborn verläuft die Grenze zweier Welten.
Im Zuge von Hannover nach Hamburg ist es übervoll. Ich stehe gedrängt zwischen Koffern und Menschen. Anderthalb Stunden Verspätung in Hannover. Mit dreieinhalb Stunden Verspätung trifft der Hamburger D-Zug ein. Von sieben bis halb zehn Uhr morgens stehe ich zähneklappernd und mit den Füßen stampfend auf dem ungedeckten Bahnsteig. Niemand sagt etwas an. Keiner weiß, wie lange der Zug Verspätung hat. Man wartet. Wartet im grauenden Morgen bei fünfzehn Grad Kälte auf einen Zug nach Hamburg. »So ist es täglich«, nörgelt an mir vorüberstapfend ein Unzufriedener. »Seit die verdammten . . .« Er sieht sich um und verstummt.
Langsam rüttelt der Zug durch die verschneite Landschaft. Ich döse vor mich hin, lausche mit halbem Ohr auf das Gewirr der Gespräche. Ihr Inhalt klingt ungut. ». . . schließlich ist heute ganz Deutschland ein einziges KZ mit einer alliierten Flagge darüber . . .« » . . . und meinem Sohn hab' ich gesagt, wenn du nur einen Polen am Leben läßt . . .« – »mehr zu essen hatten wir damals, das versteht sich. Na, und überhaupt . . .« Da haben wir die neue Solidarität! Die Abwehrfront gegen die Besatzungsmacht. Dringt einmal ein positives Wort an mein Ohr, so gilt es der Erinnerung an Gewesenes. »Als wir seinerzeit in Frankreich lagen« . . . »da sagte mein Kommandeur« . . . »und plötzlich hat es mir ein Ding verpaßt« . . . Die Augen leuchten. Der eben noch bitter verkniffene Mund verzieht sich zu einem Lächeln. Soldatenromantik. Landserlatein. Genau die Seelenverfassung, der wir im Mai 45 für immer abgeschworen hatten.

Hamburg, Montag, 10. Februar 1947

Ich gehe durch die Stadt und erkunde die Volksmeinung. »Warum schimpft ihr so sehr? Warum haßt ihr die Engländer?« – »Weil sie alles, was sie machen, falsch machen«, antwortet man mir. »Und was machen sie falsch?« – »Sie haben aus ihrer Zone einen Polizeistaat gemacht. – Sie schikanieren die Bevölkerung durch die deutsche Polizei. Sie mischen sich in jede Kleinigkeit, ersticken unsere Initiative in Papieren und Formularen und halten praktisch die ganze Wirtschaft unter Druck.« – »Ja, sind sie nicht die Sieger?« »Sieger?« Ich pralle gegen eine Mauer von Eis und Hohn. »Schöne Sieger! Wenn sie uns unsere Atombombe nicht geklaut hätten.« – – – »*Unsere* Atombombe?« Man nickt überlegen. »Natürlich unsere. Sie war ja fix und fertig. Nur daß die Saboteure, diese ...« ein nicht salonfähiger Ausdruck unterbricht den grollenden Redeschwall, »... sie dem Führer vorenthalten haben.« »Aber das ist ja ...« Wahnsinn, will ich sagen, doch man läßt mich nicht aussprechen. »Bitte«, unterbricht man mich triumphierend, »wann sind die Amis bei uns eingerückt? Im April 45. Und wann haben sie die Atombombe auf Japan geworfen? Im August. Also!« Ein Blick der Genugtuung unterstreicht die verblüffende Logik. Das sind ja Nazis, denke ich entsetzt.

Das sind ja Nazis, fällt es mir immer wieder auf, wenn ich den Eifer sehe, mit dem hier ehemalige Pg.s einander in den Sattel helfen. Und selbst der neueste Volkswitz – Am besten, man wird Pg., dann kriegt man wenigstens eine Stellung – bestärkt mich nur in meiner bestürzten Feststellung. Das also haben die Engländer in zweijähriger demokratischer Erziehungsarbeit zuwege gebracht. Daß man sie blind verurteilt, sich aus der Enttäuschung durch sie in ein neues beängstigendes Nationalgefühl flüchtet. An einer Hauswand steht mit Kreide die Zahl achtundachtzig. Da steht sie auch – dort steht sie wieder. Mehr als sechsmal lese ich im Laufe eines Nachmittags die gleiche Zahl. Zufall, meine ich zuerst. – »Absicht«, bedeutet man mir augenzwinkernd. H ist der achte Buchstabe

im Alphabet. HH – 88 – Heil Hitler. Ich greife mir an den Kopf. Bin ich ins Vorgestern zurückgerutscht?
Wie ein Fremder schlendre ich durch zertrümmerte Straßen. Eigenartig, man liebt nur die Ruinen, die man entstehen sah, zu den anderen – ich schaue gleichgültig auf das Schuttfeld von St. Pauli – hat man kein Verhältnis. Im Höchstfall Unwillen, daß sie noch vorhanden sind. Keine Frage: sehr aufgeräumt sieht es in Hamburg nicht gerade aus. Man bemerkt auch nirgends Frauen auf dem Bau. Und dennoch riecht alles irgendwie nach Frieden. Nach einem kärglichen Frieden zwar, aber immerhin nach Frieden. Hier verschwinden keine Makar Iwanows. Hier gibt es überhaupt keine Angst. »88!« – Heil Hitler, schreiben Menschen an die Mauern. Wie undankbar sie sind. Wissen sie nicht, daß auch Freiheit von Furcht ein Gewinn ist? Das sind die Früchte der Hakenkreuz-Emigration während der letzten Kriegswochen, des ständigen illegalen Zuzugs nazistischer Elemente in die englische Zone seit 1945. »In der englischen Zone sieht man den Nazis durch die Finger«, hieß es damals. – So wurde die englische Zone zum Naziparadies. Entnazifizierung – ein Kinderspiel. Verhaftungen – nicht nennenswert. Behandlung im Internierungslager – gentleman-like. Bis – die Nazis vergessen hatten, daß sie einst Nazis waren, die Engländer sich darauf besannen, den Gürtel der Besatzungsmaßnahmen etwas enger zu ziehen. Wohnungsbeschlagnahmungen, Kohlenmangel, karge Ernährung. Die Bevölkerung ist empört. »Wie denn? Zwei Jahre nach Kriegsende! – Und das soll Demokratie sein?«
Was in der Ostzone als Mißstand gilt – die dortige fünffache Stufung des Kartensystems –, hier preist man sie als vielbeneideten Vorzug. – »Sie lockt eure Frauen auf den Bau, eure Arbeiter in die Fabriken«, sagen die Hamburger Arbeitgeber. »Wir kriegen keine Arbeiter. Unsere Frauen gehen nicht auf den Bau. Schwarzhandel ist leichter, denken sie. Zeit haben, um ranzuschaffen, ist einträglicher als Stundenlohn. Was bleibt uns übrig, wenn die Fabriken nicht stillstehen sollen? Wir bestechen mit Mangelware. Wir setzen Prämien aus, um

unsere Arbeit verlockend zu machen. Schwarzhandel von Amts wegen. Pro Monat ein Mangelprodukt. Das Mangelprodukt im Tauschhandel gleich vier Pfund Speck. Eure Prämie ist die Karte Eins. Wie grenzenlos einfach! Wie beneidenswert bequem.«

Unleugbar, wenn man die Dinge von dieser Seite ansieht, bekommen sie ein neues Gesicht. Zum erstenmal sehe ich die »Hungerkarte« in einer anderen Beleuchtung. Druckmittel zur Wirtschaftsankurbelung. Therapeutikum gegen mangelndes Verantwortungsgefühl für den Wiederaufbau. Hier spielt sich die Wirtschaftsankurbelung im wesentlichen unter Ausschluß der Öffentlichkeit ab. Im sicheren Besitz seiner Einheitskarte geht der arbeitslose Bürger hin und tauscht. Ein halbes Paket Seifenpulver gleich fünf Mark, gleich drei Bier, gleich dreißig Mark. Ein Viertelpfund Tee gleich hundert Mark, gleich ein Pfund Butter, gleich zweihundertvierzig Mark. Es gilt nur, die richtige Bezugsquelle mit dem richtigen Abnehmer zu koppeln. Ein Haus wird repariert. Startkapital: fünfzehn Liter Alkohol. Aus fünfzehn Litern Alkohol entstehen achtunddreißig Flaschen Likör. Drei Flaschen Likör gleich ein moderner Teppich, gleich zehn Zentner Kartoffeln, gleich dreißig Sack Zement. Fünfzehn Sack Zement verschlingt die Hausreparatur. Die restlichen vertauscht man in eine Weihnachtsgans, gleich ein Kilo Kaffee, gleich zwei Eisenträger. Zehn Flaschen Likör ergeben sechs Kubikmeter Tischlerholz. Einen Kubikmeter beträgt der Tischlerlohn, der zweite wandelt sich in Fensterglas, der dritte in zweitausend Mauersteine. Vier, fünf und sechs verlangt der Neubau. Verwirrendes Puzzlespiel, in dem sich nur der Eingeweihte einigermaßen zurechtfindet. Mir schwirrt der Kopf von Zahlen und Tauschobjekten.

Hamburg, Mittwoch, 12. Februar 1947

Das einzige, das mich an Berlin erinnert, ist die Kälte. In den Hamburger Nissenhütten erfrieren die Menschen ebenso trostlos und scharenweise wie in den Schreberlauben um

Berlin. Kohle ... Kohle! Ein Königreich – ein Verbrechen – einen Totschlag, wenn es sein muß, für einen einzigen Eimer Kohle! – Man beraubt die Lagerplätze, man plündert die Güterzüge. Ein Heuschreckenschwarm, stürzt sich die Meute der Weiber und Kinder auf jede einfahrende Lore. Es wimmelt und krabbelt. Immer mehr, immer mehr. In die Beutel gefüllt, in die Taschen geborgen. Steinkohle um Steinkohle, Brikett um Brikett. Im Nu sind die Haufen zusammengeschmolzen. Von ferne ertönt eine Trillerpfeife. Für eine Sekunde sieht die Kohlenlore aus, als wäre ein Ameisenhaufen auf ihr zu Stein erstarrt. Dann ein blitzartiges Zappeln. Husch – rechts in die Büsche, husch – links in die Büsche, und der Spuk ist verschwunden. Einsam steht der ausgeleerte Güterwagen auf frostspröden Schienen. – »Kohlenklau«, sagen die Hamburger gleichgültig. »Kein Zug, der nicht geplündert wird.« – »Und die Polizei?« »Kommt grundsätzlich zu spät. Was den Kohlenklau angeht, steht sie auf seiten der Besiegten.«

Freitag, 14. Februar 1947

Frierend reise ich zurück nach Berlin. Anderthalb Stunden vor Abfahrt am Kopfbahnhof. Durchs Fenster in den Zug. Zwischen Kisten und Kartoffelsäcken eingeklemmt sechs Stunden im unbeleuchteten Gang. Man kann es nur aushalten, wenn man sich Gedichte aufsagt. »Zum Kampf der Wagen und Gesänge«, memoriere ich krampfhaft. Es riecht nach Zwiebeln, Fisch und ungewaschenen Menschen. Eine Wohltat, wenn sich hin und wieder in diesen Mief der beizende Geruch einer »homemade« Zigarette mischt. In der Toilette quetschen sich vier Leute. Und dann der sogenannte Brothusten. Diese furchtbare Auswirkung schlecht verdaulicher Ernährung, die heute die Luft in jedem öffentlichen Verkehrsmittel vergiftet. – Maschinendefekt. Halten auf schneeverwehter Strecke. Als der Zug um drei Uhr nachts in Hannover eintrifft, ist der Militärzug nach Berlin vor einer Stunde abgefahren. »Das passiert hier öfters«, sagt der Mann mit roter Mütze ungerührt. »Der nächste Zug geht morgen

nacht um eins.« – Zweiundzwanzig Stunden Wartezeit. Bei fünfzehn Grad Kälte.
Im Bahnhofstunnel liegen die Menschen bündelweise auf nassem Steinfußboden. Sie sehen blaß aus und müde. Auch sie warten auf einen Zug. Und bis er kommen wird, ist der Steinfußboden des Bahnhofstunnels ihnen Rastplatz und Logis. »Kann man hier irgendwo übernachten?« frage ich. Man glotzt mich an. Mit steifen Beinen stolpere ich durch die Sperre. Die Zunge klebt mir am Gaumen. Wenn man wenigstens etwas zu trinken bekäme. Ein Menschenfreund weist mich zur linken Bunkertreppe. Fünfundzwanzig Minuten steht man Schlange, bis man sich die Stufen hinabgekämpft hat. Ein niedriger Kellerraum. Die Luft fast zum Ersticken. Menschen hocken auf Tischen und Stühlen, hingefällt von Erschöpfung, als hätte der Schlaf sie niedergemäht. Gedränge vor dem Schanktisch. Dort gibt man eben frischen Kaffee aus. Zehn Mark Pfand, wenn man den Blechbecher, in dem er gereicht wird, an einen der Tische nimmt. Zehn Mark Pfand für eine Lauge aus Spülwasser. Ich schlucke das heiße Getränk wie eine schlechtschmeckende Medizin. Hauptsache, es ist etwas Warmes. Dann räume ich meinen Platz einem neuen Bedürftigen. Trink schneller, Genosse! würde Soschtschenko sagen. Er sagt es nicht, denn was er sagte, ist in Sowjet-Rußland unbeliebt.
Bis ich den Bunker verlassen habe, ist es vier Uhr geworden. Die kälteste Stunde der Nacht. Noch neunzehneinhalb Stunden. Mir scheint, die Zeit hat bereits aufgehört und die Ewigkeit begonnen. Eine trostlose Ewigkeit, häßlich zur Schau gestellt unter dem Bogenlicht zweier grellweißer Lampen. Wenn es wenigstens dunkel wäre, wünsche ich, während ich widerstrebend in das Menschengewühl der Bahnhofshalle eintauche. Da kauern sie in Winkeln und Ecken. Da krabbeln sie durcheinander, drängen sich vor den Sperren, quellen aus allen Ritzen und Löchern. Zerrupft, zerlumpt, entwurzelt, wie der Zufall sie anschwemmte. Strandgut des deutschen Zusammenbruchs. Ein Inferno des Jammers. Jetzt stolpere ich über

etwas Weiches. Ein Mann liegt vor mir und schnarcht. Grunzend wälzt er sich auf die andere Seite. Seine Hosen sind ausgefranst. Statt der Schuhe trägt er bindstrippenumschnürte Lappen um die Füße. Wenn ihm der Kopf noch einen Zentimeter rückwärts sinkt, wird er in einer Schmutzlache liegen. Der Bahnhofswaschraum ist sein Ankleidezimmer. Der Tunnelfußboden sein Bett, die zugige Eingangshalle seine Wohnstube, seine Küche, sein Geschäftslokal. Zwei Zigarettenkippen – eine Mark vierzig. Ein trophäierter Wollhandschuh – fünfzehn Mark. Man lebt von dem, was einem in die Finger fällt. Heute von diesem – morgen von jenem. Und wenn die Zeit gekommen ist, wird man irgendwo verrecken. Vielleicht auf der Bahnhofstreppe von Hannover. Vielleicht im Wartesaal von Braunschweig. Oder verkrochen in den Strohsack eines zufälligen Zwanzig-Pfennig-Betts. Drei Tage bietet die Stadt den Durchreisenden Verpflegung. Drei Tage Verpflegungskarten machen das »Durchreisen« zum Selbstzweck – zur Dauerbeschäftigung – zum Lebensinhalt. Ich winde mich durch Menschen, Koffer, Körbe und Rucksäcke. Noch nie habe ich auf fünfzig Quadratmeter Boden so viele Dialekte und Sprachen gehört. »Ami-Seife, Stück fünfzig Mark«, flüstert eine Frau. Die Hand, in der sie mir ihre Schwarzware entgegenstreckt, ist so schmutzig, daß ich vorschlagen möchte, sich selbst damit zu waschen. Ich tue es nicht. Wer weiß, wann sie ihr letztes Stück Brot gegessen hat.
Um fünf Uhr morgens lande ich vor dem Rote-Kreuz-Bunker. Wieder eine Menschenschlange vierzig Stufen abwärts über schmierige Treppen. Man reicht mir einen grauen Zettel. »Unterkunft Hauptbahnhof Hannover, Innere Mission«, steht in Druckschrift darauf. Ausweiskontrolle. Die Hälfte der um mich Wartenden verkrümelt sich schlechten Gewissens. Den Rest verschlingt die Eingangssperre. Man zieht zwanzig Pfennig von mir ein und fragt mich, ob ich auf ein Bett reflektiere. Die Bettkarte ist gelb und kostet eine halbe Mark. Während man sie mir aushändigt, werden neben mir fünf Mädchen abgeführt. Sie schreien, als steckten sie am

Spieß. Kaum eine unter ihnen mag über sechzehn Jahre alt sein. »Warum, um Gottes willen«, forsche ich erschrocken. Das Kontrollfräulein an der Sperre blickt ihnen teilnahmslos nach. »Keine Papiere«, sagt sie, als handle es sich um die langweiligste und alltäglichste Geschichte. »Ausreißerinnen. Stromern herum und stecken Männer an.« – Die hinter mir Drängenden murren. »Weitergehen. Nicht stehenbleiben.« Wie durch ein Haarsieb werde ich durch den Engpaß der Sperre in die »Unterkunft Hauptbahnhof Hannover« gepreßt. Holzbänke stehen in Reihen hintereinander. Man kauert auf ihnen, halb sitzend, halb liegend. Man schläft oder döst vor sich hin, die Kiefer heruntergeklappt, den Kopf auf die Brust gesunken. Im nächsten Raum ist der Schlafsaal für Männer. Aufstockbetten, drei Pritschen übereinander. Es röchelt und schnarcht für fünfzig Pfennig von jedem Strohsack. Auf Zehenspitzen schleiche ich weiter. Schlafraum für Frauen. Ein mürrisches Fräulein teilt mir meine Strohmatratze zu. Zweite Reihe links, fünfter Bettplatz, dritte Etage. »Ihren Koffer legen Sie am besten unter den Kopf«, rät sie griesgrämig. »Und, was ich noch sagen wollte, um acht Uhr wird der Bunker geräumt.« Acht Uhr? Jetzt ist es Viertel nach fünf. Schlaf zeitgerafft, rede ich mir aufmunternd zu, während ich mich und meinen Koffer zweite Reihe links, fünfter Platz in die dritte Bettetage praktiziere. Unter mir liegt eine Frau und wimmert. Sie wimmert so trostlos, daß ich nicht einschlafen kann. »Fehlt Ihnen etwas?« frage ich schließlich. Sie wirft sich ächzend auf die andere Seite. Ein Geruch nach Blut und irgend etwas Ekligem schlägt mir entgegen. »Ver ... ver ... vergewaltigt«, röchelt sie stoßweise. »Zer ... zer ... zerrissen. ... acht ... mal an der ...« Sie schafft es nicht mehr. Der Rest versinkt in kläglichem Gewinsel. Ich zerre an meinem Koffer. »Watte«, denke ich. »Taschentücher.« Doch was helfen Watte und Taschentücher gegen den unvergeßbaren Schock, beim illegalen Grenzübertritt achtmal von brünstigen Männern vergewaltigt worden zu sein. Zweidreiviertel Stunden lang schluckt und stöhnt die fremde Frau unter mir ihren Jammer in einen schmutzigen Strohsack. Um acht Uhr ist die Nacht zu Ende. Schon daß es draußen hell wird, erscheint mir wie ein Trost. Man kann in ein Kino gehen, ein Kaffeehaus besuchen, am Rand des Ruinenbezirks einen geheizten Sitzplatz ausfindig machen. Nur fort von dieser Bahnhofsgegend, diesem Nistplatz des Grauens. Zweimal sehe ich mir zwischen zehn und sieben Uhr in einem ungeheizten Kino »Das Rendezvous um Mitternacht« an. Dreimal trinke ich in trübseligen Bierstuben ein »kleines Helles«, eine Tasse Brühe, ein Heißgetränk. Um acht Uhr abends wird der Bunker geöffnet. Besser als das vierte »kleine Helle« ist eine Strohmatratze zweite Reihe links, fünfter Bettsack, dritte Etage, entscheide ich und sinke bis fünfzehn Minuten vor Mitternacht in bleiernen Schlaf. Seit achtzehn Stunden zähle auch ich mich zu dem Strandgut von Hannover.

Sonntag, 16. Februar 1947

Am Bahnhof Charlottenburg steht Frank. »Gut, daß du da bist«, empfängt er mich und wirft es mir kein bißchen vor, daß er gestern und heute je drei Stunden auf dem Bahnsteig gewartet hat. Zu Hause ist dort, wo man geliebt wird, geht es mir auf, und dankbar kehre ich heim in Franks und Heikes vertraute Nähe.

Montag, 24. Februar 1947

Eine neue Frostperiode. Man kann sie schon nicht mehr zählen in diesem Winter. »Ansteigen der Todesziffern ... Wenig Kohlen, weniger Strom ... Zugverkehr eingeschränkt. Fast dreitausend Betriebe geschlossen ... Katastrophe in der ganzen Welt.« Es ist ein schwacher Trost, daß auch andere Menschen frieren, wenn man vor Kälte unter seiner eigenen Bettdecke erstarrt. Die Zeitungen fordern durchgreifende Hilfsmaßnahmen. Wie soll ein Magistrat durchgreifende Hilfsmaßnahmen treffen, wenn von fünfundsiebzig Stadtverordnetenbeschlüssen seit November 1946 erst drei durch den Kontrollrat genehmigt worden sind. Der Rest aber abgelehnt wurde oder nach viermonatiger »Ablagerung« immer noch auf Entscheidung wartet. Furchtbar rächt es sich jetzt, daß die Sozialdemokraten ihre Regierungsperiode mit einem Minimum an Wohlwollen seitens der russischen Besatzungsmacht antraten. Die SPD-Funktionäre treffen sich zu leidenschaftlichen Debatten. »Niederlegen«, fordern die Unabhängigen. »Dem Kontrollrat den Krempel vor die Füße werfen. Sollen wir für die Chimäre einer demokratischen Regierung den Popanz abgeben? Daß die SED sich ins Fäustchen lacht und den Vorteil daraus sieht? Das Kind beim Namen nennen! Keine Beschlüsse mehr fassen. Die Öffentlichkeit davon in Kenntnis setzen, daß nicht wir die Verantwortung tragen, sondern die Uneinigkeit des Kontrollrats.« – »Aber unsere Posten«, wenden die Utilitaristen ein. »Wir können doch nicht alle stellungslos werden.«

Die Vorsichtigen und Ängstlichen, die Kompromißler und Abhängigen tragen den Sieg davon. Wie sie ihn jetzt überall davontragen. In allen Amtsstellen, allen Parteien, in allen Konferenzen, in der gesamten Weltpolitik. Die Menge, die niemals nach Ursachen forscht, sondern nur die Wirkung sieht – die Wirkung des Mißerfolgs – ist es verwunderlich, daß sie sich heimlich nach einem Erlöser sehnt? – »Vergiß nicht«, sagte Frank erst gestern, »daß wir in der vergleichenden Weltgeschichte im Augenblick etwa in der Höhe der Napoleonischen »Hundert Tage« halten. Bis zum 20. März 1815 hat der Kongreß in Wien erfolglos hin und her diskutiert, haben sich die Alliierten der Befreiungskriege über das Nachkriegseuropa nicht einigen können. Dann war das Volk reif für einen neuen Napoleon. Und heute? Versuch es mal! Laß die Amerikaner durch Radio melden, daß Hitler mit tausend Flugzeugen auf dem Tempelhofer Feld gelandet sei. Laß morgen sein Double in Großaufmachung – Autokarawane, Absperrung, Siegheil-Gebrüll und was sonst noch dazu gehört – über den Kurfürstendamm brausen. Dann schau nach, was passieren wird. Und wie es um die demokratische Erziehung des deutschen Volkes bestellt ist.« Ich glaube ihm aufs Wort. Es ist zuviel gefroren und gehungert worden in der Zwischenzeit. Zuviel hat man sich gezankt, zuwenig die menschliche Unvollkommenheit in Rechnung gestellt. Warum sollte, was vor hundertzwanzig Jahren dem französischen Volk unterlief, nicht auch bei uns möglich sein. Bei uns, die wir ohnehin dank unseres Persönlichkeitsverlustes während der letzten dreiunddreißig Jahre nur noch in zweiter oder gar in dritter Besetzung auf der Weltbühne sind. Wenn nicht Moskau die Sache bereinigt ... Am zehnten März sollen sich die Außenminister der vier siegreichen Nationen, Molotow, Marshall, Bevin und Bidault zur Klärung der Lage zusammensetzen. Diesmal in Moskau, damit es wenigstens einen Unterschied in der Konferenzfolge gibt. Die Welt ist optimistisch genug, wieder mal alles von der neuen Zusammenkunft zu erwarten. Die Einigung, den Fall der Zonengrenzen, Ordnung im europäischen Raum, Beilegung sämtlicher Streitigkeiten und Frieden – den heiß und verzweifelt seit zwei Jahren ersehnten Frieden. Der Wiener Kongreß hat seinen Biedermeierfrack abgelegt und einen Smoking angezogen. Beten wir nun, daß der Smoking die »Hundert Tage« verhindert.

Dienstag, 4. März 1947

Die Moskauer Konferenz drängt selbst das Thema Hunger, Kälte und Kohlennot vorübergehend in den Hintergrund. Wie ein Ertrinkender sich an einen Strohhalm klammert, so werfen die Berliner ihre Hoffnung auf sie, vertrauend, sie »werde es wohl machen«. Als könnten Marshall, Bevin, Bidault und Molotow plötzlich Kohlen vom Himmel regnen lassen, als könnten sie Wohnungen aus den Trümmern stampfen, das Thermometer um zwanzig Grad aufwärts schnellen oder in ihrer flachen Hand ein Kornfeld zum Reifen bringen. So viele Utopien. Solange der Mensch sich noch mit Illusionen tröstet, ist er nicht ganz verloren.

Montag, 10. März 1947

Heute sind die Außenminister an ihrem Bestimmungsort angekommen. Vier Menschen ist es in die Hand gelegt, über Sein oder Nichtsein von Millionen Verzweifelter zu entscheiden. »Wenn sie uns wenigstens unsere Kriegsgefangenen freihandeln würden«, sagen die Menschen. »Freihandeln?« antwortet man höhnisch. »Wo es trotz zweijähriger inbrünstiger Bemühungen bis heute nicht gelungen ist, auch nur ihre endgültige Ziffer, geschweige denn ihre Namen zu erfahren.«

Noch fehlen zwei bis drei Millionen Männer in Deutschland. Verschollen seit Stalingrad. Vermißt nach der Kesselschlacht von Orel, der Niederlage von Warschau, dem Rückzug aus Polen, den Straßenkämpfen in Berlin. Leben sie? Starben sie? Sind sie verwundet, gefangen, verhungert, verschleppt oder erschlagen? – Seit zwei Jahren schweigt die russische Militärregierung beharrlich auf alle Anfragen nach dem Schicksal der deutschen Kriegsgefangenen. Briefe gehen ins Leere. Bittschriften bleiben unbeantwortet. In den Parteibüros und den Redaktionen der Zeitungen stapeln sich die Zuschriften aus allen Teilen des Reichs. »Helft, daß wir unsere Männer wiedersehen. Appelliert an ihre Menschlichkeit. Fleht um die Namen! Fleht um die Zahlen! Setzt alles daran, daß wir die Ziffer der Überlebenden erfahren.« – Vergebliches Bemühen. Man läuft wie gegen eine Wand von Watte. Warum quälen sie uns so? Warum schweigen sie bis heute?

Gewiß, auch russische Mütter haben vier Jahre lang nicht gewußt, ob ihre Söhne fernab von der Heimat den Krieg überstanden. Millionen sowjetischer Gefangener sind unter Hitlers Regime in Deutschland gestorben, verhungert, von Seuchen weggerafft, unter Mißhandlungen verendet. Uns – ausgerechnet uns – kommt es am wenigsten zu, den Richter zu spielen, wenn sie nun Leid gegen Leiden, Vergeltung gegen Vergeltung setzen. Aber seit dreiundzwanzig Monaten ist Waffenstillstand. Und in Nürnberg tagt ein internationaler Gerichtshof, um im Namen Frankreichs, Englands, Amerikas und Rußlands die von den Nazis begangenen Verbrechen gegen die Menschlichkeit zu richten.

»Sie meinen ja gar nicht die Vergeltung«, spricht das Volk. »Um die zusätzlichen Arbeitskräfte geht es ihnen. Um das Vorab an Reparationskosten.« Schon recken sich die Finger zu hämischer Abrechnung: »Zwei Millionen Männer gleich acht Millionen Mark Arbeitsertrag pro Tag. Die Stunde zu sechzig Pfennig. Abzüglich achtzig Pfennig Verpflegungskosten. Acht Millionen Mark täglich gleich fünf Milliarden Mark in zwei Jahren.« Man grinst voller Schadenfreude. »Fünf Arbeitsmilliarden. Eine staatliche Reparationssumme, um sie diskret in die Taschen zu stecken. Daß sich die Westlichen das bieten lassen ...« – Es gibt viel Achselzucken und Kopfschütteln um dieses »Schuldkonto« in Berlin. So viel, daß unser eigenes darüber fast vergessen wird.

Sonntag, 16. März 1947

Molotow hat die Zahlen der Kriegsgefangenen bekanntgegeben. Wenigstens dies eine Ergebnis zeitigte bisher das Moskauer Treffen. Doch statt eines Seufzers der Erlösung geht eine Welle der Enttäuschung und Verzweiflung durch das Volk. 890 532. Fast fühlt man sich versucht zu fragen, ob es nicht etwa zweiunddreißigeinhalb oder -dreiviertel seien. Eine knappe Million. Und wo blieben die anderen? Herrn Molotows Bekanntmachung hat sie allesamt ausgelöscht. Wie Spreu in den Wind geweht. Auf immer vom Erdboden vertilgt. Erst heute, zwei Jahre nach Kriegsende, fiel für eine Million Mütter, für viele Millionen Schwestern, Kinder und Frauen der Sohn, der Vater, der Mann oder Freund. Fiel bei den Worten Molotows: »Noch 890 532 Männer in russischer Kriegsgefangenschaft.« Setzt Halbmast über Deutschland! O weine, Hekuba!

»Auch das ist Lüge«, versucht man die Trauernden zu trösten. »Sie haben die Facharbeiter von der Rechnung abgesetzt. Facharbeiter sind Wertobjekte. Keine Kriegsgefangenen mehr, sondern Towarisch-Anwärter. Mit mindestens fünfhunderttausend kann man sie der Endsumme zuziehen.« Ein Strohhalm von Hoffnung. Und doch gibt es Tausende, die sich heute blind und verzweifelt dieses Strohhalms bemächtigen.

Mittwoch, 26. März 1947

Die Außenminister in Moskau entscheiden nicht allein. Auch die Natur bemüht sich, das Problem des deutschen Bevölkerungsüberschusses auf ihre Weise zu lösen. Das ganze Land scheint, wie ehemals Ägypten, unter sieben Plagen zu stehen. Kaum hat die Plage Krieg sich abgewendet, so beginnt die Plage Vergewaltigung. Ihr folgt die Plage Flüchtlingsnot. Noch ist sie unbeendet, da setzt mit beißenden Frösten die Plage Kälte ein. Das Sterben geht weiter. Am vierzehnten März, innerhalb dreier Stunden, ein Wärmeanstieg um fünfundzwanzig Grad, wie ihn Europa seit hundert Jahren nicht erlebte. Matsch, Glatteis, Stromsperre. Die Menschen rutschen wie auf Spiegeln über das Pflaster. Ein Veitstanz jeder Schritt durch die Dunkelheit. Ein Veitstanz, der über Nacht alle Krankenhäuser Berlins mit Verunglückten füllt. Knochenbrüche durch Glatteis, schwere Verstauchungen. Zahlreiche Schädelbrüche mit letalem Ausgang. Auch die vierte Plage hat das ihrige getan. Schon nähert sich die fünfte. Während das große Schmelzen beginnt und in den Ruinen böse Gerüche an die Folgen winterlicher Rohrbrüche gemahnen, während die Berliner an offenen Fenstern sitzen, um erste Frühlingswärme in ihre durchkälteten Zimmer zu lassen, drängen die Wasser der Oder über ihre Ufer. Sie überschwemmen im Oderbruch siebzigtausend Hektar Ackerland, schwemmen Dörfer hinweg, Vieh, Häuser, Menschen. Auf Kähnen rettet die Bevölkerung ihr nacktes Leben. Wieder werden Tausende obdachlos, finden Zahllose einen unerwarteten Tod.

»Vierhundertfünfundvierzig neue Tuberkulosefälle in einer Woche ... jeder siebenundsechzigste Berliner geschlechtskrank«, berichtet die Statistik. »Das Durchschnittsalter der Geschlechtskranken liegt zwischen siebzehn und achtundzwanzig Jahren.« Bis in den Mutterleib hinein erstreckt sich das große Sterben. Wenn jetzt nicht die Moskauer Konferenz der Apokalypse Einhalt gebietet ...

Dienstag, 1. April 1947

»Bad news, bad news«, sagen unsere alliierten Freunde. Das Moskauer »Streitgespräch« kommt nicht vom Fleck. Jedes Thema wird aufgegriffen und resultatlos beiseite gelegt. In keinem wichtigen Punkt sind die Meinungen der vier – hier räuspern sie sich ironisch – »Verbündeten« unter einen Hut zu bringen. – Das kommt davon, wenn sich entgegengesetzte Weltanschauungen an den Verhandlungstisch setzen, um für etwas »solidarisch« zu sein. Im großen wiederholt sich, was wir täglich im kleinen erfahren. Solange Herr Hitler Weltfeind Nummer Eins war, spielte die Lebensanschauung seiner Gegner keine Rolle. Weder die seiner inländischen noch die seiner ausländischen. Als aber der Welt*feind* besiegt war, trat die Frage nach der Welt*anschauung* wieder in den Vordergrund. Und siehe, man entdeckte sie als gegensätzlich. Gegensätzlicher von Tag zu Tag. Urabstimmung, Pressezank, Uneinigkeit im Magistrat, erbarmungslose Fehde aller gegen alle hießen die Etappen dieser Einsicht bei den inländischen Gegnern des Weltfeindes Nummer Eins. Spannungen im Kontrollrat, Ergebnislosigkeit von Konferenzen, Verbot des Besuchs der russischen Zone für westliche Besatzungstruppen, Ernennung George Marshalls zum Amerikanischen Außenminister, Trumans kürzliche Rede gegen den Kommunismus. Ansteigen der antisowjetischen Stimmung in den Vereinigten Staaten, immer unverhülltere Aggressionen der westlichen und östlichen Sieger gegeneinander, heißen die Etappen dieser Einsicht bei seinen ausländischen Gegnern.
Daß auch wir Deutschen erst allmählich dahintergekommen sind, wie und nach welcher Richtung hin sich der anfängliche Verständigungskurs inzwischen geändert hat, nehmen unsere Sieger uns beinahe übel. Und wieder droht die Situation einzutreten, daß die Staatsmänner vom Durchschnittsdeut-

schen mehr politische Einsicht, mehr Klugheit und Vorausblick verlangen, als sie selber besitzen. Vom Durchschnittsdeutschen des Hitlerregimes die Entscheidung gegen den Nazismus fünf Jahre vor Godesberg. Vom Durchschnittsberliner der Nachkriegszeit die Entscheidung gegen den Kommunismus, rückwirkend vom Zeitpunkt der Frankfurter Freundschaft, der UNO und des Potsdamer Abkommens.
Im Ruhrgebiet und in der englischen Zone demonstriert das Volk gegen die seit Wochen rapide sich verschlechternde Versorgung. Streiks wechseln mit Hungermärschen. Achthundert Kalorien täglich erhält die Bevölkerung in der französischen Zone. Auf dem Papier steht es anders. Aber Papier ist geduldig und verschweigt, daß die betreffenden Rationen zwar zugedacht, aber nicht zugeteilt werden. 125 Gramm Fett im Monat statt 450 Gramm. Gar keinen Zucker im Monat statt 430 Gramm. Gar keine Nährmittel im Monat statt tausend Gramm. »Statt macht nicht satt«, äffen die Leute. Also streiken sie. Oder probieren es mit einem Hungermarsch. Die Freude, ungestraft oder nur wenig bestraft demonstrieren zu dürfen, haben sie lange nicht gekostet.
Im russischen Besatzungsgebiet antwortet man auf den *geistigen* Streik bestimmter Kreise mit schärferen Methoden. Verhaftung von acht Stunden für die, die sich erlaubt haben, anderer Meinung zu sein als die SED. Spurloses Verschwinden von Menschen, die sich in irgendeiner Form dem Regime unbeliebt machten. Die Methode ist es, die die Gegensätze der Weltanschauung unüberbrückbar aufklaffen läßt, der Unterschied des Verfahrens, der den Freund von gestern in den Feind von heute verwandelt. Im Leben der einzelnen, wie in den Streitfragen der Völker. Was darf, was kann man unter solchen Auspizien von Moskau erwarten?

Samstag, 5. April 1947
Nichts! Und abermals nichts. Weder den Frieden noch die Revidierung der Ostgrenze, weder die Aufhebung der Zonenschranken noch eine gemeinsame Währungsregelung. Offen-

bar haben sie sich dort nur zusammengesetzt, um der Welt vorzuführen, wie man am kunstfertigsten aneinander vorbeireden kann. »Auf unsere Kosten ... auf unserem Rücken«, klagt das Volk und steckt seine Moskauer Hoffnungen von Tag zu Tag weiter zurück.

Mittwoch, 16. April 1947
Im Kreml quälen sich die Verhandlungen hin, in Berlin quält man sich durch den Wust der täglich und stündlich neuerlassenen Verordnungen, Formulare und Fragebögen. Kaum je hat der Amtsschimmel so mißtönend über einem Lande gewiehert wie jetzt über Deutschland.
Ich spreche mit einem Unternehmer aus dem Ostsektor. »Wenn das so weitergeht«, sagt er und weist auf einen Stapel von Formblättern, die sich vor ihm auf dem Schreibtisch häufen, »ist in Kürze auch der letzte Rest unserer Initiative im Bürokratismus erstickt. Achtundzwanzig Fragebogen im Monat. Seit vier Wochen beschäftige ich eine Sondersekretärin ausschließlich mit der Ausfüllung von Amtsformularen. Industriebericht. Bericht über Produktionserfüllung. Bericht über Auflage der Produktion. Alle fünf Tage Bestandsmeldung. Zehntägige Meldung, Monatsmeldung, Quartalsmeldung. Ich bitte Sie, wo sollen wir die Zeit hernehmen, um produktiv zu arbeiten?«
Am Nachmittag besuche ich eine Kollegin von Heike. »Zustände sind das«, jammert sie und weist auf ihre von Anstrengung geschwollenen Füße. »Wenn das so weitergeht, kann ich meinen Beruf an den Nagel hängen. Seit drei Tagen liegen meine Kinder masernkrank. Um zwölf Uhr fahre ich los und hole für den Kleinsten die Säuglingsspeisung. Eine Stunde Fahrzeit, ein halber Liter Essen. Um zwei Uhr fahre ich los und hole für die Große die Schulspeisung. Eine Stunde Fahrzeit, ein halber Liter Essen. Um vier Uhr fahre ich los und hole für mich die Theaterspeisung. Anderthalb Stunden Fahrzeit, ein halber Liter Essen. Um sieben tue ich alles in einen Topf, danke dem Schicksal und den Alliierten, daß sie

mir eine Säuglingsspeisung, eine Schulspeisung und eine Theaterspeisung beschert haben, und male mir aus, wie wunderbar das Leben wäre, wenn man alle drei Halbliter auf einmal im Haus hätte.« Man hat sie nicht auf einmal im Haus. Und wenn man die dreieinhalb Stunden Fahrzeit nicht braucht, so braucht man drei Stunden Anstehen, drei Stunden Kampf gegen mangelhafte Verteilungsorganisation, drei Stunden Kopfzerbrechen, was um Himmels willen man wohl heute seinen Lieben auf den Teller legen soll. Der Leerlauf füllt die Stunden. Nicht nur im Berufs-, sondern auch im Privatleben. Und tritt man im Kreml etwa weniger am Ort?

Freitag, 25. April 1947

Gestern sind die Außenminister abgereist. Resultat: Die Aussicht auf Frieden, Freundschaft und Zonenöffnung ist in unbestimmte Ferne gerückt, und wir haben eine Million Männer weniger, als unsere Hoffnung uns vortäuschte.

Montag, 5. Mai 1947

Bleierne Ratlosigkeit liegt seit dem Moskauer Ende über den Menschen von Berlin. »Soll man hierbleiben?« »Soll man fortgehen?« »Wird es Krieg geben?« »Wird es keinen Krieg geben?« – Unsere Instinkte sind unsicher geworden, seitdem wir uns so ausschließlich als Schachfiguren im Brettspiel der großen Weltpolitik vorkommen. Als Hitler regierte, gab es für jeden ein unverrückbares Ziel: für den Nazi den Sieg Adolf Hitlers, für den Antinazi das Ende des Nazismus. Wie heißt das Ziel von heute? Verständigung? Zonentrennung? Krieg? Die Gerüchte überschlagen sich. »Ganz Bayern ist ein einziges Waffenlager. Jede Nacht rollen russische Truppentransporte nach Westen. Berlin wird preisgegeben. Europa überrannt. Die Westalliierten können froh sein, wenn sie den russischen Vormarsch im Atlantik aufhalten.« Man zieht den Kopf ein und verstopft sich die Ohren.

»Krieg«, sagt der Zeitungshändler. »Krieg«, sagt der Straßenbahnschaffner. »Krieg«, sagt der Briefträger, der Gemüsemann und die Metzgersfrau an der Ecke. Die gleichen Menschen, die noch vor drei Jahren lieber Schuhsohlen kauen als auch nur einen Tag länger den Jammer der Bombenangriffe aushalten wollten, sprechen heute von einem neuen Krieg als dem einzig möglichen Ausweg. Aus der Mühsal des Schlangestehens, der Monotonie des Grützeessens, den Ungerechtigkeiten der Entnazifizierung, der Sinnlosigkeit der Fragebogen, der Enttäuschung über die Alliierten, der hoffnungslosen Verfahrenheit unserer gesamten Nachkriegssituation. Seit langem hat man aufgehört danach zu fragen, durch welche Umstände wir in diese Situation geraten sind, sich daran zu erinnern, wie Deutschland aussah, als Hitler kam und als Hitler ging. Heute, am 5. Mai 1947, ist Hitler zwei Jahre tot. Und was ihm folgte, erscheint den Erben seines Zusammenbruchs so unerträglich, daß sie bereit sind, jedes Ende mit Schrecken diesem Schrecken ohne Ende vorzuziehen. »Lieber Krieg. Lieber Schuhsohlen kauen als noch länger diesen sinnlosen Schlamassel.«

Was nützt es, daß sich im Westen die amerikanische und die englische Zone zu einer Einheit zusammenschließen. Die westliche Einheit macht die west-östliche Uneinheit nur sichtbarer. »Wir rechnen damit, daß die positiven Wirtschaftsauswirkungen des bizonalen Zusammenschlusses bis zum Jahr 1950 voll in Erscheinung treten werden«, erklärt ein amerikanischer Wirtschaftsfachmann. Und die Hungerdemonstrationen? Die Streiks? Die Demontagen und das Erlahmen jeder Initiative am Bürokratismus, jeder zukunftsfrohen Planung an den nicht mehr zum Schweigen kommenden Kriegsgerüchten? Keiner hat Lust, sein Haus für neue Bomben aufzubauen. Keinem ist es zuzumuten, sein Geld für das Finanzamt oder die Währungsreform zu sparen. Wozu? Warum? An diesem »Warum?« und »Wozu?« auf allen Gebieten des täglichen Lebens sind wir drauf und dran, den Verstand einzubüßen.

Donnerstag, 8. Mai 1947

Auch in Bayern scheinen sie nicht mehr weit von diesem Zustand entfernt. Nur verliert man den Verstand dort offenbar auf andere Weise als in Berlin. Der bayerische Kultusminister Dr. Hundhammer plädiert für die Wiedereinführung der Prügelstrafe in den Schulen. Der Kreisdirektor des Bayerischen Bauernverbandes Dr. Fischbacher verlangt, daß man alle Preußen aus Bayern hinausjagen und Mischehen zwischen Bayern und Auswärtigen als »Blutschande« erklären solle. Statt den Keil, den die Gegensätzlichkeit der Alliierten zwischen Ost- und Westdeutschland treibt, durch brüderliches Zusammenhalten herauszuziehen, hackt man ihn mit Fleiß immer tiefer in die Kerbe. »Krieg gibt es«, sagen die Münchener. »Doch da die Atombombe, die dann auf Berlin fällt, in ihrem Wirkungskreis nur bis Hof reicht, so brauchen wir uns deswegen kaum Sorgen zu machen.«

Bayern den Bayern. Baden den Badenern. Und Berlin? Der ersten fallenden Atombombe. Ein trauriger Dank des Vaterlandes für zwei Jahre »Brückenbaubemühung«.

Sonntag, 11. Mai 1947

»Vergiß nicht, deine Uhr vorzustellen«, mahnte Frank mich gestern abend. Kein Anlaß, es zu vergesen. Seit Tagen brummen einem alle die Ohren voll über die »neue Schikane«. Ab Sonntag Moskauer Sommerzeit. Auch im Sommer 45 stellten wir die Uhr zwei Stunden vor. Und dachten uns dabei nichts Böses. Stromersparnis, Vereinfachung im Besatzungsverkehr, Gott weiß, was für ein Beweggrund dahinterstecken mochte.

»Selbst noch um unseren Nachtschlaf betrügen sie uns«, nörgelt es heute von rechts und von links. »Nicht mal ein paar armselige Schlummerstunden gönnen uns die Verdammten. Bestürzend, wenn der Mensch die Fähigkeit verliert, die positive Seite der Dinge zu sehen. Nicht nur bestürzend für ihn selbst, sondern noch mehr für diejenigen, die es übernommen haben, ihn zu regieren. Reaktion, Reaktion. Von allen

Seiten mehren sich die Zeichen, daß ein dritter Weltkrieg doch stattfinden wird. Ganz gleich, gegen was. Ganz gleich, gegen wen...

Mittwoch, 28. Mai 1947

»... gegen den Bolschewismus«, sagen die einen. »Immer bedrohlicher streckt er die Hand nach dem restlichen Europa. Die kommunistische Internationale, im Kriege den westlichen Verbündeten zum Opfer gebracht, jetzt ist sie im Kominform, dem kommunistischen Informationsbüro wiederauferstanden. Die fünfte Kolonne marschiert. Und wenn sie ihr Ziel erreicht haben, wird...« – »... gegen den Faschismus«, sagen die anderen. »Seht ihr es nicht, wie er überall in der Welt sein Haupt erhebt? In Frankreich gewinnt de Gaulle von Tag zu Tag stärkeren Einfluß. Ein winziger Staatsstreich, und die Diktatur sitzt im Sattel. Nicht nur die französisch-faschistische, sondern auch die spanisch-faschistische.« Amerika? »In zehn Jahren wird Amerika den Faschismus haben, erklärte kürzlich ein Amerikaner. »Nur daß man ihn dort dann Antifaschismus nennen wird.« Ein bitteres Wort. Wenn sich hinter ihm etwa Wahrheit verbirgt. – »... gegen die Reaktion«, sagen die dritten. »Wo kommen wir hin, wenn sich – wie in Bayern – die Pfarrer von ihren Gemeindemitgliedern den Besuch der Beichte quittieren lassen, wenn man in moralischer Entrüstung das gemeinsame Baden der Geschlechter verbietet, die Prügelstrafe wieder einführt und das Muckertum aufs Papier schreibt. Zurück zur Inquisition. Zurück zur Hexenverbrennung. Sieht so die Wirklichkeit unserer demokratischen Träume aus.« – Weder so noch so. Aber es hat den Anschein, als ob zwischen roter, brauner und schwarzer Diktatur für die sozialdemokratischen Ideale im Augenblick wenig Platz vorhanden sei. Zuwenig fast, um auf ihre praktische Verwirklichung hoffen zu dürfen.

Freitag, 6. Juni 1947

Immer wenn man denkt, daß es nicht mehr weitergeht, tut sich von irgendeiner Seite ein Hoffnungsschimmer auf. Diesmal kommt er aus dem Auditorium der Harvard Universität, wo der amerikanische Außenminister Marshall gestern vor versammelter Studentenschaft einen umfangreichen Hilfsplan für den Wiederaufbau von Europa verkündet hat. Endlich ein konstruktiver Vorschlag. Doppelt konstruktiv, sofern er dem Osten und Westen in gleicher Weise dient. Auch die Deutschen scheinen sich auf ihre Gemeinsamkeit zu besinnen. Gestern trafen zum erstenmal nach Kriegsende die Ministerpräsidenten aller vier Zonen in München zusammen, um sich über Maßnahmen zur Abwendung neuer deutscher Winternot zu beraten. Wenn einer mit gutem Beispiel vorangeht ...

Samstag, 7. Juni 1947

... brauchen die anderen noch lange nicht zu folgen. Ehe der letzte der ostzonalen Ministerpräsidenten die bayerische Staatskanzlei betreten hatte, hatten seine östlichen Kollegen den Sitzungssaal bereits verlassen. Die Delegierten der Ostzone sind nach Berlin zurückgereist. Nicht einmal über die Aufstellung der Tagesordnung konnte man sich einigen. Rein in die Hoffnung, raus aus der Hoffnung. Wenn sich auch der Hilfs-Plan für Europa in ähnlicher Richtung entwickelt.

Sonntag, 22. Juni 1947

Bisher noch nicht; Gott Lob und Dank, bisher noch nicht. Mit Windeseile scheint man diesmal der Theorie die Praxis folgen lassen zu wollen. Neue Einladung an die alliierten Außenminister, sich am 27. Juni in Paris zu treffen. Gegenstand der Konferenz: der Marshall-Plan. Rußland hat zugestimmt. Fast ehe die Einladung ausgesprochen war. »Sie kriegen einen amerikanischen Kredit und gehen dafür zurück bis zur Oder!« jubeln die Gerüchte. Raus aus der Hoffnung – rein in die Hoffnung!

Donnerstag, 26. Juni 1947

Wir sind nicht heiter. Die amerikanische Regierung hat die Zigaretteneinfuhr gesperrt. Und das in ein Land, in dem die Chesterfield seit Jahren einziger Währungsmaßstab ist. »Wie, glauben Sie, läßt sich der Schwarzmarkt am wirksamsten bekämpfen«, fragte mich kürzlich ein amerikanischer Finanzfachmann. »Wenn man uns Zigaretten gibt«, antwortete ich ihm. Er sah mich mißbilligend an. »Darf ein besiegtes Volk so süchtig nach Rauschmitteln sein?« las ich aus seinem Blick. Hundertmal hatte ich mich das gleiche gefragt. Warum rauchen plötzlich Menschen, die ihr Leben lang keine Zigarette im Munde hatten. Warum verkaufen sie ihre Lebensmittelkarten, nur um sich auf dem Schwarzmarkt zu sündhaften Preisen ein Päckchen Tabak dafür einzutauschen. Ausgerechnet zu einem Zeitpunkt, in dem die monatliche Zuteilung zwölf Zigaretten pro Kopf beträgt. Das heißt pro männlichem Kopf. Den Frauen billigt der Dank des Vaterlandes nur die Hälfte zu. Warum ziehen wir nicht die Konsequenzen aus diesem Zuwenig an Angebot und gewöhnen uns das Rauchen ab? – Weil wir nicht können. Täglich und stündlich stellt uns das Schicksal vor neue Schrecksituationen. Der Schock einer Bombennacht, die Angst vor Vergewaltigung, die Unsicherheit der Berliner Situation, der ganze Jammer unseres Trümmerdaseins – sie lassen sich nicht durch Haferflocken kompensieren. Oder durch Grützbrei und Muckefuck. Es ist die Diskrepanz zwischen der Intensität unseres Schicksals und dem Grau unserer Lebensführung, die uns rauchsüchtig stimmt. Flucht aus der unerträglichen Wirklichkeit in den Rausch einer freundlicheren Minute. Das ist das Geheimnis, das die Chesterfield zum Währungsmaßstab macht. Es wird sie so lange in den Mittelpunkt unserer Sehnsucht rücken, wie wir dazu verurteilt sind, mehr zu bewältigen, als unsere Normalkräfte hergeben.

Jetzt hat man die Tabakeinfuhr eingestellt. O trügerische Hoffnung, die damit rechnet, daß ein Fortfall des Angebots die Nachfrage auslöscht. Wenn doch die Besatzungsmächte für unsere privaten Nöte etwas mitfühlender wären. Was wissen Satte von Hungrigen? Menschen, die halbdaumenlange Kippen fortwerfen von solchen, die für jene Kippe mit Freuden drei Mark fünfzig opfern. Auf dem Schwarzmarkt oder wo immer sie sie kriegen.

Dienstag, 1. Juli 1947

Amerika denkt und Rußland lenkt. In diesem Falle den Tabakschwarzhandel. Und zwar direkt in seine Tasche. Als Heike heute mittag von der Probe kommt, hält sie mir ein weißes Stäbchen unter die Nase. »Weißt du, was das ist?« fragt sie, und ohne meine Antwort abzuwarten fährt sie hochtrabend fort, »Drug, der Freund der Armen. Hoffnung und Trost für alle Nikotinsüchtigen.« Sie hebt die Zigarette in die Höhe. »Der Sieg des Ostens über den Westen – zum mindesten auf dem Zigarettengebiet. Und Angebot, soviel du haben willst. Das also hätten sie geschafft.« »Was?« frage ich etwas nervös. »Nun«, sagt Heike vergnügt, »das Geschäft in ihre Taschen zu schleusen.« Sie steckt das weiße Stäbchen in Brand und hockt sich neben mich auf die Sessellehne. »Also, hör zu. Was sagt der kluge Amerikaner? Tabak ist die Seele des Schwarzhandels. Also sperren wir den Import. Was sagt der kluge Raucher? Ohne Tabak kann ich nicht leben. Die Amerikaner sperren den Import, also muß ich mich auf Verdopplung der Preise einstellen. – Was sagt der kluge Pole? Ohne Tabak können die Deutschen nicht leben. Die Amerikaner sperren den Import. Also investieren wir dreißigtausend Dollar, kaufen amerikanische Zigaretten und pumpen sie auf den deutschen Schwarzmarkt. Ein Päckchen gleich 20 Cents. Ein Päckchen gleich 120 Mark. Das heißt pro Dollar sechshundert Mark. Hurra, wir machen das Geschäft! – Was sagt der kluge Russe? Ohne Tabak können die Deutschen nicht leben. Sechs Mark pro Zigarette ist für die Dauer zu viel. Also werfen wir uns auf Massenproduktion. Drug statt Chesterfield. Zwei Mark statt sechs Mark. Hurra, wir machen das Geschäft.« – »Und wie schmeckt das Ding?« »Nicht übel, zum mindesten besser als fremder Leute Kippen.« Ich schüttele den Kopf. »Tolle Sache! Daß sie doch immer einen Dreh finden, die anderen übers Ohr zu hauen.« Heike lacht. Und läßt zum erstenmal ihre Kippe achtlos im Aschbecher verglühen.

Freitag, 4. Juli 1947

Panikstimmung! Die Pariser Konferenz ist gescheitert. »Ein Übereinkommen zwischen den Außenministern von Frankreich, England und Rußland konnte nicht erzielt werden«, schreibt die Tägliche Rundschau. »Die unabhängigen europäischen Staaten sollen durch den Marshall-Plan ihrer Selbständigkeit beraubt und unter amerikanische Kontrolle gestellt werden«, erklärt Molotow in Paris. »Also ist Rußland gegen den Marshall-Plan, denn er spaltet Europa in zwei Teile.« Spricht's, verbeugt sich höflich, sagt »Auf Wiedersehen« und geht. Bidault begleitet ihn bis zur Tür. »C'est fini!« seufzt er, als er sich umdreht. Aus ist es mit der Hoffnung, aus mit dem unteilbaren Europa.

Ohne daß ein Wort darüber gesprochen wurde, begann sich der Vorhang zwischen Ost und West an der Elbe zu senken. Die Menschen wissen es nur noch nicht. Ahnen es höchstens durch erste mittelbare Auswirkungen. Panik! Die Schwarzpreise für Lebensmittel und Gebrauchsgüter springen hektisch in die Höhe. Kein Liter Benzin zu bekommen. Für Autos und Motorräder werden unsinnige Summen bezahlt. Abtrennung droht, verraten alle diese Maßnahmen. Rette sich, wer kann! In den Westen ... in den Westen ... Man steht wie auf schmelzender Eisfläche, die jeden Augenblick zusammenbrechen kann. Werden wir den Sprung ans Ufer schaffen? Doch wo ist dieses Ufer. In Frankreich kriselt es gewaltig. Streiks, Aufdeckung von Umsturzplänen, ständiges Anwachsen der rechten und linken Radikalparteien, die die winzige gemäßigte Mitte zwischen sich zu erdrücken drohen. In Spanien der faschistische Franco. In Italien der Kommunismus ante portas. Wohin das Auge blickt: Kollektivismus, Katastrophen oder Katastrophennähe. Womöglich irren wir uns doch im Grunde. – Einzelgänger, die gegen die Weltentwicklung, wenn wir uns einem kollektivistisch gemeinten zwanzigsten Jahrhundert in den Weg stellen. Was bleibt vom demokratischen Europa, wenn Frankreich gaullistisch wird, Spanien unter Franco, Italien unter Togliatti, Polen und Ostdeutschland – sprich Rußland – unter Stalin marschieren! Groteske Situation, in der der schmale Streifen Westdeutschland zwischen Elbe und Rhein zusammen mit England die europäische Demokratie verteidigt. Gegen den Faschismus von Westen und den Kommunismus von Osten. Eines Tages wird man sich noch Herrn Hitler aus dem Grabe rufen, um die kollektivistische Lücke zu schließen. Rette sich, wer kann! Wohin nur! Und wozu?

Montag, 7. Juli 1947

Frank kommt erregt in mein Zimmer. »Sichere Nachrichten, daß die Westalliierten innerhalb der nächsten drei Monate Berlin verlassen. Schaff die Koffer aus dem Keller. Es wird Zeit, daß wir packen.« Ich bin entsetzt. Die Aussicht, nach kaum zwei Jahren Ruhe wieder mit Gepäckevakuierung zu beginnen, erscheint mir mehr als trostlos. »Denk an unsere jüdischen Freunde«, warnt Frank. »Wer zuletzt geht, geht am schlechtesten, der wird noch dankbar sein dürfen, wenn er im bloßen Hemde davonkommt.« »Und Berlin? Und die Brücke? – Wer bleibt denn, wenn wir mit schlechtem Beispiel vorangehen?« Frank zieht mich tröstend in seine Nähe. »Wir gehen ja nicht gleich«, beruhigt er mich. »Nur sollten wir allmählich begreifen, daß wir eines Tages gehen müssen. Und dann nicht ›totalausgebombt‹ jenseits des Vorhangs stehen wollen. Mit einem Taschentuch in der Hand als letztem Stück unserer Habe.« Drei Stunden später geht der erste Koffer zur Post. Etwas von jedem, nach dem Muster des Luftschutzgepäcks.

Am Abend bin ich auf einem alliierten Presseempfang. »Was würden Sie an unserer Stelle tun«, frage ich einen amerikanischen Journalisten. »Wenn ich unter achtzehn Jahren wäre, in die Kommunistische Partei eintreten. Wenn ich über achtzehn Jahre wäre, Europa verlassen.« – »Und warum in die Kommunistische Partei eintreten?« – »Weil Europa in spätestens zehn Jahren ohnehin kommunistisch wird«, erwidert er, »und weil es für einen jungen Menschen nicht lohnt, sein Leben lang in Opposition zu stehen.« Erbauliche Prognose! Mir schmeckt der Cocktail nicht mehr, den ich soeben an den Mund setze. »Aber Sie werden uns doch mitnehmen ... ich meine, wenn Sie gehen?« wage ich zu fragen. Er macht ein undurchsichtiges Gesicht. »In so einem Notfall ...« Der Rest des Satzes bleibt aus. Und ich ergänze ihn stillschweigend dahin, daß Gott auch in solchem Fall wohl nur denen helfen wird, die sich selber helfen.

Dienstag, 8. Juli 1947
Es kann ja gar nicht gutgehen. Täglich erhellt eine neue Tatsache, wie unerbittlich sich die Länder westlich und östlich der Elbe auseinanderentwickeln. Schon gibt das Berliner Stadtkontor, Ersatzinstitut für die seit Kriegsende immer noch geschlossenen Banken, kaum mehr deutsche Geldscheine aus, sondern beschränkt sich fast ausschließlich auf Ausgaben von russisch-alliierten Noten. »Minusscheine« nennt sie das Volk, weil sie sich von den seitens der Westmächte gedruckten Scheinen durch ein Minuszeichen vor der Kennummer unterscheiden. Minusscheine werden von den westdeutschen Banken nicht oder nur ungern in Zahlung genommen. Auch hier klafft schon der Abgrund: »Und ihr könnt platzen«, fallen mir die Worte unserer kommunistischen Bekannten nach der Urabstimmung ein. »Am ersten Mai ist die Einheit da ... und in sechs Monaten rufen wir nach Anschluß.« Die sechs Monate sind vorüber. Das Ziel aber blieb bestehen. Und unmerklich, in zäher Beharrlichkeit rückt man Schritt für Schritt zu ihm vor. Wehe dem Gegner, der bisher dieser Mentalität nicht gewachsen ist. Der arglos immer von neuem auf sie hereinfällt.

Mittwoch, 9. Juli 1947

England und Frankreich haben die Hoffnung nicht aufgegeben. An zweiundzwanzig europäische Nationen schickten sie ein Einladungsschreiben, sich am 12. Juli zur Besprechung des Marshall-Planes in Paris zu versammeln. Westdeutschland soll durch seine Militärgouverneure vertreten sein. Sechzehn Nationen gaben bereits ihre Zustimmung. Auch die Tschechoslowakei ist darunter. Ihr Ministerpräsident allerdings hat eine verdächtig überstürzte Reise nach Moskau angetreten. – Jugoslawien, Rumänien, Bulgarien, Polen und Albanien haben abgesagt. »Danke, wir brauchen nichts«, erklärten sie zu dem amerikanischen Hilfsangebot und duckten sich tiefer unter den »Schatten des großen Bruders«. In Paris spricht man viel von der Türe, die »offenstehe«. Warten wir's ab, wer durch sie noch hereinspaziert.

Freitag, 11. Juli 1947

Ungarn nicht und Finnland nicht. Statt dessen hat sich in letzter Minute der eine der Gäste wieder hinausgeschlichen. Herr Gottwald, Ministerpräsident der Tschechoslowakei. »Mensch, muß der in Moskau auf den Kopf gekriegt haben«, sagt Heike mehr hellsichtig als respektvoll. – Schneller als wir es dachten konsolidierten sich die Fronten diesseits und jenseits des »Vorhangs«. Ostblock gegen Westblock. Satellitenstaaten der Sowjetunion – sagen die Westalliierten – gegen Satellitenstaaten des US-Kapitals – sagen die Ostalliierten. Eines unterliegt keinem Zweifel: Der Trennungsstrich läuft mitten durch Deutschland ... »Koffer packen!« drängt Frank.

Montag, 21. Juli 1947

Überraschend flink hat man sich in Paris geeinigt. Erstaunlich, wie einfach es sich verhandeln läßt, wenn nicht einer dazwischen sitzt, der immer nein sagt, wenn die anderen ja sagen, und immer ja, wenn die anderen nein meinen. Manchmal fragt man sich, ob den Westalliierten an einer Verständigung mit Rußland überhaupt noch gelegen ist. Schon im Juni sah es in Paris fast so aus, als hätte die rasche Zusage Molotows seine Verbündeten eher unangenehm als angenehm berührt. Ein krankes Glied soll man abhauen. Ein infiziertes Land isolieren. Vielleicht hat die Gründung des Kominform diese Erkenntnis bei den Westalliierten ausgelöst, hat sie die Taktik ihrer östlichen Verbündeten endgültig durchschauen lassen. Unordnung schaffen, heißt die sowjetische Taktik. Wo Chaos herrscht, wo Hunger und Unzufriedenheit regieren, fallen die Völker dem Kommunismus ganz von selber anheim. Also muß man die Streiks schüren, den Wiederaufbau hindern, die Währung verwässern, Verzögerungspolitik treiben, auf jede nur denkbare Weise. Jeder Monat des Hinhaltens ist ein Plus für die Aufrüstung, kostbarer Zeitgewinn zur Fertigstellung der Atombombe. – Amerika hat die Atombombe. Und, seit der Rede von Marshall in Harvard, offenbar auch die Einsicht, daß nur ein wirtschaftsgesundes Europa den stabilen Block bilden kann, der den sowjetischen Westvormarsch aufhält.

Und die Rolle Deutschlands in diesem Programm? Man tadelt an törichten Eltern, daß sie den heranwachsenden Sohn auf der einen Seite künstlich klein halten, auf der anderen Seite als Helden gefeiert sehen wollen. Er soll gleichzeitig ihr »braver kleiner Junge« sein und die bedeutende Persönlichkeit, deren Ruhm glanzvoll auf sie zurückwirkt. Zwei Gegensätze unvereinbar in einer Person. »To eat the cake and have it«, pflegt der Amerikaner solchen Zwiespalt zu nennen. »Deutscher Wall gegen den Bolschewismus und Demontage aller Fabriken, die Deutschland konkurrenzgefährlich machen«, ließe sich das Zitat zeitgemäß abwandeln. Soll der Wall an der Oder beginnen, an der Elbe oder am Rhein? Vielleicht schiebt das Schicksal doch den Westalliierten die Aufgabe zu, unmerklich am Eisernen Vorhang zu zupfen, bis er tiefer und tiefer niedersinkt.

Samstag, 2. August 1947

Aufatmen! Die Räumung Berlins ist verschoben. Überhaupt sei es fraglich, ob sie je ernsthaft geplant worden sei. Noch nie habe Amerika einen Vorposten aufgegeben, betonen die maßgebenden Kreise der Militärregierung. Und das Gerücht? Es sei nur entstanden, weil England die Kosten für die Berliner Besatzung nicht länger mehr aufbringen wolle, vielleicht auch nicht könne. Kein Grund zur Besorgnis. Amerika spränge in die Bresche, übernähme in Zukunft acht Zehntel der Besatzungsspesen. Acht zu zwei zugunsten der USA. Man wird sich in Berlin daran gewöhnen, noch weniger als bisher von den englischen und französischen Besatzungsmächten zu sprechen. Die neue Regelung folgt nur der inneren Wahrheit. Es gibt nicht mehr als zwei Kontrahenten in der Welt, sie heißen Rußland und Amerika.

Fühlen wir uns darum sicherer in Berlin? Das ewige Auf und Ab von Hoffnung und Furcht hat uns das Problem unserer Lage unter einem neuen Blickpunkt sehen gelehrt. Gewiß, die Westalliierten werden Berlin nicht aufgeben. Aber sie werden es nicht verhindern können, daß die Stadt eine Festung wird. In einer Festung kann man nicht Kultur treiben. Eine Festung ist Front. Und nur wer sich als Frontkämpfer fühlt, sollte in ihr verharren. »O Himmel,« flehen wir, »gib uns ein Zeichen!« – Je klarer unsere Einsicht wird, daß wir eines Tages Berlin verlassen müssen, desto geringer ist unsere Entschlußkraft, es auch wirklich zu tun. Hoffen wir etwa auf den unterirdischen Gang, der uns eine Minute vor zwölf aus der Festung ins Freie führt? Ein einziger D-Zug fährt täglich von Berlin über die Zonengrenze. In zwölfstündiger Reise muß man sich auf ihm bis Hannover durchstehen. Mit vierstündiger Gepäck- und Ausweiskontrolle am Grenzort Marienborn. Wer Augen hat zu sehen, bedarf kaum eines überzeugenderen Zeichens für den geringen Grad der Verbundenheit von Berlin und dem Westen.

Sonntag, 17. August 1947

Das Schicksal hat Frank die Entscheidung abgenommen und ihm einen Ruf nach München beschieden. Am 1. September verläßt er Berlin. Mich friert, wenn ich daran denke. Abgetrenntsein! Nicht mehr die Möglichkeit haben, zueinander zu sagen: Du, mir ist heute nicht fröhlich zumute. – Die Post von Berlin nach München geht fünf Tage. Manchmal auch zehn. Noch öfter fünfzehn oder gar zwanzig. Man schreibt ins Leere und aus dem Leeren kommt irgendwann eine Antwort. Oder auch keine. Wie der Zufall es fügt. Vor zwei Jahren starb Andrik. Fabian ist fort und Dagmar davongezogen. Jo Thäler wohnt im Krankenhaus. Als der Krieg zu Ende ging, waren wir eine Gemeinschaft. Was hat uns auseinandergetrieben? Mich friert. Bleib hier, Frank, möchte ich sagen. Ich tue es nicht. Ich weiß, daß es unvernünftig wäre, es zu tun. Man hält keinen Menschen, der einer Festung entschlüpft. Seit vorgestern, erzählt man, ist die Möbelausfuhr nach dem Westen gesperrt. Noch fährt der Interzonenzug. Man braucht etwa vier Wochen, bis man einen Interzonenpaß, eine Zulassungskarte und einen Fahrschein dafür bekommt. Auf dem Charlottenburger Bahnhof prügeln sich täglich zwischen neun und eins die Menschen um einen Platz in ihm. »Bleib hier, Frank«, rufe ich in die Erde von Andriks Grab hinein. Aber die Erde schweigt und aus dem Grab steigt der Dunst von Verwesung.

Mittwoch, 20. August 1947

»Frank geht nach München ... Frank geht nach München.« Unablässig zernagt dieser Satz meinen Kopf. Ich wandere durch die Straßen, und jeder Baum, jede rauchgeschwärzte Trümmerfassade sagt: »Hier wart ihr zusammen.« Wie kann man leben, wenn man getrennt ist. Durch vierzehn Tage Postzeit, vier Wochen Anstehen nach Stempeln und Genehmigungen und einen fragwürdigen – mehr als fragwürdigen Interzonenverkehr. Wir packen zweihundert Pakete. Je acht Kilo schwer. Das Limit, nach dem man, nach neuester Bestimmung, seinen Besitz nach den Westzonen bringen darf.

Für Frachtguttransporte braucht man so viele Bewilligungen, daß man darüber ins Grab sinken kann. Der Postweg ist unsicher. Wer sicher gehen will, arrangiert seinen Umzug durch Einschreibpäckchen. Zweikiloweise. In Kleinstraten gewissermaßen. Auf mehr als tausend Päckchen hat es ein Vorsichtiger gebracht. Wir packen auf Risiko. Dreimal acht Kilo Fahrradteile sind immerhin ein Fahrrad. – Noch anderthalb karge Wochen ...

Freitag, 22. August 1947
... noch neun karge Tage. Was gilt denn mehr? Die Treue zur Stadt oder die Treue zum Menschen. »Ich bleibe dir ja«, tröstet Heike. »Gewiß«, lächle ich und sehe sie dankbar an.

Montag, 1. September 1947
Rucksack packen, Brote streichen, eine Whiskyflasche mit Kaffee füllen. 35 Stunden wird Frank unterwegs sein. Wir sitzen zum Abschiedsfrühstück in der Siedlung am Wasserturm. Auf dem Tisch steht Andriks Bild. Jeder grübelt in sich hinein. Man wird schweigsam, wenn man sich viel zu sagen hat. Gestern kam ein Gerücht, daß Makar Iwanow in Sibirien sei. Wie schnell kommt man nach Sibirien. Und wie weit ist es bis München. Frank schaut nach der Uhr und erhebt sich. Seine Blicke gleiten durch den Raum. Hier haben wir Ausweise gefälscht, unsere Illegalen verborgen, vor englischen Bomben gezittert, neun Jahre gehofft, gewagt, gerungen und gezweifelt. Wir waren ein Team. Berlin war ein Team, die Schar unserer Sieger war ein Team. In diesem Augenblick – ich spüre es – erlischt die Widerstandsgruppe »Onkel Emil«, versinkt endgültig und unwiederbringlich das Wunder jener Gemeinschaft im Schatten der Vergangenheit. – Leben heißt: sich anpassen. Sechzehn Monate haben wir gebraucht, um zu lernen, daß das Anpassen an die Nachkriegszeit im Sichabsondern besteht.

Mittwoch, 10. September 1947
Eine »displaced person« ist eine Person, die fehl am Platze ist. Allmählich gewinnt man fast den Eindruck, als ob die halbe Welt fehl am Platze sei. Wenn man in zweihundert Jahren darüber im Geschichtsbuch nachschlägt, wird man vielleicht lesen, daß »die zweite europäische Völkerwanderung um das Jahr 1900 begann und gegen 1960, nach Abschluß des dritten Weltkrieges, ihr Ende fand«. Drei Zeilen im Lexikon unter V siehe Völkerwanderung und dahinter ein Ozean von Tränen, Hekatomben von Toten, ein Her und Hin unendlicher Flüchtlingsmassen. Wo fing es nur an? Bei den Griechen, die man aus Kleinasien verjagte, den Armeniern, die die Türken vertrieben, bei den russischen Emigranten, bei den spanischen, den italienischen oder den deutschen. Werden die Ostflüchtlinge die letzten sein oder die illegalen Auswanderer nach Palästina. Keiner ist da, wo er hinwill, keiner ist da, wo er hingehört. »Displaced persons sind der faschistische Abschaum ganz Europas«, sagt die russisch lizenzierte Neue Berliner Illustrierte. »Sie werden in ihren Ländern als Kriegsverbrecher gesucht und ziehen daher das Lagerleben in Deutschland der Rückkehr vor.« Wo aber sollen sie denn hin, diese Unglücklichen.
Gestern wurden im Hamburger Hafen 4 500 jüdische Flüchtlinge von den drei Schiffen der Exodus-Flotte ausgeschifft und in zwei Internierungslager bei Lübeck gebracht. »Wir wollen irgendwo zu Hause sein«, hatten sie beschlossen und sich ohne amtliche Genehmigung Mitte Juli nach Haifa eingeschifft. Die englischen Einwanderungsstellen sind empört. Das Schiff wird geentert, man zwingt die illegalen Einwanderer, auf drei englische Transporter umzusteigen und Rückkurs nach Europa zu nehmen. »Wir wollen irgendwo zu Hause sein«, trotzen sie und machen einen vierundzwanzigtägigen Hungerstreik. Die Schiffe fahren nach Frankreich. Ihre Passagiere weigern sich auszusteigen. »Bringt uns zurück nach Palästina«, fordern sie. Ein Monat vergeht. Die Transporter nehmen Kurs nach Gibraltar und von dort nach Hamburg. In

der englischen Besatzungszone läßt sich ein Schiff, wenn nötig, auch mit Gewalt ausladen. Displaced persons!
England will sie nicht haben, Amerika will sie nicht haben. An den zehntausend Personen, die Amerika aufzunehmen sich erbot, knabbert es bereits ein Jahr herum. Und wundert sich zugleich, daß es Deutschland nicht möglich sein soll, im zertrümmerten Restgebiet ein paar Millionen anzusiedeln.
In Berlin trifft eine Gruppe von Königsberger Rückkehrern ein. Hohläugig blicken sie aus gestorbenen Gesichtern. Von zweihunderttausend Deutschen leben noch sechstausend, berichten sie. In Kellern, in Löchern, wie Maulwürfe unter der Erde. Ernähren sich von Abfall, vergreifen sich an Leichen, sind mehr Vieh als Mensch, mehr Kadaver als Lebewesen. Auch die es erzählen, haben nur noch wenig Ähnlichkeit mit lebendigen Menschen. Displaced persons!
Durch die russische Zone rollt ein Güterzug. Zerlumpte Gestalten quellen aus seinen Türen. Kinder und Frauen, ein paar Greise darunter. »Wer seid ihr, woher kommt ihr?« werden sie von einem Gegenzug angerufen. »Wir sind die letzten Breslauer«, greint aus zahnlosem Mund eine zittrige Alte. – Displaced persons! Der sechste Stand in der Menschheitsrangordnung. Die Zeitungen klagen über die Unmoral in den Durchgangslagern, den Schwarzhandel in den Baracken der Unnra. »Asoziale Elemente«, tadeln sie und möchten am liebsten hinzufügen: Da sieht man mal wieder, es sind eben Juden! Wie soll man sich eingliedern, wenn man fehl am Platze ist. Seit 2000 Jahren ist die Mehrzahl der Juden fehl am Platze. Seit zwanzig Jahren ein Teil der Europäer, seit zwei Jahren ein Großteil der Deutschen. Leicht lassen sich Wurzeln ausreißen, schwer wachsen sie wieder ein. Fast nie bei denen, die emigrierten. Wenn es gutgeht, bei ihren Kindern. Es muß ein schreckliches Schicksal sein, gleich Ahasver zu wandern, ohne Heim, ohne Ziel, und zu den displaced persons zu gehören.

Donnerstag, 18. September 1947

Nachricht von Frank. In Süddeutschland herrscht die größte Dürre seit hundert Jahren. Die Flüsse versiegt, zahlreiche Bezirke ohne Wasser, Stromstockungen, Verkehrsstockungen, Staub, Hitze und tiefe, abgrundtiefe Niedergeschlagenheit. Die sechste der ägyptischen Plagen hat sich auf uns gesenkt. Plage Krieg, Plage Vergewaltigung, Plage Flüchtlingselend, Plage Kälte, Plage Hochwasser, Plage Dürre. Wie wird die siebente aussehen? Unbarmherzig blau strahlt der Himmel seit vielen Wochen. Die Ernte verdorrte am Halm, das Vieh brüllt in den Ställen. Man wundert sich, was alles der Himmel erfindet, um die Menschheit zu prüfen.

Mittwoch, 24. September 1947

In Nürnberg reiht sich Prozeß an Prozeß. Den neunzehn Verurteilungen vom Oktober sind zahlreiche weitere gefolgt. Die NS-Juristen, die NS-Ärzte, die verantwortlichen Leiter des IG-Farben-Konzerns, hohe Militärs, hohe Parteiführer. Seit anderhalb Jahren vergeht kein Tag, in dem nicht mindestens eine Spalte der ersten Zeitungsseite mit Berichten über die Nürnberger Verhandlungen gefüllt ist. Man schaut schon gar nicht mehr hin. Weltgericht in Permanenz hört auf, an die Zerknirschung zu appellieren. Die Prominenten und Höchstprominenten im Scheinwerferlicht journalistischer Sensationsgier. Der Bettvorleger Heinrich Himmlers geht zu Höchstpreisen nach Amerika. Ein scheußlicher Silberpokal, den der Einfall eines Schlaumeiers mit der Gravierung »Adolf Hitler – seinem lieben Reichsjägermeister« verzierte, trägt dem Besitzer vier Stangen Chesterfield ein. Justitia verhüllt ihr Antlitz. Und wer geht als Sieger durch das Schneckenrennen der Spruchkammern? Wer nachweisen kann, daß er in die Partei »nur hereingezwungen« war. Wer glaubhaft zu machen weiß, daß er einem oder auch mehreren Juden während der Nazizeit Unterstützung gewährte. Wenn man die Berichte der Spruchkammerentlastungen liest, so entfallen auf jeden gehetzten Juden etwa sechzig Parteigenossen, die, zum mindesten durch gelegentliche Kartoffelspenden, sein grausames Los zu erleichtern trachteten. Ganz zu schweigen von den fünfzig Millionen Nicht-Pg.s, denen man so mutige Nächstenliebe viel eher hätte zutrauen können. In manchen Berliner Bezirken kann man sich Unterlagen über den Tatbestand seines »Hereingezwungenseins« und einen kartoffelunterstützten jüdischen Zeugen für tausend Reichsmark besorgen. »Die Grundregelung ist falsch«, sagen die Vernünftigen. »Wer sich in etwas hineinzwingen läßt, ist kein mutiger Mann. Geschweige denn ein Demokrat. Wenn unsere Richter uns zu Demokraten erziehen wollen, müssen sie nicht das Hereinzwingen belohnen, sondern das Bekennen. Ein Heer von Verantwortungslosen entlassen sie in das künftige Deutschland.« Jedes Entnazifizierungsverfahren dauert etwa zehn Monate. Drei Monate, bis man einen Verhandlungstermin erhält, zwei Monate bis zur Bestätigung des Spruchs durch die deutschen Behörden, etwa sechs Monate bis zur endgültigen Bestätigung durch die zuständige Besatzungsbehörde. Dazwischen schwebt man im Leeren. Weder Fisch noch Vogel, weder Staatsbürger noch Verbrecher. Fehl am Platze – eine displaced person.

Montag, 29. September 1947

Manchmal frage ich mich, wie es hat kommen können, daß sich die Dinge so trostlos verfahren haben. Und es scheint mir, als rühre alles Unglück davon her, daß kein Mensch sich in den anderen hineinversetzen kann. Weder die Nichtnazis in die Situation der Nazis noch die DPs in die der Nicht-DPs, noch die Sieger in die der Besiegten. Jeder denkt, er hätte an des anderen Stelle anders gehandelt. Besser, sittlicher, verantwortungsvoller. Hat er es ausprobiert? Jeder tadelt jeden. Niemand tadelt sich selbst. Und über dem ewigen Hin und Her der gegenseitigen Anklage versäumt man den einzigen Weg, der uns nottut – den Weg des guten Beispiels.

Mittwoch, 15. Oktober 1947

Schwer drückt die Angst vor dem Winter auf alle Berliner. Noch einmal so frieren müssen ... Heike organisiert zwei Kachelöfen. Unter der Hand, denn mit den Bezugscheinen sieht es kümmerlich aus. Erst kürzlich hat eine Bezugscheinstelle ihre Tätigkeit eingestellt, weil sie im Laufe eines halben Jahres nicht mehr als ein Taschentuch vermitteln konnte. Die Öfen kosten vierhundert Zigaretten, das Aufstellen fünfzig. Zahlbar in Drug, dem Freund der Armen. »Und wie willst du einheizen?« forsche ich. Heike lächelt tapfer. »Kommt Zeit, kommt Rat.« Als hätte sie in die Zukunft geblickt, kommt der »Rat« schon vierundzwanzig Stunden später. In Gestalt eines Mannes, der gegen Abend den Klingelknopf drückt. Bescheiden zupft er an seinem Rock, murmelt etwas von freien Spitzen, von günstiger Gelegenheit und sofortigem Zugriff. Aus all seinem Gestammel trifft nur ein Wort elektrisierend mein Ohr: Briketts! »Wieviel?« frage ich hastig. »Zwanzig Zentner.« »Und was kosten sie?« Wieder versickert die Antwort im Gemurmel. »35 Mark pro Zentner oder eineinhalb Kilo Brot«, fange ich mühsam auf. »Arbeiter ... Abladen ... Hunger ...«, tropft es hinterdrein. – Ein Wunder! Mein schwarzhandelfeindliches Gewissen macht schwache Versuche, die Lockung zu übertönen. Vergebens. Vielleicht, wenn es etwas wärmer gewesen wäre. In Windeseile überschlage ich unsere Bestände. Brot haben wir reichlich. Die ganze Wochenration liegt draußen in der Küche. Also Brot! Vier Laibe wandern als Anschlagzahlung unter die Arme des Mannes an der Tür. In zwei Stunden wird er liefern ... »In zwei Stunden?« fragt Heike zweifelnd und lächelt maliziös. Wir warten bis Mitternacht. Wir warten bis drei Uhr morgens. Der Ofen ist kalt und unsere Mägen knurren. Kein Krümel Brot mehr im Haus. Heike geht um mich herum wie um eine Schwerkranke. Leise irre, sagt ihr Blick. Vier Laibe Brot! Einem Mann an der Tür! – »Er sah so sympathisch aus«, versuche ich schwach, mich zu rechtfertigen.

Freitag, 17. Oktober 1947

Vorsichtige Erkundigungen haben ergeben, daß die hungrigen Ablader offenbar an Magenüberfüllung zugrunde gegangen sind. Siebzehn Brote fielen in ihre Hände. Seit Wochen trieben sie ihr Geschäft mit der Winterangst ihrer Mitmenschen. Hereingefallen! O ich Närrin! Adieu Briketts. Adieu warmer Ofen. Und was das schlimmste ist: Man kann sie nicht einmal anzeigen. Denn wer im Glashaus sitzt ...

Montag, 20. Oktober 1947

Immer noch können sich unsere Sieger nicht entscheiden, ob sie den Kuchen essen oder haben wollen. Essen: rät ihre Angst vor einer neuen deutschen Aggression vor allem den Franzosen. Haben: rät ihre Angst vor einer sowjetischen Aggression vor allem den Amerikanern. Vor vier Tagen forderte Marshall »Sofortmaßnahmen, um einen politischen, wirtschaftlichen und psychischen Zusammenbruch in Europa zu vermeiden«. Zur gleichen Stunde veröffentlichen die Zeitungen die Liste der in den Vereinigten Westzonen zu demontierenden Industrieanlagen. 682 Werke, darunter 302 Rüstungsbetriebe. Man kann sich nicht vorstellen, was danach noch übrigbleibt.

Heute vor einem Jahr waren die ersten Wahlen in Berlin, die uns nach der 1945 vom sowjetischen Oberbefehlshaber eingesetzten Verwaltung eine freie Stadtregierung bringen sollten. Was ist daraus geworden? Der gewählte Oberbürgermeister Reuter wird von den Russen nicht anerkannt. Willkürlich greift die sowjetische Besatzungsmacht in die Magistratsarbeit ein. Zank in jeder Stadtverordnetensitzung. Passiver Widerstand gegen alle bürgerlichen Maßnahmen von seiten der SED. Da jede wichtige Regierungshandlung der einstimmigen Genehmigung des Kontrollrates bedarf, läßt sich ermessen, wieviel da zustande kommt. »Nein«, sagen die Russen, wenn es um einen Antrag der Sozialdemokraten geht, und lächeln sehr höflich. »Nein«, sagen die Westalliierten, wenn es um einen Antrag der SED geht, und lächeln ebenso höflich. Ein Schritt vorwärts, zwei zurück. Der Berliner Magistrat tanzt wie auf Eierschalen. Fremde, die zu uns kommen, behaupten, Berlin sei die interessanteste Stadt der Welt. Uns wäre wohler, wenn wir uns etwas uninteressanter fühlen dürften. Was sind wir denn mehr als die Matte, auf der zwei Ringer ihre Weltmeisterschaftstitel austragen. Hätten sie Kötzschenbroda zum Schauplatz ihres Zweikampfes gewählt, nun so wäre vielleicht Kötzschenbroda in den Mittelpunkt des Interesses gerückt. Auch von Marienborn wußte man nichts, ehe es zum Loch im Eisernen Vorhang wurde. Das Schicksal entschied für Berlin und warf ihm das Los einer Viermächtestadt in den Schoß. Ehrlich ringt der Berliner, seiner Bestimmung nachzukommen. Als »Brückesein« verstand er sie im Jahre 45. Als »Brückenkopf sein« lernte er sie 46 und 47 verstehen. Wird er sie 1948 als »Fußmatte sein«, 1949 etwa gar als »Schlachtfeld sein« verstehen müssen?

Freitag, 31. Oktober 1947

Die feindlichen Verbündeten beginnen, ihre Visiere zu öffnen. Amerika kündet einen umfassenden Propagandafeldzug gegen den Kommunismus an. Alle amerikanisch ausgerichteten Zeitungen und Zeitschriften in Deutschland sollen daran teilnehmen. Über Deutschland erhebt sich das häßliche Geräusch des Säbelrasselns. Und da Berlin im Brennpunkt liegt, hört man es dort am lautesten. Dabei treffen sie in London bereits Vorbereitungen zu einer neuen Außenministerkonferenz. Erstaunlich ist die Geduld der Diplomaten, dort immer noch einen Ausweg zu suchen, wo es schon längst keine Verständigungsmöglichkeiten mehr gibt.

Dienstag, 4. November 1947

Der Zufall spielt mir einen Ausschnitt aus der Neuen Zeitung in die Hand. »Zonensituation« ist er überschrieben. »Die Franzosen«, sagt der Verfasser, »sind der Meinung, daß Politik zu machen den Deutschen unzuträglich sei. Auch sogenannte Innenpolitik. Sie ermutigen weder die Parteien noch die Gewerkschaften. Sie kühlen den Ehrgeiz der Funktionäre, sie zügeln den Eifer des Parlaments. Sie glauben, daß selbst eine schlechte Verwaltung besser ist als eine gute Politik. Die Mentalität ihrer Zone wird durch eine Art politischer Unzufriedenheit bestimmt. – Die Russen sind anderer Auffassung. Politik ist notwendig: ihre Politik: Einheitspolitik. Sie fördern deren Funktionäre, sie protegieren deren Propagandisten. Sie glauben, daß selbst eine schlechte Politik besser ist als eine gute Verwaltung. Und sie tun, weil sie konsequent sind, alles, diese Anschauung zu verwirklichen. So gedeiht die SED. Aber die Mentalität ihrer Zone ist eine Mentalität der Furcht. – Die Engländer denken, es müsse das bei ihnen Bewährte sich auch in Deutschland bewähren: das Mehrheitswahlrecht, die Sozialdemokratie, die Planwirtschaft, die völlige Freiheit der Kritik. In Wahrheit funktioniert nur die Kritik. Hierin sind die britischen Deutschen Meister. Ihre Zonenmentalität ist die der verhinderten Besserwisser. Die Amerikaner halten dafür, daß demokratische Gesinnung jedem Parteidogma vorzuziehen sei. Ihre Haltung der deutschen Innenpolitik gegenüber ist infolgedessen am wenigsten fixiert. Die Haltung der deutschen Innenpolitik ihnen gegenüber ist am wenigsten mit Ressentiments belastet. Die amerikanische Zonenmentalität der berechnenden Erwartung ist paradoxerweise die europäischste.« – Eine kluge Feststellung, der es kaum etwas zuzufügen gibt. Es sei denn die Charakterisierung der Mentalität in der fünften Zone – der Viermächtestadt Berlin. Sie faßt sich am besten in die Worte zusammen: Tanz auf dem Vulkan.

Freitag, 14. November 1947
Von Zeit zu Zeit tut sich der Krater auf und reißt den einen oder anderen Tänzer hinab in die Tiefe. Jetzt hat es den Journalisten Dieter Friede gepackt. Vor Tagen rief man ihn in seiner Wilmersdorfer Wohnung an und bat ihn telefonisch zu einem verunglückten Freund nach Friedrichshagen. Er ging und kehrte nicht wieder. Immer mehr gehen und kehren nicht

wieder – verschwinden, als hätte sie der Erdboden verschluckt. Die Polizei stellt sich unwissend, Herr Margraf, ihr Präsident, gehört dem Nationalkomitee »Freies Deutschland« an und sieht es nicht gern, wenn sowjetische Belange beeinträchtigt werden. »Wo ist Dieter Friede?« fragen beunruhigt die Kollegen und Freunde. »Wo ist Dieter Friede?« greift die westlizenzierte Presse die Frage auf, trägt sie von Haus zu Haus, von Ohr zu Ohr, bis alle Berliner beängstigt in sie einstimmen: »Wo ist Dieter Friede?« In der Stadtverordnetenversammlung wird der Fall zur Debatte gestellt. Die ostlizenzierte Presse höhnt: In einer Bar hat man ihn gesehen! Betrunken im westlichen Sektor! Man hat ihn dort ebensowenig gesehen wie die 5413 anderen Berliner, die nach den Unterlagen der SPD seit 1945 in unserer Stadt verschwunden sind. – Was nützt es, daß wir Sartre aufführen und Schostakowitsch, Thornton Wilder und Benjamin Britten. Daß wir Filme in vier Sprachen sehen und die interessanteste Stadt der Erde sind, wenn wir aus unseren Wohnungen gestohlen werden können und dann nicht wissen, ob wir unser Leben in Sibirien beschließen oder unter den Verhören der GPU. In Nürnberg wird man für so etwas zum Tode verurteilt. Aber Nürnberg liegt in den Westzonen und Berlin ... Armer Dieter Friede! Daß er Berichte über die Ostzone schrieb, gibt noch keinem das Recht, ihn in eine Falle zu locken und spurlos verschwinden zu lassen. O Andrik, teurer Andrik. Vielleicht bist du zum richtigen Zeitpunkt gestorben. Frank ist in München, Jo Thäler zeigt sich nur selten. Auch ihn hat die Zeitentwicklung in die Absonderung gedrängt. Wenn Heike und ich am Abend eng aneinandergedrückt vor dem kalten Kamin sitzen, kommt es uns vor, als ob wir niemals mehr warm werden würden. Im Radio spielen sie einen Swing. Wir drehen den Knopf etwas weiter, da schlagen fünf Takte eines russischen Kirchenchors an unser Ohr. Sanft, gut und gläubig. »Wenn sie immer so wären«, seufzt Heike und winkt resigniert mit der Hand.

Mittwoch, 26. November 1947
Gestern begann die Londoner Außenministerkonferenz. Wie üblich erfährt man vorerst nur, daß alle Prominenten eingetroffen seien. Herr Molotow, in Begleitung seiner Leibwache und Polizeieskorte, sagte schon vor Eröffnung der Sitzung das erstemal nein. Auch der österreichische Außenminister hat sich eingefunden. Um im Bedarfsfall zur Stelle zu sein. Unser »siegreicher Achsenbruder« erträumt einen »honourable peace«. Um dann seinen ehemaligen Nazismus um so gründlicher vergessen zu können. »Es geht ja doch schief«, prophezeit der Mann von der Straße. »Es muß schiefgehen, weil es nicht gerade gehen kann!«

Freitag, 12. Dezember 1947
Geduldig wartet der österreichische Minister in seinem Hotel. Es ist keine leichte Aufgabe, bestellt zu sein und nicht abgeholt zu werden. Die Londoner Besprechungen machen wenig Fortschritte. Statt dessen schreitet etwas anderes fort, schleichend wie ein Panther und gefährlich wie eine Seuche. Generalstreik in Frankreich. Generalstreik in Rom. Anschwellen der Unruhen im Balkan. Während Herr Molotow mit liebenswürdigem Lächeln in London nein sagt, bemüht sich seine fünfte Kolonne, Europa sturmreif zu machen. Nur jetzt keine Katastrophe, flehen wir im stillen. Nur jetzt nicht, wo es so kalt und so dunkel ist.

Samstag, 13. Dezember 1947
Ein Schlager geht um in der Stadt. Man singt ihn im Cabaret, man pfeift ihn auf der Straße.
  Kenn'n Sie den kleinen Gustav?
  Wenn ja, dann sag'n Sie's der Bewag nicht.
  Rückwärts und ohne Fehler
  Dreht sich der Zähler
  Und Sie hab'n Licht.
Die ihn hören, schmunzeln verständnisinnig. »Freilich, der kleine Gustav!« »Man kann aber auch ...« Hier machen sie

eine Bewegung mit der Hand, als drehten sie ein Schräubchen locker, und schmunzeln noch listiger. »Worum geht es eigentlich?« fragt der Außenstehende. Es geht um das Stromkontingent. Wieder einmal ist es zum Leben zuwenig, zuviel, um zu sterben. Und da Not erfinderisch macht, erfand sie den kleinen Gustav, Wundergerät, das, auf den elektrischen Zähler gelegt, diesen in rückläufige Bewegung setzt. – Man kann aber auch ... O, man kann viel Illegales, wenn man friert, daß die Zähne klappern. Ohne Heizung ist man ein halber Mensch. – Mit Heizung ein Stromsünder, der kaum mehr die Türe zu öffnen wagt, wenn die Hausglocke schrillt. Es könnte ... großer Gott, es könnte doch der Zählerableser sein! – Wird ein Gesetz von einem zu großen Prozentsatz der Bevölkerung übertreten, muß etwas mit ihm nicht stimmen. Oder mit der Bevölkerung. In England, sagt man, gibt es keine Stromsünder. Und erst recht keinen kleinen Gustav. Aber in England verschwinden auch keine Leute. Und niemand braucht Angst zu haben, daß er für etwas bestraft wird, was er gar nicht getan hat.

Dienstag, 16. Dezember 1947
Nach drei fruchtlosen Sitzungswochen ist der Londoner Außenministerrat auf unbestimmte Zeit vertagt. »Es hat keinen Zweck, die Debatte fortzusetzen«, erklärte Marshall. Wir waren, schon ehe die Konferenz begann, dieser Meinung. Wieder spricht man von »offenen Türen« und »nicht abgerissenen Beziehungen«. Seltsam, jede Zeit braucht offenbar ihr Schlagwort. In der Nazizeit riß man immerfort seinem Gegner die Maske vom Gesicht, jetzt hält man unentwegt eine Tür offen. Es zieht! möchte man rufen. Fragt sich nur, wer sich zuerst einen Schnupfen dabei holt.

Samstag, 20. Dezember 1947
Von neuem gehen Gerüchte um über eine in Kürze bevorstehende Währungsreform. Allmählich wird man abgebrüht gegen solche Prognosen. Man kann doch nicht dauernd seine

Miete fünf Monate vorausbezahlen. Ohnehin spielt das Geld im täglichen Geschäftsverkehr keine maßgebende Rolle mehr. Wer zum Friseur geht, um sich den Kopf waschen zu lassen, muß Seife, Handtuch und fünf Stück Holz mitbringen. Gegen 2 Kilo Lumpen gibt es ein Scheuertuch. Gegen einen Zentner Lumpen einen Anzug. Für 3 Kilo Knochen kriegt man ein Stück Seife, für 2 Kilo Altpapier ein Buch. Wenn man Glück hat, erwischt man für vier Pfund Völkischen Beobachter sogar den Homer, Lieblingsdichter von Puschkin bis Goethe, Shakespeare und Racine. Für zwei Kilo Nazizeitungen fühlt man sich wundersam eingereiht in die Gemeinschaft aller Großen der Erde.

Mittwoch, 24. Dezember 1947

Das erstemal seit vielen Jahren verbringen Heike und ich den Weihnachtsabend allein. Frank sandte ein Telegramm. Jo feiert im Krankenhaus. Wie jeden Festtag überklettern wir abends den Friedhofszaun. Wenigstens Andrik soll sich nicht einsam fühlen. Die Grabhügel glänzen matt von Schnee. Plötzlich bleibt Heike stehen. »Du«, ruft sie leise, »da ist doch jemand.« Mit verhaltenem Atem lauschen wir in die Nacht. Beklemmendes Gefühl. Man hört nur sein Herz und spürt doch genau, daß jemand zugegen ist. Daß sich Augen auf einen richten, die man nicht sieht, Gedanken nach einem tasten, die man nicht abschätzen kann. Ein Tropfen fällt neben uns vom Baum und schlägt auf den darunterstehenden Grabstein. Wir zucken zusammen. Ich greife nach den Streichhölzern. »Bist du wahnsinnig«, tuschelt Heike. »Die sehen uns ja!« – Allmählich gewöhnen sich unsere Augen an die Finsternis. »Nichts, es ist nichts«, versuche ich uns zu beruhigen und mühe mich, das Dunkel zu durchdringen. Heike bückt sich und hebt etwas auf. Ein Immortellenzweig. Irgendwie kommt er mir bekannt vor. Das ist doch ... jetzt weiß ich es genau. Erst gestern trug ich ihn auf Andriks Grab. – »Diebe!« Mit drei Sätzen bin ich vor seinem Hügel. Diebe! – Fort die Blumen, fort die Tännchen. Fort die Bretter der

Grabbank. »Ausgerechnet am Heiligen Abend«, stammelt Heike und blickt fassungslos auf den Matsch aus Schnee und Erde. Es ist nicht das erstemal, daß sie den Friedhof plündern. Was brauchen die Toten Blumen, wenn die Lebenden nichts zu essen haben. Was brauchen sie Grabbänke, wenn der, der sie abholzt, frierend vor kaltem Ofen sitzt. Hinter der Hecke des Nachbarwegs knirscht es im Schnee. Wir drehen uns nicht um.

Freitag, 2. Januar 1948

Gesegnetes Jahresende! König Michael von Rumänien hat abgedankt. In Bukarest rief man eine Volksregierung aus. Der König kann von Glück sagen, wenn man ihn ungeschoren das Land verlassen läßt. Hie Ostblock – hie Westblock. Zwar ist die Sperre für Interzonentransporte von Privatgut wieder aufgehoben worden, ihre Durchführung jedoch so kompliziert, daß es praktisch das gleiche bleibt. Zuzugsgenehmigung in die Westzonen, Freistellungsbescheinigung des Bergungsamts, eidesstattliche Erklärung mit Inhaltsangabe, Zustimmung des örtlichen Militärbefehlshabers und Warenbegleitschein der Deutschen Interzonen-Transportbehörde, genehmigt durch die russische Militäradministration. Was aber genehmigt schon die russische Militäradministration! Auf keinen Fall Transporte, die einem Westorientierten zugute kommen. Wir sehen das Unheil näher rücken und fühlen uns machtlos, es aufzuhalten, machtloser noch, es wohl gar zu verhindern.

Sonntag, 10. Januar 1948

»Haben Sie gehört?« flüstert mein Zeitungshändler und beugt sich vertraulich über den Ladentisch. »Der Stalin ist tot.« Überrascht fahre ich zurück. »Seit wann denn?« – »Seit vorgestern.« Er kneift die Lippe zusammen und zwinkert bedeutsam. »Revolution!« haucht er prophetisch. – Gedankenschwer gehe ich nach Hause. »Stalin soll tot sein«, empfängt mich Heike. »Du glaubst doch nicht etwa, daß es wahr ist«, erwidere ich. »Kann nicht auch so was mal wahr sein«, widerspricht sie. »Irgendwann sterben selbst Diktatoren.« Nur nicht die richtigen und nur nicht zur passenden Zeit, denke ich trübsinnig. Fast immer um Jahre zu spät.

Montag, 19. Januar 1948

Ist Stalin tot? Liegt er schwerkrank im Kreml? Wir wissen es nicht. Vor drei Tagen hat die sowjetische Militärregierung die Propuske eingezogen, das heißt, alle Autofahrgenehmigungen von Berlin nach außerhalb für ungültig erklärt. »Nur vorübergehend«, beruhigen die zuständigen Stellen. »Es kommen neue. Es bleibt alles beim alten.« – Wohl mag man eines Tages neue Propuske ausstellen. Fragt sich nur, für wen – noch besser, für wen nicht. Vorerst einmal stockt jeder Kraftwagenverkehr über die Grenze. Scharfe Kontrollen auf sämtlichen Hauptstraßen. Abriegelung der Nebenstraßen durch Autofallen. Die Menschen stecken die Köpfe zusammen: »Wenn das keine Generalprobe ist . . .« Und kämpfen noch verbissener um einen Platz im Interzonenzug.

Donnerstag, 29. Januar 1948

Wir lesen General Clay jedes Wort von den Lippen, wägen es ab auf all seine Auslegungsmöglichkeiten. Wird er in Berlin bleiben? Werden die Amerikaner die Stadt verlassen? »Falls die Russen die Züge sperren, werden wir unsere Truppen durch die Luft versorgen, und es bliebe den Sowjets nichts anderes übrig, als die Verpflegung der Westsektoren mit zu übernehmen«, soll er kürzlich geäußert haben. Schön und gut. Wie aber werden wir dabei fahren? Das Beispiel der russischen Zone wirkt wenig ermutigend. Das Beispiel der Heimkehrer aus sowjetischer Kriegsgefangenschaft schon beinahe zum Gas Aufdrehen. Heike rechnet unseren Monatsrest auf der Lebensmittelkarte zusammen. Vier Kilo Brot, ein Kilo Nährmittel. »Wir sollten einen Notvorrat anlegen«, schlägt sie vor. »Besser noch eine Roggenmehlsuppe als Grasspinat und Baumrindenragout.«

Montag, 2. Februar 1948

Nach neun Monaten Antrageinreichung, Fragebogenausfüllung und politischer Prüfung ist der Verlag, in dem ich arbeite, endlich von der zuständigen Militärregierung zugelassen worden. Im gleichen Augenblick, in dem die Belieferung mit Papier durch die steigende Transportverengung immer schwieriger wird. Wir kämpfen um jede Tonne. Ohne Papier kann man nicht drucken. Die Russen haben Papier. Aber sie geben es verständlicherweise nur denen, die gewillt sind, ihr Lied auf ihm zu singen. Uns klingt das Lied ihrer Propaganda immer mißtönender in den Ohren. Nicht weil es Kommunismus heißt, sondern weil es Zwang heißt, ihn anzunehmen. Nötigung mit unerwünschten Mitteln, nach Moskauer Pfeife zu tanzen. Wir wollen keine Seligkeit nach Moskauer Fasson.

Mittwoch, 18. Februar 1948

Beißende Kälte. Auf dem Weg zum Verlag zerschneidet der Frost mir beinahe die Ohren. Unwirsche Leute hasten an mir vorüber. Es ist der dritte Winter, den wir im Kalten verbringen. In der Redaktion hockt alles eng aneinandergedrängt um den einzigen Ofen. »Wieder kein Papier«, empfängt mich der Chefredakteur. Auf dem Schwarzmarkt kletterte die Tonne auf dreitausend Mark. »Verdammt teuer lassen sich die Sowjets ihr Weltanschauungsgeschäft bezahlen.« Er malt ein paar Kringel auf das vor ihm liegende Löschblatt. »Wenn sie weiter soviel Schwierigkeiten mit den Propusken machen, können wir einstellen, kaum daß wir angefangen haben.« – »Oder uns um eine russische Lizenz bemühen«, brummt es aus einer Ecke, in der unser Lehrling mit klammen Fingern etwas auf eine Liste schreibt. Ich schaue, was er dort treibt. »Mr. David Smith, 119 West Avenue, Chicago«, entziffere ich. »Mrs. Gladys Brown, 7740 Bradford Street, Los Angeles.« – »Was machen Sie denn da?« Er blickt von seiner Arbeit auf. »Adressen für Care-Pakete abschreiben«, brummelt er undeutlich. Ich stutze. »Für Care-Pakete?« »Na ja«, klingt es bockig zurück. »Wenn sie nicht selbst darauf kommen ...« Mir steigt das Blut ins Gesicht. »Und da schreiben Sie einfach irgendwelche Adressen ab?« – »Aus ›Who is who‹« nickt er und begreift nicht, warum ich in Zorn gerate. Der Chefredakteur räuspert sich. Wortlos weist er auf zwei vor ihm liegende Zeitungsausschnitte. Ich überfliege den ersten: »Erst heute erhalte ich die traurige Nachricht, daß meine geliebte Mutter Frau Rosa X, meine drei Schwestern Hanna, Clara und Käthe sowie mein Neffe Franz K. und meine beiden Nichten Esther und Miriam O. in Auschwitz ums Leben gekommen sind.« – Trauerrand, Unterschrift und eine Adresse in Kalifornien. – Erschüttert lege ich das Blatt beiseite. Sieben Menschen! Aus einer Familie! Mein Blick fällt auf den zweiten Ausschnitt. Drei Zeilen. Mit Blaustift unterstrichen. »... erhielt ich auf Grund dieser Anzeige vierzig Briefe von unbekannten Deutschen, darunter siebenunddreißig, in denen ich um ein Liebesgabenpaket angegangen wurde.« Ich schaue auf den Chefredakteur. Er grinst. Ich schaue auf den Lehrling. Am liebsten möchte ich ihm eine Ohrfeige geben. »Sie wollen uns doch bloß aushungern«, knurrt der rebellisch. Vor Wut fällt mir keine Antwort ein. »Und wieviel Pakete haben Sie geschickt, als in China Millionen Chinesen verhungerten?« »Oder in Indien oder in Griechenland«, mischt sich da plötzlich unsere Sekretärin ins Gespräch. Betretenes Schweigen. Verlegen schaut jeder vor sich hin. Dann greift der Befragte nach seiner Liste und knüllt sie zusammen. Ich habe auch keine geschickt, denke ich. Wie groß und bewundernswert sind Menschen, die an unbekannte Mitmenschen Liebesgaben schicken. Ganz gleich, ob diese Mitmenschen in China, in Indien oder ... in Deutschland leben.

Donnerstag, 19. Februar 1948

Heike dreht unwirsch am Radioknopf. »Das schlägt doch dem Faß den Boden aus«, höre ich sie schelten. »Weißt du, wen sie festgenommen haben? Die Scholtz-Klink! Unsere liebe Reichsfrauenführerin.« – »Ich denke, die ist tot.« »Nicht die Spur. Auf ein Schloß hat sie sich verkrochen. Unter falschem Namen. Sogar entnazifiziert worden soll sie sein. Fehlt nur noch, daß man ihr einen Orden stiftet.« Heike schüttelt sich. »Mal wieder typisch. Die kleinen Diebe hängt man, die großen laufen selber.« »Das haben wir schon 1945 festgestellt«, versuche ich ihren Zorn zu dämpfen. »Um so schlimmer«, klagt Heike.

Sonntag, 22. Februar 1948
Die Gegensätze verschärfen sich. Regierungskrise in Prag. Gewaltstreich der kommunistischen Minderheit. Auch die Tschechoslowakei scheint heim ins Sowjetreich zu kehren. Schach dem Westen, lächelt Stalin.

Montag, 23. Februar 1948
In London treffen sich Vertreter aus England, Frankreich und Amerika, um über den Wirtschaftsaufbau Westeuropas zu beraten. Rußland protestiert. Schach dem Osten, lächelt Truman.

Mittwoch, 25. Februar 1948
Moskau bietet Finnland einen Militärpakt nach dem Muster des rumänischen und des ungarischen an. Wenn er zustande kommt, ist es um Finnlands Selbständigkeit geschehen. Schach dem Westen, lächelt ...

Donnerstag, 26. Februar 1948
Auch die Beneluxstaaten sind zu den Londoner Dreimächtebesprechungen zugezogen worden. Man plant, durch Erweiterung des bizonalen Wirtschaftsrats die Vorstufe zu einer gesamtdeutschen Regierung zu schaffen. Schach dem Osten, lächelt ...

Mittwoch, 3. März 1948
In der Tschechoslowakei haben sich Aktionskomitees gebildet, um im ganzen Land eine Säuberung von politisch unzuverlässigen Elementen durchzuführen. Weh dem, der anders denkt! Schach ..., lächelt Stalin.

Samstag, 6. März 1948
Vor zwei Tagen wurden in Brüssel Verhandlungen über den Abschluß eines Westeuropapaktes aufgenommen. Schach ..., lächelt Truman.

Dienstag, 9. März 1948
Rußland protestiert gegen die Beschlüsse der Londoner Dreimächtekonferenz und regt unter dem Titel »Deutsche Wirtschaftskommission« die Bildung einer Ostzonenregierung an. Schach – aber nicht schachmatt!

Freitag, 19. März 1948
Während das westliche und das östliche Macht-Barometer umschichtig in die Höhe schnellen, rüsten die Berliner Parteien zur Volkskundgebung am achtzehnten März, dem Jahrestag der Achtundvierziger Revolution. »Freiheit, Friede, Demokratie«, rufen fünfzigtausend Demonstranten auf dem Platz der Republik im westlichen Sektor. Regen strömt auf sie herab. Wind reißt den Rednern die Worte von den Lippen und trägt sie zerflatternd über die wogende Menge. »Wir wollen keine zweite Diktatur! Wir fordern unsere Verschleppten zurück«, schreit Franz Neumann, Vorsitzender der Berliner SPD und schüttelt seine Fäuste gegen den östlichen Sektor. »Freiheit ... Freiheit ... Freiheit«, applaudiert ihm die Menge. Zwei sowjetische Offiziere stehen stumm dazwischen. Sie verziehen keine Miene, und ihre Augen blicken stumpf wie Eisen.
»Freiheit, Friede, Einheit«, rufen fünfzigtausend Demonstranten zwischen Gendarmenmarkt und Friedrichshain im östlichen Sektor. Regen strömt auf sie herab. Wind reißt den

Rednern die Worte von den Lippen und trägt sie zerflatternd über die wogende Menge. Revolutionäre Lieder klingen auf. »Kriegsanstifter, Nazis, Reaktionäre, Spalter«, schreit der Redner und schüttelt seine Fäuste gegen den westlichen Sektor. »Einheit ... Einheit ... Einheit«, applaudiert ihm die Menge. Ein paar amerikanische Reporter stehen stumm dazwischen. Sie verziehen keine Miene, und ihre Augen blicken hart wie Stahl.

Sonntag, 21. März 1948

Die westliche und die östliche Presse überbieten sich, die eigene Kundgebung gigantisch, die gegnerische so belanglos wie möglich hinzustellen. Jeder wirft dem anderen Befehlsempfang vor, und zweifelnd fragt sich der Zuschauer, für welchen der beiden Demonstrantenzüge die Märzrevolutionäre wohl gefallen sein mögen.
Gestern ist eine finnische Abordnung nach Moskau gefahren, um abschließend über das russische Bündnis zu verhandeln. »Wenn Finnland fällt, kommen wir an die Reihe«, prophezeit der Mann von der Straße. Es mehren sich die Zeichen. Schon bringt fast jede Stunde eine neue Schreckenspost. Am Samstag haben die Sowjets nach scharfer Debatte den Kontrollrat verlassen. Auch die SED setzt – in Nachahmung des tschechischen Vorbilds – revolutionäre Aktionsausschüsse zur Säuberung von nicht mehr zuverlässigen Elementen ein. Wieder beginnt eine Massenflucht in den Westen. Die ostzonalen Landesverbände der CDU und LDP, der einzigen Parteien, die neben der SED in der sowjetischen Besatzungszone zugelassen waren, haben sich, nach längerem Besuch ihrer Landesvorsitzenden in Karlshorst, vor etlichen Wochen überraschend gleichgeschaltet. Gegen die nichtgleichgeschalteten Berliner Verbände ging im Ostsektor ein böses Kesseltreiben los. Täglich fast verschwinden Menschen auf geheimnisvolle Weise. »Macht, daß ihr aus Berlin rauskommt«, schreibt Frank. »Wenn ihr noch lange wartet, wird es vielleicht zu spät sein.« Wo aber sollen wir hin? Der Verlag sitzt in Berlin, und

als ich mit unserer Lizenzbehörde über die Möglichkeit einer Evakuierung spreche, sieht man mich verwundert an. »Warum denn, ich bitte Sie? *Wir* bleiben in Berlin.« – Und wir? Zum hundertsten Mal diskutieren wir in der Redaktion diese Frage. Bleiben sie wirklich? – »Natürlich nein«, sagt der eine. »Natürlich ja«, sagt der nächste. »Ganz einfach«, behauptet der dritte. »Man tauscht eben Berlin gegen Thüringen und stellt den Status von 1945 wieder her.« Die Westprestige schonende Formulierung geht ihm so geläufig von der Zunge, daß man vermuten darf, sie sei nicht zum erstenmal an dieser Stelle laut geworden. Mir scheint das Ganze gar nicht einfach. Und wenn ich mir die bedrückten Gesichter meiner Mitmenschen ansehe, so kommt es mir vor, als ob es auch ihnen nicht einfach erschiene.

Donnerstag, 25. März 1948

Dieter Friede. Dieter Friede! Entsetzlich hat sich sein Verschwinden inzwischen aufgeklärt. Am 1. November um zwei Uhr mittags erscheinen bei dem Ostberliner Arzt Dr. Dau drei GPU-Beamte in Zivil. »Schreiben Sie«, sagen sie höflich, »daß in Ihrer Wohnung ein Mann namens Seiler mit schwerer Knieverletzung liegt.« »Aber ich kenne ja gar keinen Mann namens Seiler«, wendet der Arzt ein. »Schreiben Sie«, wiederholen die Beamten. Ihr Ton ist höflich, aber sehr bestimmt. Dr. Dau schreibt. »Rufen Sie Herrn Friede an und bitten Sie ihn zu dem Verletzten in Ihre Wohnung.« »Aber es liegt ja gar kein Verletzter in meiner Wohnung«, wehrt sich der Arzt. Einer der Beamten zieht einen Zettel aus der Tasche. »Hier ist die Nummer von Herrn Friede. Und wenn ich Sie jetzt bitten darf ...« Sein Ton ist höflich, aber sehr bestimmt. Dr. Dau telefoniert. Dr. Dau ruft Herrn Friede in seine Wohnung. Der Abend vergeht, die Nacht und der Morgen. Im Wartezimmer des Arztes sitzen drei Beamte der GPU. Ihre Haltung ist höflich, aber sehr bestimmt. Dann kommt Dieter Friede. Und kurze Zeit später fährt eine weinrote Limousine mit ihm und seinen Häschern davon.

Irgendwo im Westen lebt eine Tochter des Verschollenen. Christiane, ein Kind von kaum zehn Jahren. »Hoffentlich hat sich der Papi noch vorher selbst erschlagen können«, weint das Kind, als es die Nachricht erfährt. Es ist nicht gut, wenn zehnjährige Kinder vom »Erschlagen« sprechen. Die Weltordnung sollte das nicht zulassen. Aber die Weltordnung ...

Mittwoch, 31. März 1948
... immer bedenklicher gerät sie aus den Fugen. An der Zonengrenze scheint sich Aufregendes vorzubereiten. Man munkelt von Stacheldrahtverhauen, von Truppenzusammenziehungen und verstärktem Polizeiaufgebot. Der Schwarztransport einer Zweizimmerwohnung nach dem Westen kostet zwanzigtausend Mark. Save our souls, funken Millionen Berliner Seufzer durch den Äther. General Clay sprach in Washington davon, daß die »Trennungslinie zwischen der östlichen und der westlichen Ideologie längs der Elbe« verlaufe. »Wir sind der Ansicht, daß wir hier eine Grenze errichtet haben, die wir auch halten werden«, fügte er hinzu. Und Berlin? Und Thüringen? Und der Status von 1945? O daß man die Zukunft wie mit Röntgenstrahlen durchdringen könnte! Dann aber würde man vielleicht gleich Dieter Friedes Tochter beten: Hoffentlich haben wir uns vorher noch selbst erschlagen können.

Freitag, 2. April 1948
Tableau! Die Sowjets haben auf den Knopf gedrückt, und die ohnehin schon kümmerliche Ost-West-Verbindung ist auf ein Minimum zusammengeschrumpft. »Um Unregelmäßigkeiten abzustellen und Garantie für einen geordneten Interzonenverkehr zu bieten«, erklären sie offiziell und befehlen ab sofort eine scharfe Überwachung des gesamten Güterverkehrs von und nach Berlin und Kontrolle aller Reisenden, die, vom Westen kommend, ihre Zone passieren.
Aus dem Grenzgebiet überstürzen sich die Nachrichten. »Einsatz starker Polizei- und Militärpolizeieinheiten im Ab-

schnitt Helmstedt ... die beiden fahrplanmäßigen amerikanischen Dienstzüge in Marienborn aufgehalten ... die englischen Dienstzüge nicht durchgelassen ... siebenundsechzig Reisende des französischen Dienstzuges von russischen Beamten an der Weiterfahrt gehindert.« – Am Brandenburger Tor und anderen Übergangsstellen vom russischen zu den westlichen Sektoren stehen sowjetische Soldaten oder deutsche Polizisten und stoppen jedes Fahrzeug, das die Sektorengrenze überquert. Die Stadt fiebert vor Unruhe. Noch nie lag der Krieg so greifbar in der Luft.
Kaum komme ich in die Wohnung, so stürze ich zum Radio. RIAS – der Sender Amerikas. »General Clay hat alle notwendigen Vollmachten zum Handeln. Wir sind auf alles vorbereitet.« Ein Alp löst sich mir vom Herzen. Also werden sie handeln! – Berliner Sender – die Stimme Sowjet-Rußlands. »Erweiterung des Interzonenverkehrs.« – Wie bitte? Ich glaube, ich höre nicht richtig. »Die außerordentliche Belastung des Schienenmaterials hat Reparaturen notwendig gemacht, auf Grund deren einige der Grenzübergänge vorübergehend nicht benutzt werden können.« – Da wären sie also, die Brückenreparaturen, die Schienendefekte und technischen Schwierigkeiten. Wie dienstbare Geister stellen sie sich ein, sobald Aladin Sokolowski die Wunderlampe reibt. – Vorübergehend! – Vorübergehend wird man die Schienen von Marienborn spaßeshalber im Ural reparieren. Wenn jetzt die Amerikaner nicht auf den Tisch schlagen!

Sonntag, 4. April 1948

Sie schlagen auf den Tisch. Mit gesperrten Lettern steht es heute morgen in der Zeitung. »General Clay hat Vollmacht, wenn nötig schießen zu lassen.« » ... schießen zu lassen«, echot es innerhalb einer Stunde von Mund zu Mund durch sämtliche Stadtgegenden. Die Lippen, die es sich zurufen, zuflüstern, zutelefonieren, lächeln befreit. Seit Wochen wirkte kein Wort so erlösend wie dieses. Wollen wir ernsthaft einen neuen Krieg. »Er ist der einzige Ausweg«, sagen viele. »Ehe der Machtkampf Rußland–Amerika nicht ausgetragen wurde, gibt es keine Ruhe.« »Wahnsinn«, entgegnen die Besonnenen. »Aber die Erfahrung hat gezeigt, daß Diktatoren immer so weit gehen, wie Demokraten sie gehen lassen. Schachzug gegen Schachzug. Warum fällt nicht auch den Amerikanern mal eine Brückenreparatur ein. Warum kommen nicht auch sie mal auf die Idee, etwa auf der Autostraße Helmstedt–Berlin alle zweihundert Meter eine Tankstelle notwendig zu finden. Zum Beispiel aus Panzerwagen. Es gibt keinen Krieg, wenn die Amerikaner bereit sind, einen zu führen.« – Ob sie recht haben mit ihren Argumenten. Vorerst ruht der Verkehr über die Grenze, und General Clay hat Vollmacht, »wenn nötig zu schießen«.

Montag, 5. April 1948

Jetzt beginnt auch die alliierte Kommandantura in Berlin sich aufzulösen. »Zur Vereinfachung und Beschleunigung ihrer Arbeit« hat der sowjetische Kommandant die Einstellung mehrerer Arbeitsausschüsse vorgeschlagen und zugleich verkündet, daß sowjetische Vertreter an ihnen nicht mehr teilnehmen würden. Wir nehmen es zur Kenntnis und warten auf die »amerikanischen Tankstellen«. Vorerst tankt der Berliner Westen, was ihm an Güterzufuhr abgeht, im wesentlichen durch die Luft. Seit drei Tagen haben Engländer und Amerikaner eine sogenannte »Luftbrücke« errichtet und, wie verlautet, schon 25 Tonnen Lebensmittel durch Flugzeuge in die Stadt gebracht. 25 Tonnen sind 25 000 Kilo. Das macht bei etwa zwei Millionen Bevölkerung der Westsektoren 12,5 Gramm pro Kopf. Die Zahl der Besatzungsmitglieder nicht eingerechnet. Der Himmel möge uns bewahren, daß dieser Versorgungsweg Dauerzustand wird.

Donnerstag, 8. April 1948

Ebenso überraschend, wie sie begonnen hat, ist die Sperre wieder aufgehoben worden. Kein Mensch spricht mehr von Schienendefekten, und auch die Brücken scheinen über Nacht in Ordnung gekommen zu sein. Aus den Westzonen treffen Briefe ein. »Macht euch marschbereit. Benutzt die Atempause. Wenn die Tür das nächste Mal zuschlägt, wird sie nicht so bald wieder aufgehn.« Noch einmal versuche ich einen Vorstoß bei unserer Lizenzbehörde. Man schüttelt den Kopf. »Unser Prestige«, bedeutet man mir. »*Wir* bleiben.« »Natürlich«, stottere ich und komme mir wie ein Verräter vor.

Samstag, 17. April 1948

Der Schein des Normalen trügt. Unter der Decke angeblicher Ordnung wühlt es maulwurfhaft. Am 7. April wurde der Berliner Post mitgeteilt, daß jeder Transport nach dem Westen in Zukunft von den Russen genehmigt werden müsse. Bis heute ist es ihr trotz aller Bemühungen nicht gelungen, auch nur die Formblätter aufzutreiben, auf denen solche Genehmigungsanträge zu stellen sind. In den Postämtern stapeln sich die Pakete. Hunderttausend – zweihunderttausend – dreihunderttausend. Vergebens flehen die Postämter, eine Annahmesperre zu verhängen. Gleich dem märchenhaften Hirsebrei, der nicht aufhören will, über den Topfrand zu quellen, sch villt der Paketsegen über den Rand aller Speicher. Und immer noch stehen keine amerikanischen Panzer auf der Autobahn zwischen Helmstedt und Berlin. »Man kann doch wegen Berliner Paketen keinen Krieg anfangen«, sagen die Amerikaner. Beileibe nicht. Auch nicht wegen des Interzonenkorridors. *Ein* Korridor als Weltkriegsgrund sollte wahrhaftig genügen.

Morgen sind die Wahlen in Italien. Man rechnet mit kommunistischen Putschmöglichkeiten. Wenn die Kommunisten in Italien einen Staatsstreich machen, wird Amerika marschieren, ist die allgemeine Meinung. Wir wünschen uns den Staatsstreich nicht. Finnland hat bewiesen, daß man auch ohne Marschieren standhaft bleiben kann. Nach sechswochenlangen Verhandlungen ist es ihm gelungen, sich nicht von Rußland schlucken zu lassen. Nie hätten wir gedacht, daß gerade Finnland uns den Rücken stärken würde.

Donnerstag, 22. April 1948

Durchhalten. Nicht die Nerven verlieren. Die Zähne zusammenbeißen und sich daran aufrichten, daß es auch wieder einmal anders kommt. Drei aus unserem Bekanntenkreis sind in den letzten Tagen verschwunden. Der eine ein Reporter, der zweite aus der SPD, der dritte angestellt in einem amerikanischen Office. Er brachte Akten von einem Amt zum anderen und kehrte nicht zurück. Seit achtunddreißig Stunden ist er überfällig. Es nützt nichts, daß die Gerichte Woche für Woche Menschenräuber verurteilen. Der Diebstahl an lebendem Fleisch nimmt unaufhörlich zu. Im Tagesspiegel veröffentlichen sie fortsetzungsweise die Liste der Frauen und Männer, die in Berlin seit 1945 abhanden gekommen sind. »Hoffentlich haben sie sich vorher noch selber erschlagen können«, fleht man verzweifelt bei jedem Namen.
Da der Polizeipräsident Margraf schweigt, hat die Presse zur Selbsthilfe gegriffen und die Bevölkerung darüber aufgeklärt, wie sie sich gegen Entführung und illegale Verhaftungen am sichersten schützt. »Laßt euch den Ausweis zeigen ... Merkt euch die Dienstnummer, schreit laut, wenn man euch Gewalt antut, wehrt euch, schlagt um euch, erregt soviel Aufsehen wie möglich, damit Nachbarn, Familienmitglieder, Bewohner der umliegenden Häuser aufmerksam werden«, warnt sie ihre Mitbürger. Und das im zwanzigsten Jahrhundert!

Freitag, 23. April 1948

Auch Italien hat standgehalten. Kein Putsch, kein Umschwung, keine Notwendigkeit zum Marschieren. Vielleicht sehen die Sowjets allmählich ein, daß sie mit ihrem Plan der Europabolschewisierung den Anschluß an den Zweiten Weltkrieg verpaßt haben. Vielleicht einigt man sich doch noch in Berlin. Auf den Silberstreifen am Horizont gönnen sich Heike und ich einen Feiertagsschnaps. Das Glas für acht Mark fünfzig. »Verdammt teuer«, finde ich. Heike aber lacht. »Der Währungsreform entzogen«, sagt sie und kippt vergnügt ihr Glas herunter.

Samstag, 1. Mai 1948

Plakate, Aufzüge, festliche Maikundgebungen. Wieder demonstrieren die Bruderparteien in entgegengesetzter Richtung. Auf den Postämtern schwillt der Paketsegen um weitere hunderttausend an, und in Marienborn stehen seit gestern fünf vollbeladene Waggons mit Briefsendungen aus dem Westen und warten vergebens auf Abfertigung. Ich fürchte, wir haben unseren Schnaps zu früh getrunken. Es gibt keinen Silberstreifen am Horizont.

Mittwoch, 12. Mai 1948

Radio Moskau: »Notenaustausch zwischen Amerika und der Sowjetunion. Wunsch nach Erörterung und Bereinigung der bestehenden Differenzen.« – Radio London: »Die englische Regierung hat von der Fühlungnahme zwischen den Vereinigten Staaten und Rußland erst durch die Zeitung Kenntnis erhalten.« – Radio Paris: »Sollte die Friedenstaube Moskaus nicht vielmehr eine Friedensbombe sein?« Radio Stockholm: »Im Falle eines Konflikts muß sich die skandinavische Staatengruppe bemühen, außerhalb der kriegführenden Gruppe zu bleiben.« – Radio Berlin: »USA und Sowjetunion erklären sich zu Verhandlungen bereit.« – »Klärungsversuch. Meinungsaustausch. Keine feindseligen oder aggressiven Absichten der Vereinigten Staaten gegen die Sowjetunion.« – Wie eine Lichtrakete schießt es durch die Welt. Zündet, schlägt ein und entfesselt Stürme von Diskussionen. Amerika verhandelt mit Rußland! – Wenn verhandelt wird, gibt es keinen Krieg. Wenn verhandelt wird ... O Hoffnung, o Silberstreifen. O wundersam aufdämmerndes Morgenrot. – Warum nur haben die Alliierten nichts davon gewußt. Und warum, so grübeln wir, hatten es die Russen so eilig, diesen Friedensfühler bekanntzugeben.

Donnerstag, 13. Mai 1948

Weil alles wieder mal ein Schlag ins Wasser war. Eine Klärung der Standpunkte, aber nicht der Probleme. Was übrig blieb von diesem »Silberstreifen«, ist die »Tür«, die »immer offensteht«. Rußland spricht von ihr. Amerika spricht von ihr, und im Kontrollrat und an der Zonengrenze fällt eine Tür nach der anderen geräuschvoll ins Schloß.

Montag, 24. Mai 1948

An unserem Haustor klebt ein Schild: »Willst du Deutschlands Not abwehren, zeichne dich ein beim Volksbegehren.« Am Nachbarhaus klebt ein Schild: »Ein zerrissenes Deutschland verlängert unsere Not. Die Einheit Deutschlands sichert unser Brot.« – An allen Türen der Straße kleben Schilder. Trottoire und Fahrdämme sind mit Flugzetteln übersät. »Berlin kämpft für das Volksbegehren. Großaktion der SED vom 23. Mai bis 13. Juni. Volksentscheid über die Einheit Deutschlands.« – Die Botschaft klingt verlockend. Aber hinter dem Volksbegehren steht der Volkskongreß. Hinter dem Volkskongreß die Ostzonenregierung. Hinter der Ostzonenregierung die SMA, sprich sowjetische Militär-Administration. »Für das Volksbegehren als Verhinderung eines westdeutschen Spaltungsstaates«, sagt die SED. »Gegen das Volksbegehren als eine Angelegenheit der russischen Außenpolitik«, sagt die SPD. Also ja – also nein. Wer seiner Sache nicht sicher ist, kann es sich an den Knöpfen abzählen. Man muß es zugeben, der Schein der moralischen Rechtfertigung liegt auf seiten der Sowjetunion. Sie fordert, was wir wollen müßten. Einheit, gemeinsame Währungsreform, Abzug der Besatzungstruppen und einen raschen Frieden mit Deutschland. Warum sträuben wir uns dagegen? – Weil wir uns fürchten. Seit 1933 haben wir uns gefürchtet. Erst vor der Gestapo, vor den KZs, vor dem Risiko, im Hitlerdeutschland eine antinazistische Meinung zu äußern. Dann vor der GPU, vor den KZs, vor dem Risiko, im sowjetbesetzten Deutschland eine antisowjetische Meinung zu äußern. Zu deutlich für unser Mißtrauen tönt aus der neuen Friedensschalmei die fatale Zukunftsmusik des Anschlusses. Es schmeckt nach Schloß und Riegel. Eingeschlossen ist der winzige Punkt Berlin in der riesigen Sowjetzone. Abgeschlossen von der westlichen Welt sind seit 1917 alle Länder, die unter sowjetischem Einfluß stehen. Und hinter Kerkerschlössern verschwindet jeder, der in jenen Ländern anderen Willens ist, als seine Machthaber es wünschen. 200 000 Menschen wurden nach mutmaßlicher Schätzung seit 1945 aus der Ostzone nach Rußland transportiert. Etwa dreißigtausend Häftlinge siechen in den Konzentrationslagern Sachsenhausen und Buchenwald dahin. Vielleicht ist Makar Iwanow unter ihnen. Vielleicht der Baron X, der Nachbar vom Nebenhaus, Dieter Friede, oder jener SPD-Funktionär, der vor zwei Wochen, als er zur Einsegnung seiner Nichte in die russische Zone fuhr, des Nachts von Soldaten und Polizisten aus seiner Wohnung geholt und verschleppt wurde. Größer und größer wird die Liste der Menschen, um die wir trauern. Mag sein, daß das kein Maßstab ist. Wohl möglich, daß es in Berlin und selbst in der Ostzone Kreise gibt, die keinen ihrer Freunde vermissen. Auch in der Nazizeit gab es viele, die niemanden vermißten, die nichts von KZs und Abholungen wußten, keinen Juden, keinen politisch Verfolgten kannten und Stein und Bein schworen, daß alles, was man darüber erzählte, ein Greuelmärchen sei. Vielleicht waren wir hier wie dort nur zu einseitig in der Wahl unserer Freunde, nur zu starr in der Ablehnung bestimmter Verhaltensweisen. Wie soll man sich da zurechtfinden!

Am 15. Mai ist in Palästina der Staat Israel proklamiert worden. Am gleichen Tag wurden von den Arabern vier Luftangriffe auf Tel Aviv geflogen. Gestern stand die jüdische Hauptstadt Jerusalem vor der Kapitulation. Wie soll man sich da zurechtfinden?

Dienstag, 1. Juni 1948
Die Preise ziehen an. Vom Schwarzmarkt verschwindet eine Mangelware nach der anderen. Es scheint endgültig ernst zu werden mit der Währungsreform. »Abwertung 10 : 1 ... Die Russen machen mit ... die Russen machen nicht mit ... Berlin wird in die Ostwährung einbezogen ... Berlin wird in die Westwährung einbezogen ... Berlin erhält eine Sonderwährung.« Wir können uns aussuchen, auf welche Lösung wir uns einrichten wollen. »Ich denke, zunächst mal auf die Lösung von der Reichsmark«, sagt Heike resolut, stülpt den Inhalt ihres Portemonnaies auf den Tisch und beginnt zu zählen. Sie rechnet lange und inbrünstig. Dann blickt sie auf den Papierhaufen und spricht: »Heute Tinnef, morgen Tapete. Ich bin für Tinnef.« »Wie meinst du?« forsche ich interessiert. »Ich meine, daß wir für den Stapel Lappen heute noch irgendeinen Tinnef kaufen könnten, während er vielleicht morgen im Höchstfall einen Papierfetzen wert ist, kaum gut genug, unsere Wände zu tapezieren.«
Am Nachmittag gehen wir »Reichsmark anlegen«. Der Anlagemarkt ist begrenzt. Spielsachen, Haushaltswaren, Lampen, Kosmetika, Backaromen, Bijouterien. Der Großteil des Angebots durch das Wort »Tinnef« treffsicher gekennzeichnet. Heike hat eine Liste angefertigt: Spielwaren zum Verschenken, Haushaltsgeräte für den eigenen Bedarf, ein oder zwei Lampen – sofern sie nicht gar zu scheußlich sind – auf keinen Fall Backaromen, auf keinen Fall Kunstgewerbe und, was die Kosmetika angeht, nur das, von dem man vermuten darf, daß es der Schönheit und Gesundheit nicht geradezu abträglich ist. »Also gar nichts«, ziehe ich das Fazit aus unseren letztjährigen Erfahrungen mit Zahnpasten, die unter der Hand zu Zement versteinten, mit krümelnden Lippenstiften, mit übelriechenden Allerweltscremes und Haarwässern aus Wasser plus farbgebendem Unbekannt.
Die Geschäfte sind voll wie im Frieden. Wir scheinen nicht die einzigen zu sein, die sich zu diesem Zeitpunkt für Vorratswirtschaft in Spielwaren, klobigem Küchengerät und geschmack-

losen Lampen interessieren. »Was sollen wir bloß mit dem Krempel«, frage ich grimmig, als wir unter der Last unserer Anschaffungen die Steglitzer Hauptstraße entlangwandern. Sechs Küchenmesser, die nicht schneiden, sechs Blechlöffel, deren Rand desto schärfer schneidet, ein sinnloses Soda-Seife-Sand-Service, vier rissige Holzkellen, zwei Lampen ohne Fassung und Schalter, dafür mit einem Faltschirm, dessen Muster einem Albdrücken macht, trotz allem fünf Tuben Zementzahncreme, trotz allem sechs bröckelnde Lippenstifte und Spielsachen – Spielsachen, um damit einen Weihnachtsmarkt auszustatten. »Laß nur«, besänftigt mich Heike, »wir haben immerhin den Rahm abgeschöpft. Wer nach uns kommt, fährt schlechter.«

Freitag, 11. Juni 1948
Kauffieber, Währungsangst, Gedränge um jeden Ladentisch. Gleich einer Seuche greift die Anlagewut um sich, lockt die Geldscheine aus den Taschen, jagt die Menschen durch die Geschäfte, straßauf, straßab, läßt sie nicht ruhn und nicht rasten, bis sie den letzten Hunderter an den Mann gebracht haben. Für Mangelwaren zahlt man Phantasiepreise. Ein Pfund Erdbeeren 25 Mark, ein Pfund Kirschen 12 Mark. – »Wir geben sie nicht ab«, weigern sich die Baumbesitzer in den westlichen Vororten, wir warten bis zur Währungsreform.« »Dann wartet, bis ihr schwarz werdet«, toben die Kaufwütigen und rennen nach der nächsten Chance. Anlegen, anlegen ... nur nichts verfallen lassen! Von Stunde zu Stunde büßt die Reichsmark an Wertschätzung ein. Die Banknoten fliegen. Fünf Mark Trinkgeld, zehn Mark Trinkgeld, zwanzig Mark einem Bettler. Hunderterzechen in Kneipen, die Schnaps ausschenken, Tausenderzechen in Schwarzlokalen. Das Gespräch in der U-Bahn: Geldanlage. Das Gespräch im Verlag: Geldanlage, das Gespräch zu Haus, auf der Straße, rechts, links, draußen und drinnen: Geldanlage. »Ich kaufe Kaffee«, sagt jemand. »Kaffee kann man immer brauchen.« Geht hin und kauft zehn Pfund Kaffee, das Pfund zu

zwölfhundert Mark. Seine Ersparnisse aus drei Arbeitsjahren. Abwertung 1 : 10. Einen teuren Kaffee wird der Gute trinken vom Tage der Währungsreform. Dieser kauft hundert Stemmeisen, jener zweitausend Reagenzgläser, der eine für dreihundert Mark Abführmittel, der andere für neunzig Gesundheitstee. An den S-Bahn-Haltestellen machen diskrete Aktentaschenträger nie erlebte Umsätze in »Amischokolade«, Dessertstangen und Karamelriegeln. Sie verschwinden, sobald eine Polizistenmütze auftaucht, und sind, kaum daß die Luft wieder rein ist, desto zahlreicher zur Stelle. Berlin verkauft sich aus. Berlin rotiert auf Höchsttouren. Anlegen ... anlegen, nur nichts verfallen lassen.

Montag, 14. Juni 1948

Dabei wissen wir immer noch nicht, in welche Währung wir einbezogen werden, ob die Sowjets mitmachen oder nicht mitmachen. Nach Verlautbarungen in der Presse gibt es auch hier eine »Tür, die immer offensteht«. Forscht man jedoch in alliierten Kreisen, so vernimmt man bestürzt, daß »mit vorübergehender Grenzsperre« in Kürze zu rechnen sei. Was für eine Tür bleibt denn offen, wenn auch diese wieder ins Schloß fällt. Zum mindesten für uns, die nicht vor, sondern hinter ihr wohnen.

Dienstag, 15. Juni 1948

Stündlich klettern die Preise. Ein Pfund Kaffee zweitausend Mark. Eine Zigarette dreißig. Wer sie erwischt, kann von Glück sagen, denn auch die Schwarzhändler fangen an, ihre Schäfchen ins trockene zu bringen. Horten ... horten, nur nichts in Reichsmark umsetzen! – Aus den Schaufenstern verschwinden die letzten Ladenhüter und Dekorationsstücke. »Krankheitshalber geschlossen ... wegen Materialbeschaffung vorübergehend gesperrt.« Wie weißes Fleckfieber breiten sich die Schilder »Ausverkauft« hinter den Türscheiben der Geschäftsstraßen aus. Ich betrete mein Stammlokal. Vor drei Tagen drängten sich in ihm die Gäste, rasten die Kellner mit beladenen Tabletts und geschwollener Brieftasche schwitzend von Tisch zu Tisch. Leer stehen jetzt die Stühle. Nur vor der Theke trinkt ein einsamer Stehkunde eine bescheidene Selter. Bier – ausverkauft. Schnaps – ausverkauft. Streichhölzer, Zigaretten, Tabak – vollkommen ausgeschlossen! Ich bitte. Ich flehe. Ich bestürme den Kellner, den Hausknecht, den Besitzer. Mit Mühe und Not ringt sich der schließlich eine zerdrückte Chesterfield ab. »Weil Sie es sind! Meine letzte!« Spricht's und streicht kaltblütig vierzig Reichsmark dafür ein. Wer zuletzt kauft, kauft am teuersten, konstatiere ich still in mich hinein und fühle mich ziemlich unmoralisch.

Vor lauter Anlegeeifer kommt man kaum dazu, in die Zeitung zu blicken. Sokolowskij soll nach wie vor von gemeinsamer Währungsreform sprechen und ganz so tun, als merke er nicht, was rings um ihn geschieht. Weder in Berlin noch an der Zonengrenze. Zwischen zwei Einkäufen hört man von aufgehaltenen Postzügen und Gütertransporten, von Aushebung neuer Grenzgräben, Verhaftung der Reisenden und – o liebvertraute Ausrede – von Sperrung der Autobahnbrücke auf der Straße Helmstedt–Berlin auf längere Zeit wegen »dringend notwendiger Bauarbeiten«.

Mittwoch, 16. Juni 1948

Aus dem Gedränge wird Panik, aus dem Fieber Raserei. Anlegen, horten, einheimsen, abstoßen. Der Kaffeepreis steigt auf 2 400 Mark. Heike und ich sitzen daheim und betrachten zufrieden unsere Spielsachen, Küchenwaren, Lampen und Kosmetika. Verglichen mit dem Schund von heute, haben wir wirklich den Rahm abgeschöpft. Die rissigen Holzkellen, die Küchenmesser, die nicht schneiden, kommen uns jetzt wie beste Qualitätsware vor. »Und außerdem zerrte man uns nicht die Kleider vom Leib«, sagt Heike mit Genugtuung. »Es stärkt das Selbstgefühl zu feiern, wenn andere sich abjagen.« Sie stellt das Radio ein und wendet sich mit der Miene beschaulichen Genießens dem Anhören der Nachrichten zu. Kein endgültiger Termin für die Bekanntgabe der Währungs-

reform. Dafür Krach in der Alliierten Kommandantura. Und
– Schande über Schande: Die Spruchkammer Marburg erklärt den Oberst Herber, beschuldigt »am 20. Juli 1944 mit einem Trupp schwerbewaffneter Offiziere in das Zimmer von General Olbricht eingedrungen zu sein, diesen verhaftet, auf Graf von Stauffenberg geschossen und damit einen vernichtenden Schlag gegen die Aktion des 20. Juli geführt zu haben«, als »nicht belastet«. Dann schweigt das Radio ...
Und dann ... erzählt es uns die Wahrheit über Dieter Friede. Frank Howley, der Direktor der amerikanischen Militärregierung in Berlin, gibt seinen Briefwechsel mit General Kotikow, dem sowjetischen Stadtkommandanten, über den Vorfall bekannt. Interpellation der US-Regierung bei den zuständigen russischen Behörden am 7. November. Am 17. November schreibt General Kotikow zurück. »Ihr Brief mit der Bitte um Nachforschung nach dem verschwundenen Reporter des Abend, Dieter Friede, erreichte mich unglücklicherweise erst heute vormittag. Zur Zeit kann ich Ihnen mitteilen, daß weder mir noch meinem Stabe irgend etwas über diese Angelegenheit bekannt ist.« Und er schließt mit dem zuvorkommenden Versprechen: »Ich werde alle notwendigen Maßnahmen in meinem Sektor treffen, um jede nur mögliche Auskunft einzuholen, und werde Sie sofort benachrichtigen.« Genau einen Monat später, am 18. Dezember, trifft diese »Sofort-Benachrichtigung« ein. – »Ich möchte Sie davon in Kenntnis setzen, daß es sich nach einer von der russischen Kommandantur sorgfältig geführten Untersuchung des Falles Dieter Friede herausgestellt hat, daß die russischen Dienststellen keinen Deutschen dieses Namens inhaftiert haben, weder an dem von Ihnen genannten Tage noch zu irgendeinem späteren Termin. In den Krankenhäusern und anderen Einrichtungen des russischen Sektors konnte niemand dieses Namens gefunden werden. Wenn Friede tatsächlich verschwunden ist, stelle ich anheim, die anderen Kommandanten der alliierten Besatzungsmächte zu befragen.«
Das geschah vor sieben Monaten. Jetzt teilen die Russen mit,

daß sie Dieter Friede am 2. November verhafteten und seitdem in Gefangenschaft hielten. »Er war ein Spion. Er hat es selbst gestanden«, rechtfertigen sie ihr Tun. Warum leugnen sie dann sieben Monate lang. Warum lügen sie und behaupten, was sie selber nicht glauben. Wir lauschen dem Bericht, und das Blut friert uns in den Adern. Auch Makar Iwanow sollte irgend etwas gestehen. Man »zerschlug Knüppel auf ihm«, um ihn dazu zu bringen. Was gilt Besitz und Geldanlage, was taugen alle Worte von Einheit, Frieden, Volksregierung, solange die Wirklichkeit so ist, wie sie ist. So grausam, verlogen und undurchsichtig.

Donnerstag, 17. Juni 1948

Wie Feuer brennt jeder Markschein in der Hand oder in der Tasche. Kaufen, kaufen, ganz gleich ob man es brauchen kann. Ein Gerücht fliegt durch die Stadt. »Briefmarken sollen im Kurs bleiben.« Gierig stürzt die Meute der Käufer auf Postämter und Markenschalter. Menschenschlangen, Geschrei und Gedränge. »Zehn Bogen 24-Pfennig-Marken. Fünfhundert Ortskarten, fünfhundert Fernkarten.« Bis zu den Urenkeln deckt man sich mit Postbedarf ein. Zehnerkarten der S-Bahn sollen im Kurs bleiben. Fünfer-Karten der Straßenbahn. Es gibt kaum einen, der noch einen Einzelfahrschein kauft. Wenn dieser Wahnsinn noch lange dauert, werden wir alle im Tollhaus landen. Und doch ahnt auch jetzt noch keiner der Horter, ob Berlin überhaupt in die Währungsreform einbezogen wird. Ostmark, Westmark, Bärenmark. Man handelt auf Verdacht. »Egal, was kommt. Wir sind ja doch schon pleite.«

Sondermeldung im Radio. Morgen um sechs Uhr abends wird in den Westzonen der Termin für die Geldumstellung bekanntgegeben. Die Russen haben heute nacht demonstrativ die Sitzung der Alliierten Kommandantura verlassen. Folglich werden sie nicht mitmachen.

Freitag, 18. Juni 1948

Zwei Stunden Galgenfrist. Wir kleben am Radio. Auf der Straße rennen Menschen. Fast kein Geschäft ist mehr geöffnet. Fünfzehn Minuten, zehn Minuten ... Stille! Nach dem Sturm – oder vor dem Sturm. – Wer weiß! Jetzt kommt es! Der Ansager räuspert sich. Wir hören ihn atmen und ein Konzeptpapier knistern. »Das erste Gesetz zur Reform der deutschen Währung, das von den Militärregierungen der USA, Großbritanniens und Frankreichs erlassen wurde, tritt am 20. Juni in Kraft. Abwertung 10:1. Die neue Währung heißt Deutsche Mark. Das alte Geld wird am 21. Juni aus dem Verkehr gezogen. Münzen und Noten mit einem Nennwert von höchstens einer Mark sowie Briefmarken bleiben zum Zehntel ihres Nennwertes vorläufig gültig.« Und dann: » ... Die Währungsneuordnung erstreckt sich zunächst nicht auf Berlin. Berlin als Viermächtestadt behält vorläufig seine alte Geldrechnung. Keine wirtschaftliche Schranke zwischen Berlin und den Westzonen.« Der Sturm bläst mit Windstärke elf. Über die Zonengrenzen, über die Sektorengrenzen und über die Zeitungsdruckereien von Berlin.

Samstag, 19. Juni 1948

Protest der Sowjetischen Militäradministration. Protest der Sozialistischen Einheitspartei. Protest des zu außerordentlicher Sitzung einberufenen Volksrats, des auf sowjetische Anregung entstandenen »Ostzonenparlaments«. – Marschall Sokolowskij wendet sich mit einem Aufruf an die Bürger und Bürgerinnen Deutschlands. »Die separate Westwährung ist illegal. Berlin ist Bestandteil der Ostzone. Die in den Westzonen herausgegebenen Geldscheine sind für den Umlauf im sowjetischen Besatzungsgebiet und im Gebiet Groß-Berlins, als Teil der sowjetischen Zone, nicht zugelassen. Ihre Einfuhr steht unter Strafe.« – Verdammt, das klingt sehr deutlich. »Wenn sie klug sind, sperren sie die Grenze«, sagt Heike. »Sonst kriegen sie den ganzen Reichsmarksegen auf den Hals.

Bis übermorgen läßt sich von drüben Beachtliches transferieren ...«

Die Grenze ist bereits gesperrt. Mit rasselndem Getöse fiel gestern nacht um zwölf zwischen Helmstedt und Marienborn endgültig der Eiserne Vorhang. Eben verkündet die SMA: »Im Zusammenhang mit der separaten Währungsreform war die Sowjetische Militärverwaltung gezwungen, zum Schutze der Interessen der Bevölkerung und der Wirtschaft folgende Maßnahmen durchzuführen:

Der Passagierverkehr sowohl aus der sowjetischen Besatzungszone Deutschlands heraus als auch zurück wird eingestellt.

Die Einreise für alle Arten des Gespann- und Kraftwagenverkehrs aus den westlichen Zonen, einschließlich des Verkehrs auf der Autostraße Helmstedt–Berlin, wird gesperrt.

Der Durchlaß von Fußgängern aus den westlichen Zonen in die sowjetische Besatzungszone über die Kontrollpassierstellen an der Demarkationslinie wird eingestellt.« – Da haben wir die Bescherung! Schnapp, sagte die Maus und saß in der Falle! Wir armen Berliner Mäuschen!

Sonntag, 20. Juni 1948

»Was nun?« sage ich zu Heike. »Was nun?« sagt Heike zu mir. »Was nun?« fragen sich alle Berliner an diesem Sonntag der westlichen Währungsreform.

Die Zeitungen wissen wenig Neues. Nur daß in den Druckereien der ostlizenzierten Presse eine fieberhafte Tätigkeit eingesetzt habe, über deren Sinn und Ziel die mannigfachsten Gerüchte kreisen. Man spricht von neuem Ostzonengeld. Von Notenabstempelung, Perforierung und der Herstellung sogenannter Klebemarken, die, dem alten Geld aufgeklebt, eine improvisierte Eilneuwährung schaffen sollten. Auf jeden Fall scheinen es die Russen bis zur letzten Sekunde nicht geglaubt zu haben, scheinen mit nichts, aber auch mit gar nichts auf den westlichen Schritt vorbereitet gewesen zu sein.

Wir haben kein Geld mehr zum Ausgeben und – hätten wir es

selbst – kaum eine Möglichkeit, es noch irgendwo an den Mann zu bringen. Die Spannung der letzten Tage ist jäh in ein Vakuum abgesackt. Ganz Berlin hat sich am Thema Währungsreform endgültig den Magen verdorben. Katerstimmung liegt in der Luft. Man fühlt sich bestellt und nicht abgeholt.
»Am besten, wir gehen spazieren«, empfiehlt Heike, »dann lüftet man den ganzen Quatsch mal gründlich aus den Sachen.«
Gesagt, getan. Am Nachmittag schlendern wir der Havel entlang, dem Kladower Badestrand zu. Die Luft weht heiß und sommerlich. »Was meinst du zu einer Paddelfahrt«, erkundige ich mich und schiele sehnsüchtig auf die kühlfeuchten Havelwellen. Heike nickt einverstanden. In einer Bootsverleihanstalt mieten wir ein Kanu. Es heißt »Klein aber mein« und sieht nicht sehr dauerhaft aus. Wenig später treiben wir auf der Mitte des Flusses. Rechts und links gleiten die Ufer vorüber. Binsen und Kiefern. Irgendwo wird geschossen. »Sind wir eigentlich im englischen oder im amerikanischen Sektor?« frage ich Heike. Sie lacht. »Weder noch. Aber wenn du die Geographie genau wissen willst, so darf ich dir vorstellen« – sie weist auf das rechte Ufer – »Britisches Besatzungsgebiet« – sie weist auf das linke Ufer – »Amerikanisches Besatzungsgebiet« – sie weist mit umfassender Gebärde nach vorn – »Russisches Besatzungsgebiet«. – »Und die Havel?« – »Dreizoneneck. Im Zweifelsfall ...«, sie hält inne und deutet auf die erblindeten Messingbuchstaben unseres Bootsnamens. Mir wird etwas schwül vor der Symbolik dieses Zusammentreffens. Ich sehe den schmalen Havelarm. Das brüchige Paddelboot, in dem wir auf ihm dahintreiben. Schwankend und kümmerlich zwischen den Ufern der Weltmächte. »Klein aber mein«, eine Nußschale im Strom. Wenn ein Gewitter aufzieht, werden wir umkippen. Wir können nur hoffen, daß lange Gutwetter bleibt.

Montag, 21. Juni 1948

Die Ostzeitungen melden: »Gewaltiger Reichsmarkschmuggel in die sowjetische Zone.« Verstärkte Grenzüberwachung. Verschärfung der Spannung zwischen Ost und West. Im Verlag ist die Stimmung gedrückt. Die Papierfabriken zur Versorgung der westlichen Lizenzen liegen jenseits der Zonengrenze. Heute sollen sie bei Magdeburg die Elbbrücke, über die bisher der gesamte Autoverkehr zwischen Helmstedt und Berlin verlief, wegen »dringender Reparaturarbeiten« abgerissen haben. Adieu, schöne Hoffnung, auf den westalliierten Konvoizug, der in energischem Durchstoß die Öffnung des Interzonenkorridors erzwingen würde.

Austragen des Machtstreits auf unserem Rücken; immer weniger Papier, um zu drucken, immer weniger Strom, um die Druckmaschinen in Gang zu setzen. Also von Woche zu Woche – vielleicht schon von Stunde zu Stunde – sich verringernde Chancen, unsere Berufsarbeit fortzusetzen. Ja, wenn wir noch eine Kampfzeitung wären. Aber als schlichtes Kulturblatt, eingeschlossen in die Festung Berlin, westlich lizenziert und für sowjetisches Wohlwollen abgeschrieben...
»Keine erfreulichen Perspektiven«, resümiert der Verlagsleiter.

Zwei Stunden später erfahren wir von unserer Lizenzbehörde, daß wir ab sofort einen Teil der Zeitschrift in Westdeutschland drucken können. Wie kommt sie nur dorthin. Und wie kommt sie wieder zurück. »Abwarten«, strahlt optimistisch unser Chefredakteur. »Auf alle Fälle läßt man uns nicht sitzen. Also wird man auch Mittel und Wege finden ...« So endet der Tag, der in Sorgen begann, doch wieder mit einer Hoffnung.

Dienstag, 22. Juni 1948

Kaffeepfundpreis dreitausend Mark. Ein Brot zweihundert Mark. Eine Chesterfield fünfundsiebzig Mark. Man wundert sich, woher die Waren noch kommen. In der Luft brummt es wie zur Bombenzeit. Die amerikanische Militärregierung hat ab sofort den Flugverkehr nach Berlin um ein Mehrfaches erhöht. »Wir sind in der Lage«, sagt General Clay, »die zehntausend Amerikaner in Berlin auf unbeschränkte Zeit über Luftweg zu versorgen.« Und von neuem ergänzt er zuversichtlich: »Die russischen Besatzungsbehörden werden die deutsche Bevölkerung der Westsektoren nicht verhungern lassen.« Wir sind minder hoffnungsvoll. Zwar soll Sokolowskij, wie es heißt, die Einladung der Westalliierten zu einer Viermächtebesprechung über die Währungsreform angenommen, zugleich aber auch befohlen haben, die geheimnisvollen Vorarbeiten im Druckhaus der Täglichen Rundschau nach Kräften zu beschleunigen. Was können wir tun? An Ort treten und abwarten, wie man über uns beschließen wird. Kopf oder Schrift – Reichsmark. Ostmark, Westmark oder Bärenmark.

»Im Westen essen sie jetzt Kirschtörtchen«, sagt Heike träumerisch, als wir unter Fliegergebrumm ins Bett steigen. – »Und rauchen Chesterfield für zehn Pfennig«, ergänze ich ihre RIAS-Kenntnisse, während ich den Millimeterrest meiner Stummelzigarette wehmütig im Aschbecher zerdrücke. »Ob wir es auch mal erleben, daß ein Währungswunder über Nacht alle Mangelwaren in die Läden zaubert«, meditiert Heike. Dann höre ich, wie sie die Bettdecke über den Kopf zieht und schlaftrunken vor sich hin murmelt: »Kirschtörtchen!« ...

Nach einer Stunde wache ich auf. Mir ist unruhig zumute. Ich trete ans geöffnete Fenster und starre hinaus in die Nacht. Schläfrig rauschen die Bäume. Vom Friedhof herüber schlägt ein Geruch nach Erde und welken Blumen. Dort liegt Andrik und ist sehr allein. »Andrik«, rufe ich und wünschte, daß er antworten möge. Er antwortet nicht. Auch die Bäume haben aufgehört zu rauschen. Kein Laut, kein Geräusch, kein Windhauch. Die echolose Stille dünkt mich so unerträglich, daß ich zum Radio laufe und einen Spätsender einstelle.

Nachrichten: »Die Sitzung der Finanzsachverständigen der

vier Besatzungsmächte schloß um 22 Uhr 30, ohne daß eine Enigung erzielt wurde. Für eine neue Sitzung ist keine Vereinbarung getroffen.«

Mittwoch, 23. Juni 1948
Sonderausgabe der Täglichen Rundschau: »Befehl des Obersten Chefs der Sowjetischen Militärverwaltung in Deutschland Nr. 111. Demokratische Währungsreform in der sowjetischen Besatzungszone und in Berlin. Ab 24. Juni 1948 sind auf dem gesamten Territorium der sowjetischen Besatzungszone Deutschlands und auf dem Gebiet Groß-Berlins neue Geldscheine einzuführen: Reichsmark und Rentenmark alten Musters mit aufgeklebten Spezialkupons. Scheidemünzen bleiben nach ihrem Nominalwert im Umlauf. Als einziges gesetzliches Zahlungsmittel in der sowjetischen Zone und im Gebiet von Groß-Berlin gelten Reichsmark und Rentenmark mit aufgeklebten Spezialkupons sowie im Umlauf befindliche Scheidemünzen. Vom 26. Juni 1948 ab ist der Umlauf der Mark der Alliierten Militärbehörden sowie der Reichsmark und Rentenmark ohne aufgeklebte Spezialkupons einzustellen. Gezeichnet: Marschall der Sowjetunion W. Sokolowskij.«
Sonderausgabe des Telegraf, der englisch lizenzierten Berliner Tageszeitung: »Die sowjetischen Befehle für eine Umwandlung der Währung in Groß-Berlin widersprechen dem Viermächteabkommen über die Viermächteverwaltung von Groß-Berlin. In den französischen, britischen und amerikanischen Sektoren sind diese Befehle null und nichtig und finden keine Anwendung auf die Einwohner dieser Sektoren. Wer dieser Anordnung zuwiderhandelt, setzt sich strafrechtlicher Verfolgung aus. Erforderliche Vorkehrungen werden getroffen, um in den drei Westsektoren von Groß-Berlin die neue Westzonen-Währung einzuführen.«
Es ist also soweit. Statt einer neuen Währung haben wir zwei. Und zu dem Eisernen Vorhang an der Elbe gesellt sich ab übermorgen der Eiserne Vorhang quer durch Berlin. Gefähr-

lich brodelt es in allen Kesseln. Fremde sprechen sich auf der Straße an und erörtern kummervoll die prekäre Lage. Um vier Uhr soll das Stadtparlament zu außerordentlicher Sitzung zusammentreten. »Es wird Krach geben«, sorgen und seufzen alle, die wir hören oder sprechen.

Um drei Uhr machen sich Heike und ich auf den Weg zum Stadthaus. Je näher wir dem Magistratsgebäude kommen, desto beängstigender verstopfen sich die Straßen. Lastwagen, Radfahrer, Fußgänger. Die ganze SED-Gefolgschaft scheint zum Antritt befohlen. Rote Fahnen flattern. Über den Köpfen schwanken Transparente: »Wir wollen nur eine Währung.« – Vor dem Tor des Stadthauses ballt es sich gefährlich. Irgend jemand brüllt: »Nieder mit den Spaltern!« Irgend jemand antwortet: »Verfluchte Sowjets!« Die Umstehenden johlen. Ihre Gesichter verzerren sich wie in Krämpfen. Es wogt nach vorn. Stampft, bohrt, schiebt sich voran wie ein Lavastrom. Da! Ein Ruck, ein Stoß, ein flutendes Gedränge. »Sie stürmen das Rathaus«, kreischt eine Frau. Der Strom schwemmt uns mit fort. »Sie haben die Tür aufgebrochen«, höre ich jemanden rufen. »Sie besetzen den Sitzungssaal.« – Bastille! denke ich erschrocken. Jetzt geht es ums Ganze. – Schon sind wir im Rathaus. Breite Menschenwellen spülen über Treppen und Gänge. Vergebens sucht sich der sozialdemokratische Stadtverordnetenvorsteher Suhr Gehör zu verschaffen. »Wir werden die Sitzung nicht eher beginnen, als bis die Tribünen geräumt sind«, ruft er in die Menge. Man brüllt ihn nieder. »Schlagt ihn aufs Auge ... Wir wollen die Spalter sehn.« Sprechchöre setzen ein. »Anfangen ... anfangen.« Dann kommt Louise Schröder, die stellvertretende Oberbürgermeisterin. »Seid doch vernünftig. Geht nach Hause, ihr könnt die Verhandlung ja heute abend im RIAS hören.« Hohnlachen dröhnt in ihre Worte. Sie ruft, sie bittet, sie beschwört. Vergeblich. Zwei Stunden verrinnen. Die ungeladenen Gäste sitzen fest wie Eisen. Endlich springt der SED-Stadtverordnete Chwalek ans Pult. »Genossen«, ruft er. »Wartet draußen. Unsere Fraktion wird euch laufend über den Gang der Verhandlungen verständigen.« Seine Worte gießen Öl auf die Wogen der Erregung. Wer gewohnt ist, Parteidisziplin zu halten, folgt der Stimme seines Führers. Fünf Minuten noch schwankt das Zünglein der Waage zwischen Aufruhr und Ordnung, dann hat die Ordnung entschieden. Der »Sturm auf die Bastille« ist aus. Unter den Klängen der Internationale räumen die Demonstranten den Saal.

»In Frankreich hätten sie nicht nachgegeben«, sagt Heike, als wir uns zerrupft und atemlos im Freien wiederfinden. »Auch zum Revolutionieren braucht man wohl Veranlagung.« Ein Glück, daß wir sie nicht haben, denke ich und reibe mein schmerzhaft geschundenes Schienbein. Oder sollte es vielleicht ein Unglück sein?

Donnerstag, 24. Juni 1948

Die Repressalien beginnen. In der Diplomatensprache nennt man es Sanktionen. »Sanktionen« klingt feiner und weniger brutal. Seit heute morgen haben die Sowjets die Stromzufuhr nach den Westsektoren abgeschnitten. Wir sitzen ohne Radio, ohne Licht, ohne Kochstrom, das heißt – wie schon so oft – ohne jede Möglichkeit, auch nur ein Tröpfchen Kaffeewasser heiß zu machen. Der Ziegelherd von 1945 ist abmontiert. Heike bereitet ein Frühstück aus Brot und geweichten Backpflaumen. Bis zum Abend müssen wir unbedingt ein paar Kerzen auftreiben. Aber womit zahlt man die Kerzen. Womit zahlt man überhaupt, um etwas zu erwerben, ohne sich strafbar zu machen?

Heute beginnt der Geldumtausch im Ostsektor. Gegen Vorlage des Stammabschnitts der Juni-Lebensmittelkarte für Zucker erhält jeder Bürger 70 Kuponmark im Umtauschwert 1:1. Bis 5 000 Mark Altgeld können sofort in 500 Mark Kupongeld umgewechselt werden. Was darüber hinausgeht, wird geprüft. Das Vermögen von Parteien, Gewerkschaften und volkseigenen Betrieben bleibt unabgewertet.

Die Kuponmark gilt auch in den Westsektoren. Allerdings nur

zum Erwerb bewirtschafteter Lebensmittel, zur Zahlung des Mietzinses, des Fahrgelds in öffentlichen Verkehrsmitteln, der Post- und Fernsprechgebühren, der Strom-, Gas- und Steuerschulden. Münzen behalten den alten Wert.
Morgen beginnt der Geldumtausch in den drei Westsektoren. Gegen Vorlage und Abstempelung der Kennkarte erhält jeder Bürger 60 Deutsche Mark Kopfgeld im Umtauschwert 1:1. Was darüber hinausgeht, muß angemeldet werden. Münzen behalten ein Zehntel des Wertes. Die Deutsche Mark ist im Ostsektor verboten. Wer sie dort in Umlauf setzt, gilt als »Schädiger der Wirtschaft« und wird nach Befehl 111 von Marschall Sokolowskij bestraft.
Am Bahnhof Zoo und Ecke Potsdamer- und Kurfürstenstraße, der früheren Schwarzmarktzentrale für Weißbrot und Brötchen, handelt man bereits ganze Bogen Kuponmarken gegen Reichsmark mit 50% Aufschlag. Die Tausender springen aus den Taschen. Jeder sein eigener Neugeldfabrikant. Zehn Schritt aus der Menge – und hinter der nächsten Ruinenwand beklebt man sich selbst den Rest seiner Reichsmarkhabe. Das Geschäft fordert Eile. Lecken – kleben, lecken – kleben. Als Kupongeldkapitalist entsteigt man den Trümmern. »Achtung, Razzia!« – Um die Ecke fegt ein vollbeladenes Polizeiauto. Alles spritzt auseinander. Wie Mäuse jagen die fliegenden Schwarzbankiers in die umliegenden Löcher. Noch ehe die Polizisten Zeit fanden sich umzusehen, liegt die Straße verödet. Achselzuckend klettern sie zurück in ihren Jeep. Der rattert von dannen. Irgendwann wird er wiederkommen. Vielleicht in einer Stunde, vielleicht in zweien. Und wieder werden dann die Menschen auseinanderspritzen. Werden sich wenige Minuten später am gleichen Ort, mit gleicher Habgier um die gleichen Kuponbogen scharen. Geld, Geld! Was es auch kosten mag. Rafft es, säckelt es ein, soviel ihr nur kriegen könnt.

Freitag, 25. Juni 1948

Der letzte Tag der alten Währung. Torschlußpanik. Im Ostsektor hat die Hälfte der Bevölkerung ihr Kopfgeld noch nicht eingetauscht. Man rast von Umtauschstelle zu Umtauschstelle. Überall die gleiche Fülle, überall die gleiche Frage: Wo tauscht man am meisten? Wie tauscht man am günstigsten? »Erst im Osten, dann im Westen«, raten die Schlaumeier. »Im Osten lassen sie sich die Kennkarte zeigen, im Westen aber nicht die Zuckerkarte.« Glorioser Einfall, denken die Oberschlaumeier, beschaffen sich eine ganze Zuckerkarte-Stammabschnitt-Kollektion und kassieren ihr Kopfgeld en gros. Pro Umtauschstelle ein Stammabschnitt. »Pfennigkrämer«, spotten die Reichsmarkmillionäre. Sie heuern ein paar Arbeitskräfte, beteiligen sie am Gewinn und schicken sie zum Anstehen. Pro Umtauschstelle drei Schlangesteher. 70 Mark Kopfgeld plus 5 000 Mark Sofortumtausch 1:10. Zahlt man von jeder gelungenen Transaktion dem Ansteher 50 %, bleibt immer noch ein nettes Sümmchen. Nicht unflott, um frisch damit anzufangen.

Zwar, das Anfangen ist schwer! Die Geschäfte sind leer, und es sieht nicht so aus, als würden sie sich, wie im Westen, über Nacht mit Wunderwaren füllen. Um Waren zu verkaufen, muß man sie erst haben. Die SMA aber hat befohlen, ab sofort jede Belieferung der Westsektoren mit Gütern aus der Ostzone oder dem Ostsektor einzustellen. Auch der Güterverkehr über die Zonengrenze findet seit gestern nicht mehr statt. Die russische Militärregierung bedauert. »Infolge einer technischen Störung der Eisenbahnstrecke sieht sich die Transportverwaltung gezwungen, nach dem Passagierverkehr auch den Güterverkehr vorübergehend einzustellen. Vorkehrungen sind getroffen, die Strecke schnellstens in Ordnung zu bringen.« Wer es nicht glauben will, läßt es bleiben. Solange sich keiner findet, um ernsthaft zu protestieren, ist es ganz gleichgültig, ob man glaubt oder nicht.

In führenden amerikanischen Kreisen spricht man von der schwersten Krise, die sich seit Beendigung des Krieges zwischen den westlichen Alliierten und der Sowjetunion entwickelt habe. Wir sind Schauplatz dieser Krise. Ihr Objekt, ihr Subjekt, ihr Held wider Willen. Und das nennt sich Währungsreform. Wir haben kein Licht, wir haben kein Radio. Und können bei Kerzenschein in Muße darüber nachdenken, wie wir mit unserer fragwürdigen Berühmtheit zu Rande kommen.

Samstag, 26. Juni 1948

Vorerst haben wir genug zu tun, mit dem Kursproblem unserer Doppelwährung zu Rande zu kommen. Seit heute gilt die neue Mark. Nur daß sich noch nicht ausklügeln läßt, wo sie gilt und was sie gilt. Im Ostsektor hat man die ersten Verhaftungen von Westgeldbesitzern vorgenommen. Wegen »Betrug und Verstoß gegen Befehl 111«. Am Zeitungskiosk zahlt man für eine Zeitung zehn Pfennig Hartgeld oder eine Rentenmark Papiergeld. Im Lebensmittelgeschäft für eine Dekadenzuteilung Margarine ein Fünfzigpfennigstück oder fünf unbeklebte Markscheine. Der Kurswert des »Tapetengeldes« sinkt von Stunde zu Stunde. 8:1 für Westgeld stand der Kurs heute morgen. 18:1 heute mittag. Briefmarken gelten im Westsektor ein Zehntel ihres Nennwertes. Da man sie jedoch auch mit Ostgeld zahlen kann, hat man die Wahl, ob man für zwei Zehnpfennigmarken lieber zwei Groschen oder zwei unbeklebte Markscheine opfert. Ganz Berlin spielt verrückt. Und in den wilden Wechselexzessen fischen die Schieber im trüben.

Die Militärregierungen erlassen eine Verordnung nach der anderen, um der Unordnung Herr zu werden. Da aber jede westliche Verordnung eine östliche Gegenverordnung nach sich zieht, wird die Verwirrung nicht kleiner. Die Tägliche Rundschau erklärt, daß die bereits gemeldeten technischen Störungen an der Eisenbahnstrecke Berlin–Helmstedt leider viel ernsterer Natur seien als zunächst angenommen und daß die starken Stromeinschränkungen in den Westsektoren auf eine Störung im Kraftwerk Golpa-Tschornewitz, das Berlin mit Fernstrom versorge, zurückzuführen wären. – O heiliger Simplicius! Zum Trost hat Oberst Howley, der amerikanische Kommandant von Berlin, uns versichert, daß wir trotz Warensperre aus der Ostzone, trotz Einstellung des Interzonenverkehrs, trotz Aufhörens jeder ostzonalen Milchlieferung an Westsektorensäuglinge nicht zu verzagen brauchten. Noch dreißig Tage reichten die Lebensmittelvorräte im amerikanischen Sektor. Und dann ... »Wir werden nicht zulassen, daß die Berliner Bevölkerung hungert«, erklärt er laut und deutlich. Uns fällt eine Last von der Seele. Also nicht nur die Besatzungstruppen, auch wir dürfen hoffen ... Wir hoffen wieder! Denn was Oberst Howley sagt, das hat er bisher auch gehalten.

Sonntag, 27. Juni 1948

Zwei Stunden Stom am Tage. Am Sonntag nur eine. Der Gerechtigkeit wegen soll es nach Plangruppen gehen. So hat ein jeder mal Aussicht, zu brauchbarer Zeit an sein Stromquantum zu kommen. Unsere Stromstunden sind von zwölf bis zwei Uhr nachts. Was davor- und dahinterliegt, ist stromlos, lichtlos, radiolos. Seit kurzem fahren Lautsprecherwagen des RIAS durch die Straßen der Westsektoren und ersetzen den Nachrichtendienst. Es ist verdrießlich, im Zentrum des Weltgeschehens zu stehen und nur zwischen zwölf und zwei Uhr nachts von ihm unterrichtet zu werden. Also rennen wir, wenn der RIAS-Wagen kommt. Er meldet das Neueste und Wichtigste: »Weitere Verstärkung der Luftbrücke auf 100 Flugzeuge täglich. Das Baden in freien Gewässern verboten, da infolge der Stromsperren eine Verunreinigung durch Abwässer zu befürchten ist. Weitere Verhaftungen im Ostsektor von Inhabern Deutscher Mark. Kurs des Tapetengeldes 30:1 zugunsten der Westmark.« – Der RIAS-Wagen entfernt sich. Bestürzt bleiben wir zurück. Das sieht nicht so aus, als ob es bald besser würde.

Dienstag, 29. Juni 1948

Im Gegenteil. In den Kommentaren der Presse steigert sich die Beurteilung der außenpolitischen Lage wieder mal von »ernst« über »sehr gut« zu »außerordentlich ernst«. Wie zufällig sind als Gäste in Berlin gleichzeitig der stellvertretende amerikanische Kriegsminister, der Leiter der US-Armeeplanungsabteilung, der Oberbefehlshaber der britischen Rheinarmee und ein Sonderbeauftragter Trumans eingetroffen. »Entscheidungen stehen bevor«, bringt der Tagesspiegel in großer Aufmachung. »Die russische Expansionspolitik hat mit ihrer jüngsten Serie von Vertragsverletzungen in Berlin eine Lage geschaffen, über deren Ernst man sich in den Vereinigten Staaten keinen Illusionen hingibt. In der Regierung sind Beratungen im Gange, um über die Schritte zu entscheiden, die durch das russische Vorgehen notwendig geworden sind oder notwendig werden. Die Entscheidungen werden in Kürze bekanntgegeben.« – »Kein zweites München«, hört man von allen Seiten.

Im Moskauer Sender veröffentlichen sie die Vorschläge, auf die sich die Außenminister der russischen Satellitenstaaten in Warschau zur Lösung des Deutschlandkonfliktes geeinigt haben: »Bildung einer gesamtdeutschen Regierung. Frieden mit Deutschland, Abzug sämtlicher Besatzungsmächte ein Jahr nach Abschluß des Vertrages, Beibehaltung der Oder-Neiße-Grenze und Viermächtekontrolle der Ruhr.« Wenn wir wirklich Frieden hätten ... Und wenn nach Abzug der Besatzungstruppen ein neuer Verschmelzungsschrei, der langerstrebte »Ruf nach Anschluß« laut würde ... Wer sagt dann nein? Wer sagt dann ja? Wer sorgt dafür, daß wir ohne Nötigung ja oder nein sagen können? Amerika ist weit, und Rußland ist nahe. Tagesmarschnahe, um im Nu als Beschützer zur Stelle zu sein. Warum sind wir bloß so mißtrauisch, in jedem sowjetischen Vorschlag den Pferdefuß zu suchen. Vielleicht meinen sie es diesmal ehrlich. – Blockade, brummt alle acht Minuten ein neues Luftbrückenflugzeug über uns. Blockade, mahnen die Stromsperrstunden, die RIAS-Wagen, die verödete Autostraße nach Helmstedt, die rostenden Eisenbahnschienen der Interzonenstrecke, die ausfallenden Trambahnen, die stilliegenden Betriebe, die lichtlosen Straßen und Häuser im westlichen Sektor der Festung Berlin. »Wir werden die Westsektoren austrocknen wie eine abgeschnürte Warze«, sollen die Sowjets gesagt haben. Und *diesmal* meinten sie es fraglos ehrlich.

Freitag, 2. Juli 1948

Am Bahnhof Zoo wird Währung gehandelt. Man braucht sich nur zwischen die Menschen zu mischen, die vom Stadtbahnbogen bis zur Gedächtniskirche die Straßen füllen, und seine Ost- oder Westscheine sichtbar in der Hand zu halten. Noch keine zwei Minuten – und das Wechselgeschäft ist im Gange. »Brauchen Sie Ostmark ...?« »Brauchen Sie Westmark ...« Jemand streift an einem vorbei, flüstert einem ins Ohr. Ein Blick in die Runde ... Ein Griff in die Brieftasche ... Wie durch Zauberschlag verwandeln sich die sechs Westmark zwischen den Fingern in fünfzehn Tapetenscheine. Seit vier Tagen ist der Kurs von 30 oder gar 40 auf zweieinhalb gefallen. Warum? Wir wissen es ebensowenig, wie wir alles andere wissen, das mit dem Auf und Ab unseres Blockadeschicksals zusammenhängt. »Nun stell dir das mal vor«, klagt Heike. »Streichhölzer, nur Westgeld. Zwiebeln, halb Ost und halb West. Rosinenzuteilung, Westgeld. Dekadenzucker, Ostgeld. Ein Bündchen Schnittlauch, halbe-halbe. Seifenaufruf, Ostwährung, die zugehörigen Einweichmittel, Westwährung. Ja, sind wir denn Mathematikakrobaten?«

»Nun stell'n Sie sich das mal vor«, klagt unser Verlagsleiter. »Für Zeitungen geben sie nur Ostgeld. Für die Druckrechnung verlangen sie Westgeld. Die Angestellten haben Anspruch auf 25 % Westwährung, und was wir einnehmen, ist 100 % Ostwährung.«

Samstag, 10. Juli 1948

»Es ist toll, wie sich in den letzten drei Wochen hier alles verändert hat«, schreibt Frank aus München. »Man spricht nicht mehr von Kalorien, weil es genug zu essen gibt. Die Läden sind voll mit Waren, die Kioske mit Zeitungen und Zeitschriften. Das einzige, was uns fehlt, ist Geld ... Aus Berlin kommen beängstigende Nachrichten. Ich sorge mich um Euch. Kommt nach dem Westen!«

Sollen wir gehen? Sollen wir bleiben? Ich schaue in die leeren Läden. Ich rechne Ostgeld in Westgeld um und Westgeld in Ostgeld. Ich lese im Tagesspiegel, daß das Gaskontingent gekürzt werden müsse und das Stromkontingent nicht mehr aufrechtzuerhalten sei, daß bereits 50 % der Westberliner Betriebe wegen Strommangel stillgelegt wären und U-Bahn und Trambahn nur noch bis sechs Uhr abends verkehren. Ich höre, daß die SMA dreißig Proteste wegen Verletzung der Flugregeln im Luftkorridor eingereicht und seit heute wegen »Schleusenreparatur in Rathenow« auch den Wasserverkehr zwischen Berlin und den Westzonen eingestellt habe. Und ich denke: wir sollten wohl gehen. – Ich sitze in der Straßenbahn nach Moabit. Neben mir sitzt eine Frau. Behutsam, als hätte sie Angst, etwas zu verschütten, bückt sie sich über ihre Einkaufstasche. Wir kommen ins Gespräch. »Ich will rasch zu Bekannten«, sagt sie. »Der Russe soll in Moabit das Wasser abgestellt haben. Da will ich hin und denen etwas Wasser bringen. Daß sie sich wenigstens ihren Kaffee kochen können.« Wasser nach Moabit. In leeren Essig- und Seltersflaschen. – Ich schaue auf die Frau und denke: wir müssen doch bleiben. Menschen, die Kaffeewasser von Charlottenburg nach Moabit tragen, darf man nicht im Stich lassen.

Dienstag, 20. Juli 1948

Also bleiben – also gehen. Also gehen – also bleiben. Wenn man nur wüßte, wie es weiterginge. Immer noch schwanken wir unentschlossen hin und her. Die Luftbrücke stabilisiert sich. Alle drei Minuten ein Flugzeug. Seit kurzem sollen sie sogar Kohlen einfliegen. »Wir bleiben«, versichern uns täglich die Amerikaner. Aus welchem Grunde aber bleiben sie? »Weil sie durch die Luftbrücke eine wunderbare Chance haben, Piloten für den Kriegsfall auszubilden«, sticheln die Antiwestlichen. »Und weil sie sich durch den Ausbau der Berliner Flugplätze die schönsten Luftstützpunkte vor der Nase der Russen schaffen. Oder dachtet ihr etwa, daß sie euretwegen blieben?« Brücke – Brückenkopf – Fußmatte, rekapituliere ich im stillen die Stationen unseres Abstiegs. Sollten wir wirklich nur Fußmatte sein? ... »Berlin kämpft für die Freiheit Europas. Die tapfere Haltung der Westberliner rettet die Europäische Demokratie«, beteuert uns ein westzonaler Politiker nach dem anderen. Verbundenheitstelegramme aus allen Ländern. Niedersachsen spendet eine Tagesration für Berlin. Man sammelt Eier, man sammelt Butter, man sammelt Fleisch, Käse, Trockenmilch und Arzneimittel. »Dank an die tapfere Hauptstadt!« – Die Kisten türmen sich auf den Abflughäfen. Es fehlt nur der Frachtraum, sie zu befördern. Das Mitgefühl der Welt rührt uns nicht wenig. Also sind wir doch nicht nur Fußmatte. Und wenn wir noch ein Weilchen durchhalten ...

Freitag, 23. Juli 1948

Ohne Licht, ohne Radio, ohne Kochstrom. Gut, daß es Sommer ist, denken wir jeden Tag. Die Abende sind länger, und es macht nicht soviel aus, wenn man tagelang nichts anderes zu sich nimmt als Margarinebrote und Schnittlauchbrote. Man könnte auch Wasser dazu trinken. Aber seit die Kläranlagen nicht mehr funktionieren, ist es ratsam, Wasser nur in abgekochtem Zustand zu genießen. Abkochen kann man nachts. Zwischen zwölf und zwei, wenn Plangruppe C – wie Cäsar – ihren dieswöchigen Strom bezieht. Manchmal kommt er schon um halb zwölf. So sitzen wir und warten. Wir tappen durch die Wohnung wie Blinde. Wir gähnen und reden über die Blockade. Ob die Luftbrücke es schafft und ob sich Berlin wird halten können. »Berlin wird sich halten«, sagen wir, wenn wir die Abendkerze anzünden. »Es ist eine Energie- und Nervenfrage.« – »Berlin kann sich nicht halten«, seufzen wir, während die Kerze niederbrennt und die Minuten wie Schnecken dahinschleichen. Immer lahmer werden die Gespräche. Schlafen, nur schlafen. Wenn es noch lange so weitergeht, werden wir zusammenbrechen. ... Es ist eine Nervenfrage. Heike fängt vor Müdigkeit an zu weinen. – »Ah«, rufen wir plötzlich wie aus einem Mund, »Licht!« Wir rennen durcheinander, wir lachen und lärmen, als hätten wir Wein getrunken. Zum Schalter, zum Kochherd, zum Radio. Kochen, Strümpfe waschen, ein Hemdchen aufbügeln, Nachrichten hören. Vor allen Dingen Nachrichten hören. Der RIAS sendet stündlich, die ganze Nacht. Wir hören Ost, wir hören West. Über uns brummen Flugzeuge. Alle drei Minuten ... Es ist eine Nervenfrage. Zwischen zwölf und zwei Uhr nachts fühlen wir uns mit unseren Nerven sehr stabil. Nicht Fußmatte, sondern Helden. Berufene Verteidiger der europäischen Freiheit. Um zwei Uhr ist der Tag zu Ende. Um sieben Uhr beginnt der neue. Ohne Licht, ohne Radio, ohne Kochmöglichkeit.

Sonntag, 25. Juli 1948

Es ist eine Nervenfrage. Heute vor einem Monat war der Geburtstag der Tapetenmark. Heute schlägt ihre Sterbestunde. Im Ostsektor und in der Ostzone wird, laut Befehl des Obersten Chefs der Sowjetischen Militärverwaltung, die Kuponmark in die Deutsche Mark der Deutschen Notenbank umgewandelt. Der Umtausch erfolgt 1:1. Kopfgeld 70 Mark. Darüber hinausgehende Beträge werden dem Inhaber nach Prüfung der »Echtheit und Umlauffähigkeit« der vorgelegten Geldscheine auf ein Sparkonto gutgeschrieben, über das er ab 15. August uneingeschränkt verfügen können soll. Von übermorgen an werden Kuponmark nicht mehr in Zahlung genommen. Die Kopfgeldumtauschstellen sowie die Sparkonten befinden sich im Ostsektor. Wieder mal rennen wir »umtauschen«. Schlangen ohne Ende. Püffe, Gekeif und

Gezeter. Der Antrag des Magistrats, auch in den Westsektoren Umtauschstellen einzurichten, wurde von der SMA abgelehnt. Nun jagt man nach Köpenick oder nach Lichtenberg, nach Weißensee oder nach Hoppegarten, um seine Kuponmark an den Mann zu bringen. Um sechs Uhr hören Tram- und U-Bahn auf. »Mit uns können sie's ja machen«, schimpfen die Leute und boxen sich verbissen in die überfüllten Verkehrsmittel. Held oder Fußmatte. Was sich heute hier abspielt, ist nackter Selbsterhaltungskampf.

Freitag, 30. Juli 1948

Immer mehr gewinnt es den Anschein, als sollte uns die Blockade als Dauergeschenk erhalten bleiben. Schon längst hat uns die nazistische und postnazistische Praxis gelehrt, daß von allen Lösungen, die möglich sind, fast immer die schlechteste eintrifft: das Permanentwerden eines unerträglichen Zustandes.

Am 6. Juli protestieren die drei Westmächte in Moskau gegen die Blockade Berlins, erklärten sich jedoch zu Verhandlungen bereit, sobald diese aufgehoben sei. Am 15. Juli teilte die Sowjetunion ihren westlichen Verbündeten mit, daß sie gleichfalls zu Verhandlungen auf Viermächtebasis bereit, jedoch nicht willens sei, die Blockade als Voraussetzung für weitere Gespräche aufzuheben. Zwei »offene Türen«, durch die niemand eintrat. Vorgestern wurde bekannt, daß die drei westalliierten Botschafter in Moskau persönlich die Antwort ihrer Regierungen auf die letzte sowjetische Note dem Außenminister überbringen sollten. »Herr Molotow ist verreist«, heißt es heute in der Presseabteilung des sowjetischen Außenministeriums. Wann er zurückkehren werde, sei unbestimmt.

Alles erscheint unbestimmt. Die »offenen Türen« knarren, und unter ihrem unangenehmen Geräusch richten wir uns langsam darauf ein, eine Frontstadt auf Lebenszeit zu werden. Ob man nicht doch in den Westen gehen sollte? Ich erkundige mich im amerikanischen Luftreisebüro. Für die nächsten vierzehn Tage seien die D-Mark-Flugplätze ausverkauft, bedeutet man mir. Es sei denn – man mustert mich verstohlen –, ich könne den Flug in Dollar bezahlen. Der Besitz von Dollars ist strafbar. Auf dem schwarzen Markt handelt man sie mit 28 Westmark pro Stück. Diskret, denn wer als Deutscher bei Dollarbesitz ertappt wird, kommt ins Gefängnis. Man kann sich höchstens den Flug von einem Besitzberechtigten schenken lassen und dem Spender den Gegenwert seines Geschenks zum Schwarzkurs ... Aber darüber spricht man nicht, das tut man nur, erfahre ich von Leuten, die diskret zu verstehen geben, daß sie »es bereits getan« hätten. 28 Dollar kostet der Flug von Berlin nach Frankfurt. 28 mal 28. Wer hat schon 784 Westmark für einen einzigen Flug von Berlin nach Frankfurt. Noch dazu mit der Chance, beim Erwischtwerden ins Gefängnis zu wandern – »Komm! Komm!« drängt Frank in jedem Brief. Und wenn er im Sterben läge und wenn ich ihn nie mehr wiedersehen sollte – ich könnte nicht kommen. Die D-Mark-Flugkarten sind für die nächsten zwei Wochen ausverkauft. Meine »Tapetenmark« liegt im Ostsektor auf »Sparkonto«. Unser Verlag nimmt nur Ostgeld ein. Und da unsere Zeitung kein Kampfblatt, sondern nur eine Kulturzeitschrift ist, rangieren wir mit der Papierzuteilung über Luftbrücke an letzter Stelle. Wir müssen noch dankbar sein, wenn der Verkauf der winzigen Auflage wenigstens den Hauptteil der Ostmarkunkosten deckt. Berlin ist ein Gefängnis, aus dem nur wenige, vom Glück Begünstigte, hin und wieder befristete Ausgeherlaubnis erhalten. Treue zur Stadt – oder Treue zum Menschen? Ich hasse es, in einem Gefängnis zu sein.

Dienstag, 3. August 1948
Gestern abend waren die drei westlichen Botschafter in Moskau persönlich bei Stalin. »Sie fuhren fünf Minuten vor neun, Moskauer Zeit, durch das Tor des Kreml«, wird heute berichtet. Im übrigen – kein Kommentar.

Mittwoch, 4. August 1948

Alle russischen Zeitungen veröffentlichen in Großaufmachung das offizielle sowjetische Communiqué über die Besprechung Stalins mit den Diplomaten der Westmächte. Es umfaßt vierunddreißig Worte und lautet: »Der Präsident des Ministerrats der UdSSR J. W. Stalin empfing am 2. August den Botschafter der Vereinigten Staaten W. Smith, den Botschafter Frankreichs Chataigneau und F. Roberts, den persönlichen Delegierten des britischen Außenministers Bevin. Der Außenminister der UdSSR W. Molotow nahm an dem Empfang teil.« Punkt, Schluß. Und wir sind ebenso klug wie zuvor. Die Reporter der ganzen Welt ergehen sich in Mutmaßungen. Daß die drei Botschafter »lächelnd und gutgelaunt« den Kreml verlassen hätten, daß sie sich bei ihrer Rückkehr zur amerikanischen Botschaft »nicht einmal die Zeit genommen hätten, auf den Fahrstuhl zu warten, sondern die drei Treppen zum Büro Bedell Smiths zu Fuß hinaufgeeilt« wären, wird als günstiges Zeichen gedeutet. Ebenso, daß es »die längste Unterredung« gewesen sei, die Stalin seit Jahren gewährt habe.

Donnerstag, 5. August 1948

»Kein Kommentar«, sagt Außenminister Marshall in Washington. »Kein Kommentar«, sagt Außenminister Bevin in London. »Kein Kommentar«, sagt Außenminister Schuman in Paris.

Mittwoch, 11. August 1948

Kein Kommentar. Aber am 9. haben die drei Botschafter mit Molotow verhandelt, und man erwartet, daß dieser und der ersten Verhandlung noch viele und lange Besprechungen folgen würden ... Es ist eine Nervenfrage!

Samstag, 14. August 1948

Vorschläge und Gegenvorschläge in Moskau. Über ihren Inhalt ist nichts bekannt. Den einen Tag sieht es günstig aus, den anderen wieder ungünstig. Die Östlichen sagen: Viermächteverhandlungen und anschließend Aufhebung der Blokkade. Die Westlichen sagen: Aufhebung der Blockade und anschließend Viermächteverhandlungen. – »Es ist unwürdig, wenn vier Parteien ein Haus bewohnen und eine von ihnen nötigt die anderen drei, dieses Haus statt durch die Tür nur durch den Schornstein zu betreten«, heißt es in England. – Wir schwanken zwischen himmelhochjauchzend und zu Tode betrübt. Aber auch das Schwanken wird allmählich Strapaze, wenn man nicht der Hund ist, der sich um den Knochen zankt, sondern der Knochen, um den sich die Hunde streiten.

Donnerstag, 19. August 1948
Auf Herrenchiemsee in Bayern tagt ein Verfassungskonvent, um über die neue deutsche Verfassung zu beraten. – Eine westdeutsche Verfassung! Die Grenzen zwischen den drei Westzonen fallen. Die Berliner Sektorengrenzen wachsen höher und höher. »Aufhebung der Blockade und anschließend Viermächteverhandlungen.« »Nein, Viermächteverhandlungen und anschließend Aufhebung der Blockade«, streitet man in Moskau. Und während man sich in Moskau »kommentarlos« streitet, auf Herrenchiemsee den Westdeutschen Staat vorbereitet, sitzen wir stromlos und radiolos, bei Trockenkartoffeln, Trockengemüse, Backobst und Büchsenfleisch und grübeln über unsere Lage. Held oder Fußmatte. – »Sehr einfach«, sagt Heike. »Der ganze Unterschied ist der: Der Westen hat eine Chance, und Berlin hat keine. Es sei denn die, zu schlechter Letzt doch in der Ostzone zu versinken.« – »Aber die Amerikaner bleiben«, wende ich ein. »Gewiß, sie bleiben. Wie der Wachtposten auf einem Turm in der Brandung. Nur das, was sich da auf Herrenchiemsee abspielt, wird uns bloß als Zuschauer angehen und nicht ... und nicht als Nutznießer«, endet sie seufzend.
Zuschauer! Je länger ich darüber nachdenke, desto stärker muß ich ihr zustimmen. »Die Trennungslinie zwischen der östlichen und der westlichen Ideologie verläuft längs der

Elbe«, sagte Clay vor einem halben Jahr. »Hier haben wir eine Grenze errichtet, die wir auch halten werden.« – Wir liegen östlich dieser Grenze. Ein Wachtturm in der sowjetischen Brandung. Das Problem der »törichten Eltern«, das Problem des »to eat the cake and have it« hat sich auf überraschende und einfache Weise gelöst. Die Grenze verläuft längs der Elbe. Was jenseits von ihr liegt, ist Deutschland – wird Deutschland sein. Ein kleines Deutschland, aber ein sympathisches. Ohne preußische Aggression, ohne Gefahr eines Weltmachtanspruches, sowjetisch nicht infiziert, kurzum geeignet und würdig, der großen europäischen Völkerfamilie eingegliedert zu werden. – Der einzige Schutz gegen ein Vordringen des Bolschewismus ist ein wirtschaftsstabiles Westeuropa. Der Marshallplan hilft, es zu gründen. Westdeutschland erhält eine Regierung. Westdeutschland wird Deutscher Staat. Wirtschaftsstabil und sympathisch klein. Ein fester Wall gegen das Vordringen des Bolschewismus; ein braves unaggressives Kind in der Familie Europa. – Was diesseits der Elbe liegt ... Schwamm drüber! Je weniger man davon spricht, desto leichter läßt es sich vergessen. Eine bittere Wahrheit und doch – voraussichtlich die einzige, die Europa zu retten vermag. Seit meiner Kinderzeit schwärmte ich für die Vereinigten Staaten von Europa. Nun, da sie näher rücken, stehe ich auf einem Wachtturm in der Brandung, und dreihundert Kilometer »östlicher Ideologie« trennen mich von ihrer Grenze. Von ihr – und von Frank. Was taugt ein Pazifist auf einem Wachtturm in der Brandung. Was tut eine Kulturzeitschrift mit wenig Papier in der Festung Berlin. – »Die Stellung halten«, antwortet man mir. »Das Unmögliche möglich machen!« »Nein«, sträube ich mich gegen die fatalvertrauten Formulierungen. »Die Schicksalsgemeinschaft nicht im Stich lassen«, drängt man mich vorwurfsvoll. »Ja«, muß ich reuevoll zugeben. Und wieder endet mein Konflikt mit einem Schwanken zwischen ja und nein.

Sonntag, 22. August 1948

Am Potsdamer Platz, dem Schnittpunkt der amerikanischen, britischen und sowjetischen Sektorengrenze, verläuft die Trennungslinie zwischen der östlichen und der westlichen Ideologie. Dort schossen vor drei Tagen erstmalig Deutsche auf Deutsche. Berliner auf Berliner. Schon vor längerer Zeit hatte der Polizeipräsident Margraf erklärt, daß er Befehle nur noch von der sowjetischen Besatzungsmacht entgegennähme, hatten die Westalliierten als Erwiderung darauf in ihren Sektoren eine eigene Polizeitruppe bewilligt. Die »illegale Westpolizei« – sagte die Ostpolizei. »Die illegale Ostpolizei« – sagte die Westpolizei, und es begann von hüben und von drüben ein gereiztes Geplänkel. Ein »Kidnappen im kleinen Grenzverkehr«. Razzien. Herüberzerren auf das andere Sektorengebiet. Proteste der Bevölkerung. Schüsse, Steinwürfe. Verhaftete und Verletzte. Wo steht der Feind? In Moskau verhandelt man – ohne Kommentar. Auf Herrenchiemsee arbeitet man einen westdeutschen Verfassungsentwurf aus. Die Luftbrückenflugzeuge bringen innerhalb vierundzwanzig Stunden 3-4000 Tonnen Versorgungsgüter nach Berlin. Und die Berliner Selbstmordziffer, in normalen Zeiten pro Tag 1,5, ist auf etwa sieben Fälle täglich gestiegen. – Nervenfrage!

Mittwoch, 1. September 1948

Die Blockade wird aufgehoben. Man wagt es kaum zu glauben, und doch soll es wahr sein. Gestern nachmittag trafen sich seit fünf Monaten erstmals wieder alle vier Militärgouverneure zu gemeinsamer Sitzung im Kontrollratsgebäude, um über die Aufhebung der Verkehrseinschränkungen und die Einführung einer einheitlichen Währung für ganz Berlin zu beraten. Erst wenn die technischen Voraussetzungen für diese beiden Punkte geklärt wären, würde ein Communiqué über den Stand der Moskauer Verhandlungen veröffentlicht werden. Im Helmstedt stünden schon die Kohlen- und Lebensmittelzüge bereit, um in der ersten Minute des Grenzaufgangs ostwärts zu rollen. Berlin jubelt. Keine Trockenkartoffeln mehr, kein Büchsenfleisch, keine Stromsperren, keine mühsame Umrechnungsakrobatik Ost-D-Mark gegen West-D-Mark, Papier für die Zeitschriften und – was das wichtigste ist – keine Feindschaft mehr, keinen unauslöschlichen Haß von Berlinern gegen Berliner. – Heute begann in Bonn das erste deutsche Nachkriegsparlament seine verfassungsgebende Arbeit. Auch wir werden jetzt ihre Nutznießer sein. Am Abend illuminieren Heike und ich unsere Wohnung mit vier Kerzen statt mit einer. Wer weiß, vielleicht morgen schon knipsen wir unbekümmert unser Licht an jedem Schalter an.

Donnerstag, 2. September 1948
Die Beratungen der Militärgouverneure nehmen ihren Fortgang. Die Gerüchte über eine Aufhebung der Blockade haben sich nicht bestätigt. Wir sitzen bei einer Kerze und warten auf Strom.

Samstag, 4. September 1948
Flakübungen der Sowjets im Luftkorridor. Die Ostmark fiel auf 3,20, und im Kontrollratsgebäude tagt man immer noch geheim. Zum drittenmal mußte die Stadtverordnetenversammlung wegen Demonstrationen der SED vor dem Stadthaus verschoben werden. »Komm nach München«, schreibt Frank. Sein Brief ging einundzwanzig Tage, ehe er mich erreichte.

Montag, 6. September 1948
Heike stürzt ins Zimmer. »Putsch in der Stadt«, ruft sie. »Die SED macht einen Staatsstreich.« – Ich springe auf: »Wo?« – »In der Parochialstraße. Sie haben das Stadthaus erobert. Die Ostpolizei hält die Zufahrtstraßen besetzt. Wenn sie es schaffen ...« Sie ringt die Hände. Herrgott, jetzt Nachrichten hören! Ich reiße am Radioknopf. Tot. Plangruppe C – wie Cäsar – schaltet diese Woche von 22 bis 24 Uhr an, erinnere ich mich. Ich schaue auf mein Zifferblatt. 25 Minuten vor neun. Noch anderthalb Stunden. Ich laufe zum Fenster, beuge

mich weit hinaus und lausche in den Abend. Alles still. Auf der Bismarckstraße ziehen zwei Frauen gemächlich ihren Leiterwagen hinter sich her. Ich lausche noch angestrengter. Kein Lärm, kein Knattern von Schüssen. »Wenn es geglückt ist, wären sie schon hier«, rede ich mir zu. Es kann nicht geglückt sein.
Endlich ist es zehn. RIAS: Gegen 11 Uhr vormittags erschienen Gruppen, Marschkolonnen und auf Lastwagen kommunistische Demonstranten vor dem Neuen Stadthaus. Sie zertrümmerten die Glasscheiben der Eingangspforte, überwältigten die sich zur Wehr setzenden Magistratsordner und besetzten den Sitzungssaal und die Besuchertribüne. Gegen 14 Uhr eröffnete ein Vorstandsmitglied der SED eine Stadtverordnetenversammlung, an der lediglich die SED-Fraktion und die Leiter der Ostzonen-CDU-Arbeitsgemeinschaft teilnahmen. Gegen 15 Uhr verließen die Demonstranten das Stadthaus. Um 20 Uhr 15 wurde es von Ostpolizisten besetzt und die Zufahrtstraßen wurden abgeriegelt. – Um 18 Uhr 30 traten die Stadtverordneten mit Ausnahme der SED-Fraktion zu einer außerordentlichen Sitzung in der Taberna Academica im Britischen Sektor am Steinplatz zusammen. Sie beschlossen, bis zur Rückkehr normaler Verhältnisse in den Westsektoren zu tagen und auf den 14. November die Wahl für ein neues Stadtparlament anzusetzen.
Also mißglückt! Zum mindesten nicht so geglückt, daß ein Staatsstreich daraus wurde. Ab heute haben wir nicht nur zwei Stadtpolizeibehörden, sondern auch zwei Stadtparlamente. Möglich, daß wir schon ab morgen zwei Stadtregierungen und eine chinesische Mauer mit Wehrgang und Wachttürmen längs der Sektorengrenzen haben. Vielleicht braucht man dann ein Auslandsvisum, um von Charlottenburg nach den Linden zu fahren. So wie wir damals dachten, als im Juli 45 die Viermächtebesetzung begann. Vielleicht.
Im Gebäude des Kontrollrats hielten die vier Militärgouverneure heute ihre bisher längste Besprechung ab. Sie dauerte 5 Stunden und 45 Minuten. Es ist eine Nervenfrage.

Montag, 13. September 1948

Hunderttausend Berliner demonstrieren am Donnerstag gegen die empörenden Vorgänge im Stadthaus und für die demokratischen Freiheiten auf dem Platz der Republik. Sie taten es in heiligem Zorn, für eine gerechte Sache. Frauen liefen vom Kochherd weg, der Friseur ließ seine Kundin unter der Wasserwellhaube im Stich, der Zeitungshändler schloß seine Bude, und jeder rannte und dachte: Ich muß demonstrieren. Wir gehören zum Westen. Wir müssen es beweisen. Wir sind Berliner. Wir sind eine Schicksalsgemeinschaft. Es ist herrlich, sich als Schicksalsgemeinschaft zu fühlen ... Als die Kundgebung zu Ende war, kam es am Brandenburger Tor zu gefährlichen Zwischenfällen. Man riß die Sowjetfahne vom Tor, man drohte und schrie. Russische Polizei griff ein. Sie schoß. Es gab einen Toten und mehrere Verwundete. Fünf Demonstranten wurden verhaftet. Gestern verurteilte sie das Sowjetische Militärgericht zu je fünfundzwanzig Jahren Arbeitslager. Das heißt Tod. Über kurz oder lang irgendwo im KZ oder in einem Uranbergwerk.

Am Sonntag gedachten hunderttausend Bewohner der Ostzone und des Ostsektors in einer von der SED einberufenen Kundgebung im Lustgarten der »Opfer des Faschismus aller politischen Richtungen und aller religiösen Bekenntnisse«. – Sollten etwa auch dort Frauen vom Kochherd weggelaufen sein, Friseure ihre Kundinnen im Stich gelassen und Zeitungshändler ihre Kioske geschlossen haben, um »demonstrieren« zu gehen. Rennend und denkend: Wir sind Berliner. Wir sind eine Schicksalsgemeinschaft. – Unheimlich kann es einem werden vor solcher Perspektive. Als schrieben wir alle uns eine Aufgabe zu, die gar nicht in unserer Macht stünde. Steht es in *unserer* Macht, ob die Alliierten sich streiten oder einigen? Steht es in *unserer* Macht, ob wir am westdeutschen Staat beteiligt werden oder nicht? Steht es in *unserer* Macht, ob über Berlin die Blockade verhängt oder ob sie aufgehoben wird? Wir demonstrieren dafür oder wir demonstrieren dagegen. In kindlichem Übereifer immer drei Schritte unserer jeweiligen Besatzungsmacht voraus. »Die Berliner sind wie die Hähne in den spanischen Hahnenkämpfen«, sagte kürzlich ein ›Neutraler‹. »Jede Besatzungsmacht stellt ihren Hahn im Korb vor sich hin. Dann hacken die beiden so lange aufeinander los, bis der eine tot, der andere sterbend vom Platz getragen wird. Und noch im Sterben reckt sich der Siegerhahn und schreit ein triumphierendes Kikeriki.«

Donnerstag, 16. September 1948

Das Gebäude des Kontrollrats steht verlassen. Die Konferenz der Militärgouverneure ist gescheitert, und man bereitet einen neuen Schritt in Moskau vor. Es heißt, man will versuchen, ein zweites Mal direkt bei Stalin zu intervenieren. Generalissimus Stalin sei verreist, berichtet die sowjetische Presse. Er habe die Stadt bereits seit mehreren Tagen verlassen und verbringe einen einmonatigen Urlaub am Schwarzen Meer. – Erstaunlich konservativ sind die Sowjets in ihren Ausreden. Brückenreparaturen, Schleusenreparaturen, Schienendefekte und Urlaubsmeldungen. Jetzt soll die Berliner Angelegenheit an den Sicherheitsrat der UNO weitergegeben werden. Zum drittenmal seit Kriegsende steigern sich die kommentierenden Adjektive zur Skizzierung der außenpolitischen Lage von schlimm, schlimmer zum »beinahe schlimmsten«.

Montag, 20. September 1948

Wir verdrucken unser letztes Papier. »In absehbarer Zeit kann über die Luftbrücke für Zeitschriften keines mehr eingeflogen werden«, erklärte unsere Lizenzbehörde. – Es ist verständlich. Ehe man für tagespolitisch unwichtige Zeitschriften Papier einfliegt, muß man Kohlen für die Betriebe einfliegen, die tagespolitisch wichtige Zeitungen drucken. Und ehe man Kohlen für die Betriebe einfliegt, muß man Trockenkartoffeln einfliegen und Dörrobst, Fett, Eiweiß und Kohlehydrate, um die, die in den Betrieben arbeiten, am Leben zu halten. Die Möglichkeit der Schwarzlieferung aus

Ostsektor und Ostzone verringert sich ständig. Schon kleinste Lebensmittelmengen beschlagnahmt an der Sektorengrenze die Ostpolizei. Kontrollen in den U-Bahnen, Kontrollen in den S-Bahnen. Straßenrazzien, Gepäcküberprüfung und Einziehung sämtlicher Westgeldbeträge, die die Opfer der Kontrollaktion in der Tasche tragen.

Wohl gibt es auch Schwarz-Papier. Trotz allem, denn die Sowjets sind an Westgeldeinnahmen interessiert. Woher aber Westgeld nehmen, wenn man es nicht hat. Der Umrechnungskurs schwankt zwischen drei Mark fünfzig und vier Mark fünfzig. Jede Schwarzmarktware verlangt in Westwährung den dreieinhalb- bis viereinhalbfachen Ostmarkbetrag. Es ist ohne Sinn, Produkte zu verkaufen, deren Gestehungskosten über dem Verkaufspreis liegen. Als würfe man alle vierzehn Tage fünfzigtausend Zehnpfennigstücke unter das Volk. Also verzichten wir auf die Schwarzpapierchance. »Die Stellung halten ... das Unmögliche möglich machen«, beharrt unser Chefredakteur verbissen. – Heute sind die Westvertreter aus Moskau abgereist. Ergebnislos. Nun bleibt es der UNO überlassen, die »Stellung zu halten« und das Unmögliche einer west-östlichen Einigung im Berliner Konflikt nach Möglichkeit möglich zu machen.

Dienstag, 5. Oktober 1948

Jo Thäler verließ Berlin. »Es ist zwecklos, hier zu bleiben«, sagte er beim Abschied. »Berlin hat keine Chance mehr.« Einer nach dem andern rüstet sich zum Aufbruch. Mit zwanzig Kilo Gepäck, wenn er die Luftbrücke benutzt. Mit Rucksack und Handköfferchen, wenn er sich schwarz über die Grenze wagt. Was darüber hinausgeht, bleibt zurück. Nicht zum erstenmal fangen wir ein neues Leben ohne Möbelstücke an. Immer kleiner wird der Kreis der Vertrauten. Immer größer die Mühsal, sie zu erreichen. Man kann ja nicht alle Wege zu Fuß gehn, und selbst in der Großstadt hat der Tag für einen Fußgänger nur vierundzwanzig Stunden. Ganz zu schweigen vom Bewirtungs- und Beleuchtungsproblem.

»Kommen Sie abends um neun«, sagen die Bekannten. »Von neun bis elf haben wir Strom. Sie kriegen auch eine Tasse heißen Tee.« – »Kommen Sie nachts um zwölf, sagt der Friseur zur Dauerwellkundin. »Von zwölf bis zwei haben wir Strom. Wenn Sie in der Nähe wohnen, wird es Ihnen nichts ausmachen.«

Es gibt etliche, die sich nach anderen Gesichtspunkten orientieren. Zum Beispiel die, die an einem »alliierten Strang« hängen. Der »alliierte Strang« ist die Glücksvokabel Westberlins. Kennwort für die Tatsache, daß man mit seiner Lichtleitung an ein Kabel angeschlossen ist, das eine Dienststelle oder einen Wohnblock der Besatzungsmächte versorgt. Zwar, auch sie haben Sperrstunden. Aber von achtzehn bis dreiundzwanzig Uhr gibt es Licht. Und um dreiundzwanzig Uhr kann ein vernünftiger Mensch zu Bett gehen, mit dem befriedigenden Bewußtsein, in Ruhe seine Nachrichten gehört, seine Strümpfe gestopft, seine Wäsche gewaschen, sein Essen gekocht, seine Freunde bewirtet, seine Zeitung gelesen, kurzum alles erledigt zu haben, was man sich normalerweise an außerberuflichen Tageserledigungen wünscht. – Wir hängen an keinem Strang. Es ist ein Zufall. Ein schmerzlich spürbarer allerdings, wenn man in einer elektrischen Siedlung wohnt.

Donnerstag, 14. Oktober 1948

Unser Chefredakteur hat einen Weg ausgeklügelt, auch ohne Papier in Berlin zu bleiben. »Das Ei des Kolumbus!« strahlt er. »Wir setzen in Berlin, fliegen die Matern über die Luftbrücke nach Süddeutschland, drucken dort aus und schaffen die fertige Auflage mit dem Postzeitungszug zurück nach Berlin.« »Also vier Kolumbuseier«, kann ich mich nicht enthalten zu bemerken. »Und noch dazu das vierte eines von Sowjets Gnaden.« Er sieht mich vorwurfsvoll an. »Der Zeitungszug fährt!« – Sein Optimismus rührt mich. Ich mustere sein mageres Gesicht, den faltig um seine Glieder schlotternden Anzug. Er klagt nicht über Trockenkartoffeln, er jammert nicht über Stromsperren. Seine Finger sind gelb

vom Stummelrauchen, und jeder, der Berlin verläßt, ist für ihn ein Verräter. An der Sache Berlins. – Die Sache der Freiheit!
Um der Freiheit willen ist heute auch der westorientierte Magistrat aus dem Stadthaus ausgezogen und hat sein Quartier im britischen Sektor aufgeschlagen. Zwei Stadtparlamente, zwei Polizeibehörden, zwei Stadtregierungen und – seit neuestem – auch zwei Berliner Universitäten. Die chinesische Mauer an der Sektorengrenze steigt langsam, aber sicher.

Samstag, 23. Oktober 1948

Länger werden die Nächte, die Tage kühler. Wenn man einem Bekannten auf der Straße begegnet, fragt er: »Haben Sie Kohlen? Wissen Sie, wo es Kohlen gibt?« Der Hundertjährige Kalender soll einen milden Winter prophezeien. Wenn wir schon nicht an die Aufhebung der Blockade glauben, so klammern wir uns wenigstens an diese Prophezeiung. Nur nicht mehr so frieren wie im Winter 46. Ohne Licht. In dunklen Häusern und an kalten Öfen. Damals teilte man uns einen Zentner Preßkohlen zu. Für die gesamte Heizperiode. Heute hört man nichts von Kohlenzuteilung. »Meldet eure Lebensmittelkarten an euern Haushaltsausweis im Ostsektor an«, werben die ostlizenzierten Zeitungen. »Die sowjetische Besatzungsmacht ist in der Lage, auch die Bewohner der Westsektoren ausreichend zu versorgen.« – Ein verführerisches Angebot, wenn man an die Möglichkeit reichlicher Kohlenzuteilung denkt. Ein utopisches, wenn man sich vergegenwärtigt, daß man jeden seiner Einkäufe über die Sektorengrenze schleppen muß. Durch die Kontrollen der Ostpolizei in die übervollen Verkehrsmittel, bei jedem Weg ausgesetzt dem Risiko, daß ausgerechnet *die* Fett-Seifen-Kohlen- oder Fleischration, die man einkaufen will, noch nicht aufgerufen worden ist. Dann schon besser Trockenkartoffeln, entscheidet die Mehrzahl der Westberliner. Und demonstriert wieder einmal – halb Heldentum, halb Selbsterhaltungstrieb – die Verbundenheit gegen den Osten.

Mittwoch, 27. Oktober 1948

Den ganzen Monat hindurch haben sich die Neutralen, an ihrer Spitze der argentinische Außenminister Bramuglia, bemüht, im Sicherheitsrat eine Lösung des Berliner Konflikts zu erreichen. Bis auf Stundenkürze hatten sie die verschiedenen Standpunkte – Aufhebung der Blockade, dann Viermächtekonferenz, Viermächtekonferenz, dann Aufhebung der Blockade – einander nahegebracht. Was nicht nacheinander möglich ist, kann vielleicht gleichzeitig annehmbar werden, dachte Bramuglia, arbeitete mit seinen neutralen Kollegen einen entsprechenden Vorschlag aus und überreichte ihn den Vertretern der Streitparteien. »Ja«, stimmten die Westlichen. »Nein«, sagte Wyschinskij, der sowjetische Delegierte, und legte in Rußlands Namen sein Veto gegen die Entschließung ein. Auch diese Aktion zur Rettung Berlins dürfte damit abgeschlossen sein.

»Geh nach dem Westen«, rät mir jetzt auch Heike. »Wer hier nichts zu demonstrieren hat, soll abhauen. Es paßt ein College nicht nach Stalingrad, ein menschliches Erziehungsblatt auf keinen vorgeschobenen Frontposten.« »Und du?« frage ich. Sie hebt die Achseln. »Solange wir hier noch Theater spielen...« »Solange der Postzeitungszug noch verkehrt...«, ergänze ich ihren Gedankengang, und keiner von uns beiden spricht den Satz zu Ende.

Freitag, 29. Oktober 1948

Auch Andriks englischer Freund hat Berlin verlassen. Viele Mitglieder der Besatzungsmächte sind während der letzten Monate ausgewechselt worden. Ihre Dienstzeit war abgelaufen. Neue traten an ihre Stelle. Man muß erst warm werden mit ihnen. Aber das Warmwerden ist schwer, denn fast alle sprechen nur Englisch. Wenn man sie fragt, wie lange die Blockade andauern würde, lächeln sie philosophisch und antworten: »Oh, about fifty years.« Es mag sich leichter an fünfzig Jahre denken lassen, wenn man Angehöriger einer Besatzungsmacht ist, zwischen siebzehn und dreiundzwanzig Uhr Strom hat und, sofern es einem nicht mehr paßt, ganz einfach nach Hause reisen kann. Unser Zuhause ist Berlin. Mit einer Ost- und einer Westwährung. Luftbrükkenversorgt und durch zweihundert Kilometer östlicher Ideologie vom Restdeutschland getrennt. Ein Wachtturm in der Brandung.

Von Woche zu Woche nagt diese Brandung gefährlicher an seinen Mauern. Der Volksrat rüstet zu neuer Zusammenkunft. Wichtige Dinge, so heißt es, sollen auf ihr besprochen werden. Die Vorbereitung des Oststaats, Ausarbeitung eines Verfassungsentwurfs für das Gebiet sowjetischer Besatzung. Seit kurzem reist General Seydlitz, Mitkapitulator von Stalingrad und Stellvertretender Präsident des Nationalkomitees »Freies Deutschland«, durch die Ostzone und inspiziert die Volkspolizei. Flüchtlinge aus der Zone erzählen, daß sie auf 200 000 Mann, gut ausgerüstet und mit Waffen versehen, erhöht worden sei. »Es ist kaum anzunehmen, daß sie die Gewehre nur zum Putzen erhielt«, kommentieren die Zonenflüchtlinge ihren Bericht. Und lassen durchblicken, daß man sich in absehbarer Zeit auf einen neuen Putschversuch gefaßt machen müsse – wenn die Nacht am längsten und der Winter am kältesten sei. Unter diesen Auspizien nimmt sich die Warschauer Forderung auf »Abzug aller Besatzungstruppen ein Jahr nach Friedensvertrag« durchaus nicht verlockend aus.

Dienstag, 2. November 1948

Präsidentenwahl in den Staaten. Man setzt auf Dewey, den Kandidaten der Republikaner. »Wenn er durchkommt, wird der Kurs gegen Rußland schärfer«, sagen die Berliner und wissen nicht, was sie wünschen sollen.

Mittwoch, 3. November 1948

Er ist nicht durchgekommen. Zur Überraschung aller hat nicht Dewey, sondern Truman den Sieg davongetragen. »Beweis, daß das Volk keinen Krieg will«, schließen die

Optimisten. »Beweis, daß die Blockade weitergeht«, resignieren die Pessimisten. Der Schwarzkohlen-Zentnerpreis steht auf D-Mark 15 West. Der Durchschnitt der Berliner kauft sein Brennmaterial pfundweise. Von Zuteilung ist noch immer keine Rede. Allerdings wird geflüstert, daß zunächst ein Viertelzentner zu erwarten sei. In den U- und S-Bahnen pressen sich die Reisigsammler. Jeder Fahrgast ein Bündelschlepper. Man kann von Glück sagen, wenn man seine Strümpfe heil aus ihrer sperrigen Nähe bringt. Die Gartenbesitzer holzen ihre Bäume ab. Durchhalten ... – O daß man wüßte, wie lange es noch durchzuhalten gilt!

Freitag, 5. November 1948
Aus und vorbei! Der Postzeitungszug hat seine Tätigkeit eingestellt. »An der Grenze aufgehalten«, heißt es dürr im amtlichen Bericht. Fünfzigtausend Exemplare unserer Zeitschrift liegen irgendwo zwischen Helmstedt und Marienborn. Zwischen Bebra und Eisenach oder wo sonst sich der Zug über die Zonengrenze schob. Das bedeutet schlicht gesagt: Pleite. Zugegeben, es ist nicht die erste während der letzten vier Monate. Es mag auch die letzte nicht sein. Nur trifft solcher Tatbestand einen nachhaltiger, wenn er einem selbst passiert. Unmittelbarer, als wenn man ihn bloß aus der Zeitung erfährt. Frank telegraphiert: »Nimm das nächste Flugzeug.« »Durchhalten«, trotzt unser Chefredakteur ... »Am 5. Dezember sind die Wahlen in Berlin. Am 5. Dezember wird es sich entscheiden.«

Montag, 22. November 1948
Wir frieren. Heike stochert im mattglimmenden Ofen und seufzt. »Hätten wir nur die fünfzigtausend Zeitungen. Wer weiß, an welcher Zonengrenze sie jetzt modern.« Unsere Mottenkiste ist bis auf den letzten Rest geleert. Wenn wir zu Bett gehen, ziehen wir uns an, als rüsteten wir zu einer Grönlandtour. »Man wird so unschön«, tadelt Heike und blickt auf ihr in drei Strickjacken, zwei Paar Wollschlüpfer

und vier unterschiedlich gemusterte Schals gemummtes Figürchen. – Man wird so unschön, denke ich deprimiert, wenn ich die blaugefrorenen Gesichter, die in Hüllen undefinierbarer Farbe gewickelten Gestalten meiner Mitmenschen betrachte.

Dreizehn Tage bis zur Wahl. Im russischen Sektor hat man sie verboten. In Kürze sei in ganz Berlin die Abhaltung freier und allgemeiner Wahlen zu erwarten, gibt man als Grund bekannt. Und proklamiert zugleich für den betreffenden Tag im gesamten Gebiet des Ostsektors einen »Arbeitssonntag für den Aufbau Berlins«. Mit Sonderzuteilungen und markenlosem Essen. »Womöglich gar mit Kohlen«, streut ein Gerücht in die Welt. Hundertzehntausend Berliner wohnen im West- und arbeiten im Ostsektor. Wenn sie an dem Aufbausonntag nicht teilnehmen, fürchten sie Entlassung. Wenn sie an dem Aufbausonntag nicht teilnehmen, können sie nicht wählen. – Es ist eine Nervenfrage!

Mittwoch, 1. Dezember 1948

»Die Mehrheit des am 20. Oktober 1946 gewählten Berliner Magistrats hat seine Pflicht nicht erfüllt. Der Magistrat wird deshalb abgesetzt«, beschloß der »Demokratische Block Berlin«, gestern vom Stellvertretenden SED-Stadtverordnetenvorsteher Geschke in einer außerordentlichen Sitzung im Ostsektor bekanntgegeben. Zur Vorbereitung allgemeiner demokratischer Wahlen sei ein provisorischer demokratischer Magistrat gebildet worden. Friedrich Ebert, der Sohn des ehemaligen Reichspräsidenten, träte ab sofort als Oberbürgermeister an seine Spitze. – Herzlichen Glückwunsch! Zum Doppelmagistrat gesellt sich ganz folgerichtig ein zwiefacher Oberbürgermeister. Die SMA beteuert ihm ihr Wohlwollen. Und vor der Linden-Universität – der ostorientierten – demonstrieren hunderttausend Berliner. Für Frieden, Einheit, Demokratie. – Und gegen den »Spalter-Magistrat«.

Sonntag, 5. Dezember 1948
Westberlin wählt. Keine Unruhen. Keine Störversuche. Man spricht von riesiger Stimmbeteiligung.

Dienstag, 6. Dezember 1948
Westberlin hat gewählt. Von rund anderthalb Millionen Stimmberechtigten entschieden sich fast eineinviertel Millionen gegen die Politik der SED. Ein bewunderungswürdiges Ergebnis, wenn man bedenkt, daß diese Entscheidung mit aller Wahrscheinlichkeit Verschärfung der Blockade, einen Winter ohne Kohlen, Abende ohne Licht und ein Dauermenü von Trockenkartoffeln, Trockengemüse und Büchsenfleisch nach sich zieht. Wir gehen umher wie auf Flügeln. Es ist großartig, Berliner zu sein, fühlen wir. Es ist herrlich, in einer Stadt zu leben, die lieber Tod als Sklav, lieber Entbehrung als Diktatur zu wählen sich entscheidet. – »Dank den Kämpfern für die Freiheit«, drahtet es von allen Seiten. Aber der Postzeitungszug verkehrt nicht mehr, und auch der Kampf um die Freiheit bedarf einer materiellen Existenzgrundlage.

Montag, 13. Dezember 1948
Wenn ich in den Verlag komme, empfängt mich der Chefredakteur: »Kein Papier.« Wenn ich zu unserer Lizenzbehörde komme, sagt mir der zuständige Offizier: »Kein Papier.« – Die Luftbrücke ... »Es ist der nebligste Winter seit achtzig Jahren«, behaupten Wetterkenner. Die Luftbrücke tut ihr möglichstes. Aber das Unmögliche kann auch sie nicht ermöglichen. »Du mußt raus«, redet mir Heike zu. »Vielleicht, daß du im Westen ...« »Mach, daß du rauskommst«, redet mir Frank zu. »Ich bin sicher, daß du im Westen ...« Andrik, denke ich. Man kann doch Andrik nicht im Stich lassen. Auf dem Friedhof stehen die Grabsteine wie Gespenster im Nebel. Es kommt kein Trost von den feuchten Hügeln. Es kommt kein Trost von Andrik. Was für ein Irrtum, daß ich ihn hier suche.

Am Frühnachmittag gehe ich auf das Reisebüro der Overseas Airlines. Zum 29., sagt man, könne ich mich vormerken lassen. Vormerken ist noch keine Entscheidung. Vielleicht fliegt die Maschine nicht an diesem Tag. Vielleicht gibt es Bodennebel, Sturm, einen sonstigen Zwischenfall ...

Samstag, 18. Dezember 1948

Wir haben die erste Kohlenzuteilung. Einen Viertelzentner Steinkohlen. Genau das Quantum, das das Gerücht prophezeite. Über der Luftbrücke nebelt es weiter. Ob sich der Himmel mit den Sowjets verbündet hat? Für heute in elf Tagen bin ich zum Abflug vorgemerkt. Heike und ich sprechen wenig darüber. Ich treffe auch keine Vorbereitungen. Wir tun so, als bliebe alles beim alten. Das Heimkommen im Dunkeln. Das Warten auf den Strom. Die Gespräche über die Blockade. Das Grübeln über Ostgeld und Westgeld. Der tägliche Gutenachtkuß. O kleine, süße Heike.

Dienstag, 21. Dezember 1948

Etwas Bestürzendes hat sich ereignet. Dorf und Stadtgut Stolpe, am Nordrand von Berlin, fast tausend Einwohner, die sich am 5. Dezember »für die Freiheit entschieden« hatten, sind von ihrer bisherigen französischen Besatzungsmacht an die Ostzone abgetreten worden. »Eingemeindung in das Land Brandenburg, laut Abkommen vom 29. Oktober 1945.« – Heute morgen zwischen eins und drei besetzten sowjetische Truppen überraschend das Dorf. Die Bevölkerung ist verzweifelt. »Und was tun wir, wenn Berlin eines Tages wie Stolpe eingemeindet wird?« verbreitet bissig ein Spottvogel. O wüßten wir es doch! Um uns bestürzte Augen, verstörte Gesichter und auf allen Lippen die gleiche Frage: »Sieht so die Zukunft derer aus, die die Freiheit wählten?«

Mittwoch, 22. Dezember 1948
Der Westmagistrat protestiert im Namen der Menschenrechte gegen die unerwartete Abtrennung. Er werde alles zur Unterstützung der Stolper Einwohner tun, die nicht unter sowjetischer Herrschaft bleiben wollten. Aber ihre Häuser! Ihre Wohnungen, ihre Stellung, ihr Vieh, ihr ganzes gewohntes Leben. Wieder fliehen Menschen über eine Grenze. Lieber Tod als Sklav. Lieber besitzlos im Westen als daheim unter Terror.

Freitag, 24. Dezember 1948
Alle Papiere sind in Ordnung. Für heute in fünf Tagen ist mein Flug nach Frankfurt fest gebucht. Ich sage weder ja noch nein. Die Wetterprognose verkündet Anhalten des Nebels. Wer weiß ...
»Übrigens habe ich einen Tannenstrauß besorgt«, eröffnet mir Heike gegen Abend. Ach richtig, ich vergaß. Es ist Weihnachten. Als der Strom kommt, macht sie einen Punsch aus Branntwein und Zucker. »Prost«, murmelt sie, und wir sehen uns nicht an.

Sonntag, 26. Dezember 1948
Abschied. Ich laufe durch die Straßen und möchte jeden Stein anfassen. Ich gehe auf fremde Menschen zu und frage irgend etwas. Es sind Berliner, denke ich. Wie nah sie mir stehen, wie lieb ich sie habe. Hier sagt keiner, daß man uns die Atombombe geklaut hätte. Niemand will die Prügelstrafe wieder einführen oder sein Werturteil über einen Menschen davon abhängig machen, ob er aus Bayern, aus Baden oder vom Spreeufer stammt.
Mein Chefredakteur schaut mich an wie einen Fahnenflüchtigen. Aber auch er hat keine Hoffnung mehr. Es gibt nicht viele Menschen, von denen ich mich verabschieden muß. Wie im Traum laufe ich durch die Straßen. – Dort, vor jener Bahnunterführung starb Andrik. Auch er liebte Berlin und würde nicht wollen, daß ich es verließe. Hier ist das Haus, aus

dem sie Jakobs geholt haben und Bernsteins und die kleine Evelyne, die schon einmal in ihrem Leben eine richtige Birne gegessen hatte. Das Café, in dem Heinrich Mühsam seine Papiere ordnete, steht längst nicht mehr, genauso zerstört wie die Villa in Dahlem in der Ihnestraße. Ich lege einen letzten Strauß auf die Gräber von Ursula Reuber und Eva Gerichter. Ihr hattet uns zu Sachwaltern eurer unvollendeten Lebensaufgaben gemacht. Haben wir den Auftrag ausgeführt, den Funken weitergetragen über die Zeit? Ich denke an Graf Moltke, an Trott, an Wolfgang Kühn, an Anna Lehmann, Peter Tarnowsky und Margot Rosenthal, ich denke an den unbekannten Herrn Erichsohn, der nicht mehr mitmachen wollte und sich anders entschieden hatte. Und ich komme mir ein bißchen wie ein Verräter vor. Aber liegt ihr Auftrag nicht jenseits von Berlin, jenseits von Zeit und Ort? Die Worte von Freya Moltke fallen mir ein: »Es ist eine Gnade, den Funken tragen zu dürfen. Einmal – am Ende der Wüste – wartet auch auf uns – das Kind.«
Spät komme ich nach Hause. Im Flur läuft mir Heike entgegen. Sie lächelt ein bißchen krampfhaft. »Ich wartete so auf dich!«

Mittwoch, 29. Dezember 1948
Nie habe ich mir klargemacht, daß zwanzig Kilo Gepäck so wenig sind. Ich packe auf der Waage. Wintersachen. Bis der Sommer kommt, bin ich längst wieder hier. Nur jetzt nicht sentimental werden. Heike hat eine Flasche Cognac besorgt. »Prost!« murmelt sie. Und wieder sehen wir uns nicht an.
Nun muß ich gehen. Zwei Stunden Fahrt bis zum Flughafen Tempelhof. Man wird scharf kontrolliert. Gepäckvisitation. Leibesvisitation. Eidesstattliche Versicherung, daß man nicht mehr als dreihundert Westmark ausführt. Dann trennt eine Schnur die Abfliegenden von den Zurückbleibenden. »Heike«, stammle ich. Sie winkt. Ich sehe ihr Kindergesichtchen in dickem Nebel. »Bodennebel«, rede ich mir zu. »Die Maschine fliegt nicht.« Draußen knattert ein Motor. »Die Fluggäste

Berlin–Frankfurt werden gebeten, ihre Plätze einzunehmen«, ruft jemand durch den Lautsprecher. Mechanisch setze ich mich in Bewegung. Mechanisch sinke ich in einen Sessel und schließe die Schnalle des Sturzgürtels. »In die Freiheit!« sagt mein Platznachbar. In die Freiheit, will ich antworten. Doch aus meiner Kehle dringt kein Laut.

Die Motoren heulen auf. Wir rollen über die Startbahn, erst langsam, dann schneller, bis sich das Flugzeug mit einem Ruck in die Luft hebt. Rasen, Lichter, Häuserwände, S-Bahnschienen, Straßen verschwinden wie Fetzen im Nebel. Irgendwo da unten steht Heike und weint wie ich. Irgendwo da unten liegt verschwimmend im Nebel der Schauplatz BERLIN.

Suhrkamp Verlag GmbH
Torstraße 44, 10119 Berlin
info@suhrkamp.de
www.suhrkamp.de